Tatjana Kuschtewskaja

# Kamtschatka – unterwegs in Russlands Fernem Osten

## Geschichte und Geschichten von Menschen, Tieren, Vulkanen und Geysiren

WOSTOK
Informationen aus dem Osten für den Westen
Berlin 2017

**Tatjana Kuschtewskaja**, geboren 1947 in der Turkmenischen SSR in der Wüstenoase Dargan-Ata; verbrachte ihre Jugend in der Ukraine; Studium der Musikpädagogik an der Musikhochschule von Artjomowsk (Diplom); arbeitete acht Jahre lang als Musikpädagogin in Jakutien; 1976 bis 1981 Studium an der Fakultät für Drehbuchautoren der Filmhochschule Moskau (Diplom), wo sie 1983 bis 1991 einen Meisterkurs für Drehbuchautoren leitete und als freie Journalistin tätig war; verfasste zahlreiche Drehbücher und Reportagen; unternahm Reisen durch alle Regionen der ehemaligen UdSSR; lebt seit 1991 in Deutschland.

Veröffentlichungen in deutscher Sprache: „Ich lebte tausend Leben", Velbert, 1997; „Russische Szenen", Berlin, 1999; „Mein geheimes Rußland", Düsseldorf, 2000; „Transsibirische Eisenbahn", Berlin, 2002; „Die Poesie der russischen Küche", Düsseldorf, 2003; „Meine sibirische Flickendecke", Düsseldorf, 2005; „Hier liegt Freund Puschkin. Spaziergänge auf russischen Friedhöfen", Düsseldorf, 2006; „Sibirienreise – Die Lena", Berlin, 2007; „Küssen auf Russisch", Düsseldorf, 2007; „Der Baikal", Berlin, 2009; „Tolstoi auf'm Klo", Berlin, 2010; „Liebe – Macht – Passion. Berühmte russische Frauen", Düsseldorf, 2010; „Die Wolga", Berlin, 2011; „Russinnen ohne Russland", Düsseldorf, 2012; „Florus und Laurus. Meine russischen Tiergeschichten", Berlin, 2013; „Der Jenissei", Berlin, 2014; „Zu Tisch bei Genies", Düsseldorf, 2014; „Am Anfang war die Frau", Düsseldorf, 2016; „Die Küche Sibiriens", Berlin, 2016


Lektorat: Britta Wollenweber


Umschlag und Layout: Peter Franke, Wostok Verlag
Fotos: Privatarchiv der Autorin; Anna und Martin Dörr; Dieter Karrenberg; NASA; Wostok Verlag
Satz: Wostok Verlag – Berlin
Druck und Einband: BOOKPRESS.EU, Olsztyn

Printed in Poland 2017

Wostok Verlag, Am Comeniusplatz 5, 10243 Berlin
Im Internet: www.wostok.de

ISBN: 978-3-932916-66-3

# Inhalt



## Anhang

# Kamtschatkazeit

Eine alte Frau aus dem Volk der Korjaken, den nomadischen Ureinwohnern der Halbinsel Kamtschatka, erzählte mir beim „Kojanajtatyk"-Fest, was soviel bedeutet wie „Die Rentiere werden an den neuen Weideplatz getrieben", eine korjakische Sage: „Einmal trafen drei Freunde das Glück, das in einer Grube saß. Der erste der Freunde ging zur Grube und bat das Glück um viele Rentiere. Das Glück schenkte ihm eine große Rentierherde, und der Mann zog glücklich von dannen. Der zweite bat um ein schönes, sanftmütiges Mädchen aus einem alten und angesehenen korjakischen Geschlecht. Und sofort bekam er sein Mädchen und lief mit ihr außer sich vor Glück davon. Der dritte Freund beugte sich über die Grube. ‚Was brauchst du?', fragte das Glück. ‚Und was brauchst du?', fragte der junge Mann. ‚Zieh mich aus der Grube!', bat das Glück. Der Mann reichte ihm die Hand, zog das Glück aus der Grube und ging seines Weges. Und das Glück folgte ihm, und er wurde es nicht mehr los."



Ich erinnere mich oft an diese alte, weise Frau, weil auch ich überzeugt bin, dass das Leben jedem Menschen das schenkt, um das er bittet, und diejenigen, die um nichts bitten, beschenkt es hundertfach.
Meine Sache ist es nicht, „um nichts zu bitten". Ich bat das Schicksal, mir Kamtschatka zu schenken. Und nicht einfach nur für einen weiteren Kurzbesuch, nachdem ich bereits mehrere Male auf der Halbinsel war. Nein, ich wollte eine echte Reise, eine „langsame" Reise. Was das heißt? Das bedeutet, du bleibst für einen längeren Zeitraum, für zwei, drei oder mehr Monate. Zunächst findest du heraus, wo du ein Zimmer mieten kannst. Man führt dich zur Leninstraße in Petropawlowsk-Kamtschatski, das ist die Hauptstraße der Kamtschatka-Hauptstadt, und an der liegt das Hauptpostamt, und in eben diesem Postamt findet sich das Büro der Zimmervermittlung. Du spazierst durch die Stadt, gehst auf den Markt, kaufst im Fabrikverkauf der Petropawlowsker Molkerei die schmackhaftesten Milchprodukte, diskutierst mit deinen Nachbarn über das regionale Fernsehprogramm, liest die örtlichen Zeitungen, drückst der örtlichen Fußballmannschaft die Daumen, kochst Fischsuppe aus dem örtlichen Lachs, unternimmst mit dem hiesigen Wanderverein Exkursionen zu den „Hausvulkanen", erkundigst dich nach einer Restkarte an der Abendkasse der Philharmonie, wenn diese zum Bardenfestival „Gitarre von Kamtschatka" einlädt, und, nachdem du lange überlegt hast, entscheidest du dich für ein Amulett und eine der Figurinen aus Walrossknochen im Kunstsalon „Nordlicht" an der Sowjetskaja-Straße, spazierst über den Nikolski-Hügel, der auch „Hügel der Liebe" genannt wird. Man sagt, dass sich die Menschen, die sich hier zufällig treffen, unausweichlich ineinander verlieben ...
Weil sich enge Freunde nicht so schnell finden lassen, ich aber gerne mit jemandem meine Eindrücke und Erlebnisse teilen möchte, fange ich an, mir zu

schreiben, jeden Tag einen Brief, aber die Briefe öffnen und lesen, wollte ich erst ein Jahr später. Und welch ein Vergnügen das dann war. Denn gerade diese Briefe bestätigen die alte Weisheit, dass ohne Liebe alles gleichgültig ist. Mit Liebe aber kann man sich noch für das kleinste Detail begeistern. Ich verliebte mich in Kamtschatka, und jeden Tag wurde diese Liebe stärker und stärker, sie steigerte sich von Woche zu Woche. Kamtschatka, das ist für mich ein Raum, den ich „gezähmt" habe, indem ich ihn in einen Text verwandelte. In den Monaten, die ich dort verbrachte, haben sich persönliche Beziehungen zu diesem Raum entwickelt. Inmitten der „geografischen Dekorationen" haben auch Empfindungen ihren Platz, seien es Gefühle der Verzauberung oder der Enttäuschung.



Mit zwölf Jahren war ich in meine Geografielehrerin verliebt. Sie erzählte so lebendig über geografische Entdeckungen, dass förmlich alles vor unseren Augen entstand. Und wir alle in der Klasse träumten von weiten Reisen, von großen Entdeckungen. Einmal zeigte sie mit dem Zeigestock auf die rechte Seite einer großen Karte und forderte uns auf: „Stellt euch Russland als ein großes Haus vor! Habt ihr das Bild vor Augen? Gut. Im Osten endet das Haus mit einem Balkon, der auf den Pazifik hinausgeht. Und dieser Balkon, das ist die Halbinsel Kamtschatka ..." Von da an träumte ich davon, Kamtschatkas 30 aktive und 300 erloschene Vulkane mit eigenen Augen zu sehen. Und dann waren da auch noch die Geysire, die riesigen vulkanischen Lavafelder, die Schwefelquellen, gefüllt mit einer glucksenden bläulich-grauen Flüssigkeit, auch Berge, Wälder, Bären, Vogelkolonien, Wasserfälle, Seehunde, Robben, Delfine, Wale. Kurzum, Kamtschatka bietet unendlich viele interessante Dinge. Dazu die Siedlungen der Itelmenen, Korjaken und Aleuten. Ich rege an, in der Schule das Unterrichtsfach „Die kleinen Völker Russlands" einzuführen. Denn viele der Völker haben ihre Eigenständigkeit und ihre Kultur bewahrt.
Dieser ersten Geografielehrerin war es auch geschuldet, dass ich anfing, Tagebuch zu schreiben. Ich notierte alles, was mir für meine zukünftigen großen Entdeckungsreisen von Nutzen sein konnte. Es gibt dort den Eintrag: „Nicht vergessen, dass das Fleisch von Robben und Hunden Ascorbinsäure enthält. Die hat Amundsen geholfen, sich vor Skorbut zu schützen, so erreichte er als Erster den Südpol." Wenn ich diese kindlichen Zeilen lese, muss ich lächeln. Aber von dort, aus der Kindheit, stammt der Traum von Kamtschatka.
Als Jugendliche habe ich eine Wunschliste erstellt: Was würde ich tun, wenn ich im Lotto gewinnen würde? Ganz oben auf der Liste stand die Reise nach Kamtschatka. Viele Jahre später erinnerten wir uns bei einem Klassentreffen in unserer kleinen ukrainischen Siedlung an folgende Episode: „Erinnert ihr

euch, als die Lehrerin in die Klasse kam und uns aufforderte, einen Aufsatz zum Thema ‚Wenn ich eine Million gewinnen würde' zu schreiben? Und nach einer halben Stunde meldete sich Tanja und fragte: ‚Könnte ich noch eine halbe Million dazu bekommen?' Es standen so viele Länder auf ihrer Liste." Es soll einmal jemand behaupten, es gäbe keine geheimnisvollen Geister, die unsere Wünsche belauschen und erfüllen. Alle Länder, die ich damals auf der Liste hatte, habe ich tatsächlich besucht.

Ich bereiste Kamtschatka oft. Manchmal in Begleitung von Freunden, dann waren wir zu zweit, zu dritt, manchmal mit einer vom Touristenbüro auf Kamtschatka organisierten Touristengruppe. Ich fand Unterkunft auf Campingplätzen, in Tourbasen, in Hotels, in Geologenlagern, in Wetterstationen, bei den Vulkanforschern, die Reisenden ebenfalls ab und an ein Nachtlager anboten. Einmal übernachtete ich sogar in einer Grenzschutzfestung. Es gab auch Nächte am Wegesrand, und am Lagerfeuer war es stets das gleiche: Die eine Körperseite kühlt vollständig aus, die andere verbrennt fast.

Mit sehr viel Dankbarkeit erinnere ich mich an die Kapitäne von Kamtschatka. Auf der „Maria Sawina" reiste unsere kleine Touristengruppe entlang der Kamtschatka-Küste nach Sachalin. Weil es keine freien Kabinen gab, durften wir unser Nachtlager im Kinosaal aufgeschlagen. Doch wir waren dankbar. Wir hätten auch gar nicht aufs Schiff gelangen können. Aber der Kapitän der „Maria Sawina" hatte sich unser erbarmt und uns mitgenommen. Und dann der Dampfer „Olga Androwskaja"! Ah, dort arbeitete in den 1980-er Jahren der Chefkoch Wolodja, der uns mit unglaublich leckeren Mahlzeiten versorgte. Ich reiste auch mit einem riesigen Fischtrawler und mit anderen Schiffen, aber mein Lieblingsdampfer war die „Antonina Neschdanowa". Einst war der Dampfer für die Baltische Seereederei auf der Ostsee gefahren, und ich kannte die Besatzung bereits von einer Reise durch das Baltikum. Dann wurde das Schiff der Fernöstlichen Seereederei übergeben. Zu meinem großen Bedauern gibt es die „Antonina Neschdanowa" nicht mehr. Der Dampfer sank am 21. Oktober 2004 bei einem Taifun im japanischen Hafen Fusaki. Zu meiner Zeit arbeitete auf der „Antonina Neschdanowa" Juri Afanassjew als Erster Offizier – ein wirklich guter Mensch. Wir wurden mit einem Boot zum Schiff gebracht, am Fallreep kletterten wir an Bord. Der Wind riss mir die Mütze vom Kopf, der Rucksack zog mich nach unten. Die Strickleiter schwankte im Wind, das Boot schlug beängstigend an die Schiffswand, und unter mir tosende Wellen. Ächzend kletterte ich an Bord. Unsere Einschiffung leitete besagter Juri Afanassjew. Und er gab ehrlich und unumwunden zu: „Bei diesem Wetter hätten wir Ust-Kamtschatski eigentlich nicht angelaufen. Das Boot in stürmischer See am Schiff anlegen zu lassen und die Passagiere über die Strickleiter einzuschiffen, ist sehr schwierig. Wärt ihr nicht alte Bekannte, dann hätten wir das nicht gemacht."

Ich bin all diesen Menschen dankbar, bin den Kapitänen, Geologen, Vulkanologen, Meteorologen und Grenzschützern dankbar dafür, dass sie mich beherbergt, mich mit Ratschlägen und Karten versorgt haben.
Mein Verhältnis zu Reisen war immer sehr ernsthaft. Es gibt für mich nichts Interessanteres auf der Welt als zu reisen. Reisen sind immer interessant. Es kam nie vor, dass ich von einer Reise enttäuscht zurückkehrte. Natürlich, es gab mehr oder weniger aufregende Reisen, aber wenn ich doch einmal eine leise Unzufriedenheit verspürte, dann lag es daran, dass ich selbst an einem Ort nichts Interessantes entdecken konnte. Vielleicht, weil ich „nicht in Stimmung" war oder mich auf den Ort nicht wirklich einlassen konnte. Dann schimpfst du auf den Ort, die Menschen und das Wetter. Tatsächlich aber liegt alles bei dir, du hattest einfach miese Laune. Doch so etwas passierte mir sehr selten.



Das Flugzeug fliegt neun Stunden ohne Zwischenstopp von Moskau nach Jelisowo, dem Flughafen der Halbinsel, der 30 Kilometer von Petropawlowsk-Kamtschatski entfernt liegt. Der Kamtschatski Krai ist 472 300 Quadratkilometer groß, das sind drei Prozent des gesamten russischen Territoriums. Es gibt 88 bewohnte Orte: drei Städte – neben der Hauptstadt sind es Jelisowo und Wiljutschinsk –, 29 Siedlungen und 56 Dörfer. Die Entfernung von Petropawlowsk-Kamtschatski nach Moskau beträgt 11 876 Kilometer. Neun Zeitzonen liegen dazwischen.
Das in einer Bucht am Stillen Ozean liegende Petropawlowsk-Kamtschatski ist von architektonischem Irrsinn. Man kann es nicht schildern, man muss es gesehen haben. Und unweigerlich kommt man auf den Gedanken: Wo sonst in der Welt könnte man so etwas bauen, wenn nicht auf Kamtschatka, das selbst weltweit nichts Ähnliches kennt.
Ein kleines Beispiel dafür sind die Uhren. In der Eingangshalle eines Hotels hingen wie in allen Hotels der Welt fünf große Uhren. Doch anstelle der traditionellen Zeiten von London, Moskau, Tokio, New York ... war auf allen fünf Zifferblättern nur eine Zeit abzulesen, nämlich die örtliche. Fünf Zifferblätter – und darunter die Aufschrift Petropawlowsk-Kamtschatski. Wen interessiert hier, wie spät es in London ist? Das heimatliche Petropawlowsk ist für die humorvollen, selbstironischen und kreativen Kamtschatka-Bewohner der Nabel der Welt.

# Petropawlowsk-Kamtschatski – die Hauptstadt

## Geschichte, Sehenswürdigkeiten, Legenden, Museen, Stadtspaziergänge

Schaut man von oben auf die Hauptstadt Kamtschatkas, und das kann man gut bei einem Hubschrauberrundflug, erkennt man, dass Petropawlowsk-Kamtschatski sich entlang der Küste einer großen Bucht erstreckt. Die Awatscha-Bucht ist 24 Kilometer lang, drei Kilometer breit und 26 Meter tief. Man sagt, alle Schiffe der Welt würden in dieser Bucht Platz finden. Der Frachtumschlag des Seehafens beträgt 2,23 Millionen Tonnen pro Jahr.

Die ersten russischen Siedler kamen 1703 an die Awatscha-Bucht, es waren Kosaken. Am 17. Oktober 1740 brachten zwei Boote die Zweite Kamtschatka-Expedition unter Vitus Bering und Alexej Tschirikow in die Bucht. Seither gilt dieses Datum als Gründungstag von Petropawlowsk-Kamtschatski.

Das Hauptmerkmal der Bewohner Kamtschatkas besteht darin, dass es sehr wenige sind. Nur 316 116 Menschen (Stand 2016), weniger als in einer mittelgroßen deutschen Stadt wie etwa Bochum, leben im 472 300 Quadratkilometer großen Kamtschatski Krai. Der Krai war 2007 aus der Halbinsel Kamtschatka und dem Autonomen Kreis der Korjaken gebildet worden und ist Teil des Föderalen Bezirks Ferner Osten. 181 618 Menschen leben in der Hauptstadt. Petropawlowsk-Kamtschatski ist die einzige russische Gebietshauptstadt, in der es kein gestresstes Hupen in der Hauptverkehrszeit und keine dichten Menschenmengen auf den Straßen gibt. Anscheinend sind die Menschen so veranlagt, dass sie, wenn sie wenige sind und zudem naturverbunden leben, freundlicher zueinander und aufmerksamer sind sowie eine größere Hilfsbereitschaft zeigen. Viele behaupten, das sei die Inselmentalität. Mag sein. Doch ich glaube, es liegt am Klima. Raue Winde, Nebel, Kälte, Sommerregen, die Notwendigkeit, bei jedem Wetter hinaus aufs Meer zu fahren, ohne Angst vor den elementaren Gewalten, all das prägt die Menschen hier. Das raue Klima und der unerbittliche Ozean haben aus den Kamtschatka-Bewohnern die freundlichsten Menschen in ganz Russland gemacht. Ohne gute Nachbarschaft ist das Leben hier nicht vorstellbar. Selbstverständlich hilfst du dem Nachbarn, sein Auto aus der Schneewehe zu ziehen, denn am nächsten Tag kann es dich selbst treffen. Seit Jahrhunderten ist das so, und dies hat die besondere Mentalität herausgebildet. Hilfsbereitschaft ist die wichtigste Eigenschaft. Die Bewohner sind mehrheitlich Atheisten, doch sie glauben auch an Geister und Schamanen, und vor allem glauben sie an die grundlegenden menschlichen Gebote: Liebe deinen Nächsten, hilf ihm, tue Gutes und sei glücklich!

Im Juli herrschen auf Kamtschatka Temperaturen von 10 bis 15 Grad Celsius. Als „brennende Hitze" gelten 18 bis 20 Grad Celsius. Solche Temperaturen werden nicht jedes Jahr erreicht. Immer merkt man die Nähe des Ozeans. Wenn dir das Wetter nicht gefällt, trösten dich die Einheimischen: „Warte zehn Minuten, das Wetter ändert sich!" Und tatsächlich, das Wetter ändert sich andauernd und schnell. Sonne wechselt mit Regen, und im Herbst ist es oft wärmer als im Frühsommer. Die durchschnittliche Temperatur im Winter beträgt minus 16 Grad Celsius, in Milkowo-Puschtschino minus 22 Grad Celsius, einmal sank das Thermometer dort sogar auf minus 57 Grad Celsius.

*Blick auf Petropawlowsk Kamtschatski*

Doch sobald die Sonne ein wenig zwischen den Wolken auftaucht, stellen die Café-Betreiber Tische und Stühle auf die Bürgersteige, und die Frauen tragen ärmellose Jacken. Und das bei 13 Grad Celsius! Man kann sagen, dass auf Kamtschatka ein regelrechter Sonnenkult herrscht. Übrigens gibt es hervorragende Treibhäuser, die die Wärme der Thermalquellen nutzen, und so gibt es das ganze Jahr über frisches Gemüse und Blumen.

Wenn Sie auf dem Flughafen Jelisowo gelandet sind (er ist 30 Kilometer von Petropawlowsk-Kamtschatski entfernt), nehmen Sie den Bus in die Hauptstadt. An der Stadteinfahrt begrüßt sie ein schönes Denkmal: Auf zwei Stelen ragen zwei Segelboote in den Himmel. Das sind die Modelle der so genannten Paketboote „Heiliger Apostel Petrus" und „Heiliger Apostel Paulus". Mit diesen Schiffen gelangte 1740 die Zweite Kamtschatka-Expedition an die hiesige Küste. Eine kleine Siedlung mit Namen Auschin befand sich an dieser

Stelle. In Auschin überwinterten die Expeditionsteilnehmer und errichteten einen Ostrog (eine befestigte Siedlung). Diesen benannten sie nach ihren beiden Expeditionsschiffen „Heiliger Apostel Petrus" und „Heiliger Apostel Paulus" – eben Petropawlowsk.
Übrigens, ein großartiges Denkmal für Peter und Paul erhebt sich am Ufer des Kultutschni-Sees innerhalb des Stadtgebiets. Es ist sechs Meter hoch und wurde im Jahre 2005 aus Anlass des 300-jährigen Jubiläums des Christentums auf Kamtschatka feierlich eröffnet. Das Bronzedenkmal für die beiden Schutzheiligen der Stadt ist ein Symbol der jahrhundertealten Tradition des christlich-orthodoxen Glaubens im Fernen Osten Russlands. Am Metallgeländer hinter dem Denkmal bringen Verliebte bunte Schlösser zum Zeichen ihrer ewigen Liebe und Treue an.
Seit Anfang des 19. Jahrhunderts ist Petropawlowsk ein wichtiger Hafen im Fernen Osten und die Hauptstadt Kamtschatkas.
Kamtschatka ist ein Ort der Mythen und Legenden. Jeder Felsen und jeder Wasserfall ist verbunden mit einer Legende, und selbst über den Namen der Halbinsel erzählt man Geschichten, und eine davon handelt von der Liebe.
„Der alte Bergrücken hatte einen tapferen und starken Sohn, das war der Bergfluss Kam. Und der weißhaarige Vulkan hatte eine schöne Tochter, das war das Flüsschen Tschatka. Die Verliebten flohen eines Nachts vor ihren Vätern und vereinigten sich zu einem Fluss namens Kamtschatka. Dieser Fluss gab der Halbinsel ihren Namen."
Die reiche Vielfalt an Legenden ist nicht verwunderlich, die wunderbarsten Motive liegen direkt vor einem: Es ist die Märchenwelt der indigenen Völker – Ewenen, Aleuten, Itelmenen und Korjaken –, und diese Märchenwelt ist poetisch und ausdrucksstark. „Ein zartes Mädchen saß tagaus, tagein am felsigen Meeresufer und blickte voller Sehnsucht zu der Insel in der Ferne. Und sie träumte so sehr von der Insel, dass es die Insel nicht aushielt und zu ihr geschwommen kam, und so wurde die Insel zur Halbinsel ..." In den alten Erzählungen ist aber auch von naiven und grausamen Taten die Rede.
Die berühmtesten märchenhaften Erzählungen sind die vom Raben Kutcha, dem Schöpfer des Universums, der sich bei den Itelmenen und Korjaken vollkommen unerwartet in einen Gaukler und Vielfraß verwandelt. Ja, die Folklore auf Kamtschatka ist wirklich originell! Sie können sich davon im Puppentheater in der Maksutow-Straße überzeugen, dort werden oft Stücke gespielt, die Märchenmotive der indigenen Völker aufgreifen. Dort begegnen Ihnen der Rabe Kutcha, Schamanen und Zauberer ...
Gleich neben dem Theater befindet sich der Markt, jener berühmte Zentralmarkt, auf dem sich auch Touristen mit Kaviar und Lachs eindecken. Man kann Kaviar vom Buckellachs kaufen oder Kaviar vom Rotlachs. Vom letzteren gibt es zwei Kategorien, den fetten und den normalen. Kaufen Sie immer den nor-

malen. Ein einziges Mal riskierte ich es, den weniger teuren „fetten" Kaviar zu kaufen. Seine Körnung ist nur halb so groß, und er ist weniger haltbar. Schon bald riecht man den Fisch heraus. Der normale Kaviar hingegen hat mich nie enttäuscht, er war immer frisch und wohlschmeckend.
Wer nach Kamtschatka reist, gibt schnell den weit verbreiteten Gedanken auf, dass Roter Kaviar rot ist. Der Kaviar ist hier von ganz unterschiedlicher Färbung, je nach Fischsorte. Ein zartes Orange zeichnet den Kaviar von Buckellachs und Königslachs aus; mohrrübenrot ist der Kaviar vom Ketalachs. Und der Kaviar von Rotlachs und Silberlachs hat eine purpurrote Schattierung.
Guter Kaviar darf nicht salzig sein, und er darf auf keinen Fall bitter schmecken. Andererseits ist auch versalzener Kaviar im Prinzip kein Problem, wenn man ihn gut wässert. Kosten Sie den Kaviar, bevor Sie ihn kaufen. Legen Sie einige Körnchen an den Gaumen und zerdrücken Sie sie vorsichtig mit der Zunge. Wenn es guter Kaviar ist, platzen alle Kügelchen auf. Haben Sie es probiert? Dann können Sie nun Kaviarbrote machen!
Im Stadtzentrum an der Uferstraße befindet sich das Museum des Instituts für Ozeanografie. Hier können Sie Fische, Lederschildkröten, behaarte Krabben, Meerestomaten, Meereshündchen und was es nicht sonst noch alles gibt bestaunen. Ich versuchte gar nicht erst, mich in der Vielfalt der Fische zurechtzufinden, sondern wählte mir gleich einen Glücksbringer, nämlich den Tintenfisch. Was für eine Schönheit das ist, und unterhaltsam ist er auch! Und dann ist der Tintenfisch auch noch essbar, und sehr schmackhaft. Einen Nachteil hat er allerdings: In den Restaurants von Petropawlowsk sind Tintenfische ziemlich teuer.
Aber auf Kamtschatka ist eigentlich alles teuer, wenn man russische Maßstäbe anlegt: Wohnung, Kleidung, Essen, Trinken. Man bringt es kaum übers Herz, an der Bar ein Glas vom hiesigen Bier „Seroglaska" („Grauäuglein") zu bestellen. Ohne Konservierungs- und Pasteurisierungsmittel ist es nur wenige Tage haltbar, und in der Regel trinkt man ausschließlich das „heutige".
Über die Liebe zum einheimischen Bier sind viele Anekdoten im Umlauf. Eine möchte ich Ihnen nicht vorenthalten: „Es ereignete sich vor 100 Jahren. In Petropawlowsk brannte das Freudenhaus. Alle schrien: ‚Wasser! Wasser!' Aus Zimmer 17 trat ein tadellos gekleideter Marineoffizier heraus und sagte würdevoll: ‚Für Nummer 17 bitte ein Kamtschatka-Bier!'"
Lassen wir das leidige Thema der Preise. Und um nicht allzu traurig zu schließen, füge ich noch hinzu, dass das Allergünstigste hier im Vergleich zum Festland der Kaviar ist! Und er ist nicht nur viel billiger, sondern auch viel schmackhafter. Alle kaufen so viel Kaviar wie möglich!

Überhaupt lebt man auf Kamtschatka nicht schlecht. Kommen Gäste zu Besuch, wird der Tisch reich gedeckt, und es gibt unbedingt Kaviar vom Buckellachs. Wer den nicht gekostet hat, weiß nicht, was gut ist.
Ein Museum, das man unbedingt besuchen muss, ist das Institut für Vulkanforschung und Seismologie. Es ist das einzige derartige Institut Russlands und befindet sich am grünen Pijpa-Boulevard (Boris Pijpa gilt als Begründer der Vulkanforschung) unweit des Prospekts Pobedi. Im Haus Nr. 9 am Ende des Boulevards befindet sich das Institut, es gilt als das größte der Welt und beherbergt eine riesige Sammlung vulkanischer Mineralien, Filme und Fotos.

*Ein Denkmal für Petrus und Paulus erhebt sich am Ufer des Kultutschni-Sees innerhalb des Stadtgebiets. Es ist sechs Meter hoch und wurde im Jahre 2005 aus Anlass des 300-jährigen Jubiläums des Christentums auf Kamtschatka enthüllt*



Es wäre verwunderlich, würden Sie in Petropawlowsk nicht die bekannte Anekdote über das Museum hören: „Als der Vulkan ausbrach, fand man an seinem Fuß eine Mitteilung: ‚Legt heute Nacht 30 Millionen Rubel in den Müllcontainer am Institut für Vulkanforschung, dann schalten wir den Vulkan aus! Benachrichtigt nicht die Miliz!'"
Mit dem Institut verbindet mich eine interessante persönliche Geschichte, die ich in meinem Buch „Mein geheimes Russland" erzählt habe:
Zwei berühmte Frauen waren für mich besonders interessant. Seit meiner Jugend habe ich davon geträumt, sie kennenzulernen. Das waren Valentina Tereschkowa, die erste Kosmonautin der Welt, und Sofia Naboko, die erste und

bislang einzige Vulkanforscherin der Welt, die den Vulkan Kljutschewski auf Kamtschatka bezwungen hat, den höchsten Vulkan Europas und Asiens. Die Naboko war für mich eine Legende, und das Schicksal hat mir ein Zusammentreffen mit dieser ungewöhnlichen Frau geschenkt.
1975 fuhr ich zu ihr nach Kamtschatka. Von dieser Begegnung sind Aufzeichnungen in meinem Notizbuch erhalten. Und Fotos. 1975 war sie 65 Jahre alt, Doktorin der geologisch-mineralogischen Wissenschaften. Nach Abschluss des Leningrader Polytechnischen Instituts im Jahre 1936 war sie nach Kamtschatka gereist und blieb für immer dort.

*Die Paketboote „Heiliger Petrus" und „Heiliger Paulus" gaben der Stadt ihren Namen*

Mein Flug von Moskau nach Kamtschatka dauerte zehn Stunden, 1936 allerdings brauchte man zwei Monate! Erst mit dem Zug, dann mit dem Schiff und schließlich zu Fuß. Folgendes hat Sofia Naboko mir erzählt:
„Ich erinnere mich an mein erstes Jahr am Fuß des feuerspuckenden Vulkans. Die erhitzte Magma hob urplötzlich die Erdschicht an der Basis des Kljutschewski und bildete einen neuen, kleinen Vulkan. Ringsum dröhnte es, Lava brodelte, Blitze zuckten. Ein Schneegestöber setzte ein, und ein Orkan brach los – alles auf einmal. Ich näherte mich diesem neuen Vulkan erst mit einem Hundeschlitten, dann auf Skiern. In 500 Metern Entfernung stellte ich ein Zelt

auf. Die Erde bebte. Steine schlugen auf das Zelt, um mich herum war ein schreckliches Getöse. Aber verstehen Sie, ich war eine fanatische Forscherin! Vor nichts hatte ich Angst. Nur davor, dass ich die Geburt eines neuen Vulkans verpassen könnte. Vor meinen Augen wuchs er in die Höhe, bald waren 200 Meter erreicht! Ich nannte ihn ‚Biljukai', was ‚Donnergott' bedeutet.
Viele Vulkanforscher geben ihre Arbeit wieder auf, denn wenn du Angst vor dem Vulkan hast, dann gehst du drauf. Die Arbeit birgt viele Risiken. Die Angst lähmt die Gedanken, die Seele und das Reaktionsvermögen. Wenn du nur ein einziges Mal Angst verspürst, ist alles zu Ende, dann darfst du nicht mehr als Vulkanforscher arbeiten. Viele Male bin ich wie durch ein Wunder dem Tod entkommen. Aber ich hatte keine Zeit, mir Sorgen um mich zu machen. Ich musste arbeiten! Einer meiner unvergesslichsten Eindrücke ist der Aufstieg auf den Kljutschewski. 5 000 Meter und ewiges Eis, ein rauchender Krater. Plötzlich rutschte einer meiner Kollegen (wir waren zu dritt) ab und stürzte in die Tiefe. Er fiel und blieb dann hängen. Die ganze Nacht kletterten wir zu ihm herab. Er hing an seinem Eispickel direkt über einem tiefen Spalt. Es war ein schrecklicher Anblick. Aber wir kamen rechtzeitig, um ihn zu retten. Er arbeitete dann nicht mehr als Vulkanforscher.
Ich erinnere mich noch, wie ich auf einem großen Stein auf der Lava trieb. Das war die einzige Methode, um an heiße Gesteinsproben heranzukommen. Wenn ein Vulkan ausbricht, stößt er ständig Gestein aus, und du musst beobachten, wohin diese Steine fliegen, um dann Gasproben nehmen zu können. Nur anhand dieser Gesteins- und Gasproben kann man bestimmen, wie in Urzeiten die Minerale entstanden sind ..."
Übrigens, der Sohn Nabokos, Igor Menjailow, ebenfalls Vulkanforscher, kam in Kolumbien im Vulkan Galera um. Es heißt, die Vulkane rächen sich dafür, dass der Mensch versucht, ihr Geheimnis zu lüften.
Einmal habe ich in einer kleinen deutschen Mineralienhandlung Sofia Naboko wiedergetroffen: Zwei Steine, ein ‚Nabokoit' und ein ‚Sofiit' – schön geflammt und mit einer wundervollen Äderung –, lagen in einer Vitrine unter Glas und erinnerten mich an die Begegnung mit der großen russischen Frau, nach der sie benannt waren.
Nach dem Besuch im Museum für Vulkanforschung kehrt man zurück zum Prospekt Pobedi und geht Richtung Stadtzentrum. Man kann unterwegs in einem der zahlreichen Cafés auf der Moltschanow-Straße eine Kleinigkeit essen. Man kann auch bis zur Toporkowa-Straße weiterlaufen. An deren Ende liegt das Hotel „Gejser". Dort speist man mit Sicht auf die Awatscha-Bucht, erfreut sich an einsamen, kleinen Schiffen und den grandiosen Vulkanen Wiljutschinski, Mutnowski und Goreli. Um den Appetit für das Abendessen aufzusparen, sollten Sie vielleicht nur ein Lachsbrot essen. In Petropawlowsk kann man nämlich schick zu Abend essen, zum Beispiel im Restaurant „Slawjanski"

am Prospekt Pobedi 22. Die Küche ist bis zwei Uhr morgens geöffnet. Im Sommer und im Herbst wähle ich hier ein einfaches regionales Gericht: Fisch auf Slawjanski-Art, in der Pfanne gebraten. Im Lokal gibt es Live-Musik, leicht und nicht zu laut. Man nippt an seinem Bier, während der Fisch gebraten wird. Zum Fisch wird Salat „Ferner Osten" serviert. Gut isst man auch im Restaurant „Pintussow" am Schtschedrin-Platz, das für seine in Dampf gegarten Speisen bekannt ist. Und es gibt genügend andere gute Lokale, und viele bieten eine schöne Aussicht auf die Bucht. Der Blick auf den Pazifik ist überhaupt unbezahlbar.

Der Pazifik wird auch Stiller Ozean genannt. Diesen Namen gab ihm der portugiesische Entdecker Fernao de Magalhaes, der als Seefahrer in spanischen Diensten als Fernando de Magallanes berühmt geworden ist. Hatte er doch 1519 bis 1522 als Erster die ganze Welt umsegelt. Bis dahin hieß der Ozean der Südliche oder der Große oder der Östliche.

Petropawlowsk ist vielschichtig. Entfernst du dich vom Geschäftszentrum in Richtung des vierstöckigen Kaufhauses „Petropawlowsk", entdeckst du einen gemütlichen Platz mit Springbrunnen. Und auf dem Asphalt vor dem Brunnen hinterließ ein unbekannter Künstler den Wunsch: „Guten Morgen, Geliebte." Das hat den Stadtbewohnern so gut gefallen, dass die Stadtverwaltung die Sorge um den Erhalt des Schriftzuges übernommen hat ...

Nachdem der Prospekt in die Wladiwostok-Straße übergegangen ist, wenden wir uns nach rechts und steigen auf den Mischennaja-Hügel. Von hier oben macht man die besten Fotos von der Stadt und dem Kultutschni-See.

Am gegenüberliegenden Berghang glänzen die goldenen Kuppeln der Kathedrale der Heiligen lebensspendenden Dreifaltigkeit. Sie ist das größte Gotteshaus im Fernen Osten.

In der Kirche ist es licht und hell, die Sonnenstrahlen zeichnen schöne Muster auf den Boden. Der Chor singt am Vorabend des Festes für Johannes den Täufer, klar wie Kristall klingen die Stimmen der Sänger. Die Türen der Kirche sind weit geöffnet, in der abendlichen Luft atmet es sich leicht und froh. Die Kerzen brennen ruhig, kein Flackern. Die Priester tragen mit Silberfäden verzierte Gewänder. Sie wirken kühl und luftig wie Wasser und Himmel, wie die Quellen, die die Seele reinigen. Und jede Traurigkeit verschwindet. Es gibt viele junge Gesichter. Und nirgends das bekannte Halbdunkel, kein Flüstern der alten Frauen im trüben Licht, keine rußgeschwärzten Ikonen. Hier wird die Luft und das Licht gefeiert und das ewige Leben.

Ja, ich bin begeistert von dieser etwas pompösen Kathedrale, aber mehr noch zieht es mich in die kleine Kirche in unmittelbarer Nachbarschaft, es ist die

Kirche des Heiligen Nikolai des Wundertäters. Dort singt ein bemerkenswerter Chor. Man kann entspannen und den Engelsstimmen lauschen. Die Ikonen dieser Kirche sind ebenfalls beachtenswert. In den Darstellungen der „Wunder des Heiligen Nikolai" gibt es das Weizenwunder: Engel schütten über einer von Hungersnot heimgesuchten Stadt Korn aus. In der Szene „Mitgift für arme Mädchen" wirft der Heilige Nikolai heimlich goldene Kugeln ins Fenster einer jungen Frau. Es ist kein Zufall, dass Nikolai in Russland der beliebteste Heilige ist, denn er ist ein echter Wundertäter. Er ist vor allem der Schutzpatron der Seeleute und der Reisenden, und das wird in Russland sehr ernst ge-

*Die Kathedrale der Heiligen Dreifaltigkeit ist die größte Kirche im Fernen Osten*



nommen. Wussten Sie, dass im Jahre 1953 das Grab des Heiligen Nikolai in Bari geöffnet wurde, um Wasserschäden zu beseitigen. Und 1957 konnte der Anatomieprofessor Luigi Martino mit Genehmigung des Vatikans eine anthropologische Untersuchung der Knochen Nikolais vornehmen, tatsächlich machte er eine komplette osteologische Analyse.
Ich lief kreuz und quer durch die Straßen und spürte: Petropawlowsk öffnet sich mir immer wieder von Neuem. Woran liegt das bloß? An der Luft, der Klarheit, der bizarren Landschaft, den Vulkanen?
Im Kunstmuseum von Kamtschatka in der Leningradskaja-Straße 100 werden Bilder regionaler Künstler ausgestellt.
Übrigens, eines der berühmtesten russischen Gemälde überhaupt stellt einen Vulkanausbruch dar. Karl Brjullow hat es gemalt. Sein Bruder, ein Historiker, hatte jahrelang die Ruinen von Pompeji erforscht und ein Buch über den Un-

tergang der Stadt geschrieben. Und das ist auch der Gegenstand des Gemäldes „Der letzte Tag von Pompeji". Karl Brjullow reiste nach Italien, wanderte zwischen den Ruinen Pompejis umher und machte Hunderte Skizzen. 1833 war das Bild vollendet.
Mein Vater hatte drei Lieblingsbilder. Und eines war eben „Der letzte Tag von Pompeji". Eine Reproduktion dieses Bildes hing bei uns im Haus. Als Kind liebte ich es, bei Einbruch der Dunkelheit vom Bett aus die zahlreichen Figuren zu betrachten, die in Panik aus der Stadt rannten und von den Lavaströmen

*Seit Anfang des 19. Jahrhunderts ist Petropawlowsk ein wichtiger Hafen im Fernen Osten und die Hauptstadt Kamtschatkas*



des Vesuv erfasst wurden. Blitze zuckten, Asche und Steine fielen vom Himmel. Besonders faszinierte mich das schöne, totenbleiche Gesicht einer jungen Mutter, die ihr Kind mit ihrem Körper zu schützen versuchte. Als ich als Erwachsene das Original im Russischen Museum in Sankt-Petersburg sah, mit seinen gewaltigen Ausmaßen von vier mal 6,5 Metern, war ich erstaunt und verzaubert. „Er packte einen Blitz und warf ihn mit ganzer Kraft auf sein Bild", schrieb Nikolai Gogol voller Begeisterung über das Werk, „in ihrer schrecklichen Lage sind seine Figuren wunderschön." Die Ausstellungstour des Gemäldes „Der letzte Tag von Pompeji" durch Europa wurde ein echter Triumph, und Karl Brjullow galt in seiner Heimat als bester russischer Maler.

Doch zurück zum Kunstmuseum in Petropawlowsk-Kamtschatski. Ich besuchte das Museum des Öfteren, doch stets waren nur wenige Besucher da, was ich einerseits als überaus angenehm empfand, andererseits sehr bedauerte. Angenehm war es natürlich, weil ich mich ganz in die Bilder vertiefen konnte, keine Menschengruppen, keine lauten Stimmen störten mich, schade war es, weil die vielen außerordentlichen Werke der einheimischen Künstler auf wenig Interesse stießen. Eines davon blieb mir besonders in Erinnerung, vielleicht weil das kleine Temperabild das einzige Werk zu einem religiösen Thema war. Das ungewöhnliche Bild trug den Titel „Verzicht auf die Waffe". Es war eine Szene aus der Vita des Heiligen Martin, der nicht mehr als Krieger des Cäsaren, sondern als Krieger Christi kämpfen wollte.

Unweit von Museum und Ausstellungssaal in der Leninstraße errichteten die Engländer im Jahre 1913 ein Granitdenkmal für Kapitän Charles Clerke, jenen Seefahrer, der ab Februar 1779 die dritte Weltumsegelung leitete, nachdem Kapitän James Cook auf Hawaii ums Leben gekommen war. Am 12. Juni 1779 liefen Clerkes Schiffe aus der Awatscha-Bucht aus und nahmen Kurs auf die Beringstraße, konnten sie aber aufgrund des Eisgangs nicht durchqueren und mussten umkehren. Clerke starb auf dem Rückweg und wurde am 29. August 1779 in Petropawlowsk beerdigt. Auf der Frontseite des Obelisken befindet sich die Aufschrift: „Zum Andenken an den Kapitän der königlichen Flotte Ch. Clerke, der am 22. August 1779 im Alter von 38 Jahren verstarb und dessen Körper unter diesem Stein bestattet ist."

Wir bewegen uns weiter auf der Morskaja-Slawa-Allee (Meeresruhm-Allee), die schön mit Ebereschen und Blumen bepflanzt ist, und kommen zu einem Postament. Die Aufschrift besagt, dass die Allee am 20. Oktober 1996 zu Ehren des 300. Jubiläums der Russischen Flotte angelegt wurde. Hier ist eine Botschaft an die kommende Generation eingemauert, die im Jahre 2046 geöffnet werden soll.

Der beliebteste Ort für Spaziergänge ist das Ufer des Kultutschni-Sees. Am Südende des Sees findet sich ein Gedenkstein zu Ehren der Zweiten Kamtschatka-Expedition. Die Worte Vitus Berings sind hier eingraviert: „Ankunft in diesem Hafen mit zwei Paketbooten im Jahre 1740."

Das älteste Denkmal von Petropawlowsk-Kamtschatski stammt aus dem Jahre 1862 und ist das Denkmal für Vitus Bering, den Stadtgründer und Leiter der Kamtschatka-Expeditionen. Wir laufen ein Stück zurück zur Sowjetskaja-Straße, und im Durchgang zur Leninstraße, unweit des Kinos „Oktjabrski", erhebt es sich auf einem kleinen, von grauem Stein eingefassten Platz.

Weiter geht es über eine der acht Treppen, die die Sowjetskaja- und die Leninstraße verbinden, zur Leninstraße, wo ein Denkmal für Jean-François de La Pérouse aufgestellt ist. Es erinnert an den Besuch des großen Seefahrers und Geografen mit den beiden Fregatten „Boussole" und „Astrolabe" 1787.

Unser nächstes Ziel ist das Staatliche Museum von Kamtschatka in der Leninstraße 20. Das Museum zeigt drei Dauerausstellungen: Natur, Geschichte und Erschließung Kamtschatkas.
Die Halbinsel wurde im Jahr 1672 erstmals auf russischen Landkarten eingezeichnet. Am 11. Juli 1697 stellte der Kosake Wladimir Atlassow ein riesiges Kreuz über der Bucht auf, zum Zeichen der Eroberung Kamtschatkas für Russland. Wer war dieser Atlassow?
Der Mann mit dem raumgreifenden Namen, ein Kosake aus Jakutien, befehligte den Anadyrsker Ostrog auf Tschukotka, als er von der Halbinsel Kamtschatka und ihren Bewohnern, den Korjaken, hörte. Daraufhin unterbreite-

*Ausstellung im Naturkundemuseum, das ein Teil des Staatlichen Museums ist*

te er dem Gouverneur von Jakutsk den Plan, die große Halbinsel für Moskau zu erobern. Nach langem Zögern erteilte der Gouverneur Atlassow im Namen des Zaren die Erlaubnis. In Begleitung von 65 Kosaken und 60 einheimischen Jukagiren erreichte Atlassow das Ochotskische Meer und drang bis zum Kamtschatka-Fluss vor, wo er die Korjaken zur Zahlung des Jassak (Tribut der indigenen Völker an den Zaren) zwang. Gerade hier errichtete er im Juli 1697 einen Ostrog. Er war damals 47 Jahre alt. Es zog ihn weiter und weiter nach Osten, er wollte die Inselkette der Kurilen finden, von deren Existenz er gehört hatte. Mit erstaunlicher Genauigkeit führte Atlassow seine Studien über die Geografie Kamtschatkas, doch vor allem war er von seiner Persönlichkeit her ein Eroberer. Im Jahre 1701 brachte der Kosakenführer den ersten Japaner namens Denbei nach Moskau zum Zaren. Ein Überfall auf einen reichen russischen Kaufmann brachte ihm Ärger ein, und er landete im Gefängnis in Jakutsk. Im Jahr 1706 wurde er entlassen und zurück nach Kamtschatka geschickt. Unter seinem Oberbefehl entstand der Ostrog von Bolscherezk an der Westküste. 1707 kam es zu einem Kosakenaufstand, Atlassow musste fliehen. Kurz darauf wurde er unter mysteriösen Umständen ermordet. Durch Atlassows Unternehmungen hatte sich die Macht des russischen Zaren bis an den Pazifik ausgedehnt.

Wir haben Semjon Deschnjow noch nicht erwähnt. Bereits Mitte des 17. Jahrhunderts durchquerte Deschnjow, der erste große russische Seefahrer, das Polarmeer und gelangte in den Stillen Ozean, indem er Tschukotka umschiffte und faktisch die Beringstraße zwischen Asien und Amerika entdeckte. Damit widerlegte er die verbreitete Auffassung, dass es zwischen Nordamerika und Asien eine Landverbindung gebe. Sein Schiff zerschellte in der Bucht von Oljutor, worauf die Mannschaft zwei Wochen auf Skiern zum Anadyrsker Ostrog unterwegs war.



In unseren Tagen erfüllte sich der Heimatkundler Stanislaw Saizew aus Wologda, der mir einst bei einem Dokumentarfilm über seine Heimatstadt Totma zur Seite stand, seinen Traum. Er legte den Weg zurück, auf dem Hunderte seiner Vorfahren unterwegs waren, um Schiffe durch die Nordpassage aus dem Polarmeer in den Stillen Ozean zu führen. 1992 ertrank er an der Westküste Kanadas. Das Museum, das er in seiner Heimatstadt Totma aufgebaut hat, existiert heute noch. Es war gerade Saizew, der mir vom russischen Seefahrer Iwan Kuskow erzählte, der aus Wologda bis nach Kamtschatka und weiter nach Amerika gesegelt war. Sein Porträt hängt im Museum in Totma.

Was hat all diese Menschen dazu bewogen, ihre heimatlichen Gefilde zu verlassen und unter unglaublichen Entbehrungen ins Unbekannte aufzubrechen? Pelze! Sie wurden bei den Ureinwohnern Kamtschatkas und Sibiriens gekauft, getauscht, eingehandelt und nach Zentralrussland gebracht. Damals brachte ein Sibirischer Schwarzfuchspelz dem Händler 200 Rubel Gewinn, und das war eine gewaltige Summe.

Stanislaw Saizew berichtete über die großen Entdecker: „Du möchtest wissen, was die Zivilisation antreibt? Nicht um des täglichen Brot willens ist der Mann in die Welt gezogen, sondern um seine Frauen zu schmücken. Was haben alle diese Eroberer gewollt? Gold, Edelsteine, Pelze, Gewürze! Es ging ja nicht um Maiskolben! Die unzerstörbare Faszination von der Idee des Überflüssigen regiert die Welt ..."

Im Staatlichen Museum in Petropawlowsk interessierten mich die von Ende des 19. Jahrhunderts stammenden Fotos der indigenen Bevölkerung Kamtschatkas. 30 Kästen mit einzigartigen Fotos hat Anton Silnitzki (1863 bis

1910) hinterlassen. Der ehemalige Hauptmann und Journalist war von den Korjaken, Itelmenen und Aleuten fasziniert. Er durchquerte Kamtschatka zu Fuß und machte Hunderte Fotos. Man erzählt, eine Aleutin habe ihn mit ihrer Körperwärme gerettet, nachdem er bei minus 30 Grad Celsius in ein Eisloch gestürzt war. Auf seinen Reisen machte er auch Fotos vom verschwundenen Volk der Aini, jenen legendären „Haarmenschen", die Sachalin besiedelten. Es ist nicht verwunderlich, dass Silnitzki mit seiner großen Kenntnis der Völker Kamtschatkas im April 1903 zum ersten Gouverneur des Landkreises Petropawlowsk ernannt wurde. Jahrelang hieß es in allen Büchern über Kamtschatka: „Leider ist kein Porträt Silnitzkis überliefert." Doch kürzlich tauchte in einem sibirischen Archiv ein Bild von ihm auf. Es zeigt einen grundehrlichen Mann, der auf Kamtschatka auf solche Missstände, Bestechlichkeit und Gesetzlosigkeit stieß, dass er die Ärmel hochkrempelte und alles dafür tat, Geschäft, Verwaltung und Macht voneinander zu trennen. Silnitzki ließ die Ausschanke schließen und verbot, an die Ureinwohner Alkohol auszuschenken, wenn sie während der Steuererhebung in die Stadt kamen, um Felle zu verkaufen. Nüchtern konnten sie sehr viel mehr für ihre Felle erlösen und die Haushaltswaren, die sie benötigten, erstanden sie zu festen staatlichen Preisen – und die waren viel günstiger. Silnitzki nahm kein Bestechungsgeld an, worüber das örtliche Establishment schockiert war. Der kommunale Haushalt stieg im Vergleich zu den Vorjahren um 950 Prozent, während die Blutsauger schüchterner wurden ... Die Geschichte seiner Abenteuer auf Kamtschatka erzählt er in seinem Buch „14 Monate im Staatsdienst auf Kamtschatka". Ihm zum Andenken wird heute in einer Petropawlowsker Schule das Silnizki-Stipendium vergeben.



Nach dem Museumsbesuch gehen wir an der Stadtverwaltung und dem Geschäft „Goldenes Schlüsselchen" vorbei in Richtung Schtschedrin-Platz. Er trägt den Namen eines U-Boot-Kommandeurs, Helden der Sowjetunion und Vize-Admirals, der im Jahre 1959 das Militärhistorische Museum der Streitkräfte des Nordostens gegründet hatte. Das Museum befindet sich in der Radioswjazi-Straße 69. Es ist das einzige große Militärmuseum im Nordosten Russlands. Das Interessanteste hier sind die Darstellungen der Kamtschatka-Expeditionen, Dokumente und alte Stiche. Das Museum ist so klug gestaltet, dass du, wenn du herauskommst, ein wenig ein anderer Mensch bist, und das kann man nicht von vielen Militärmuseen behaupten.

Vom Theaterplatz gehen wir zur Leninstraße und von dort zum Fuß des Nikolski-Hügels. Auf seinem Gipfel stehen ein acht Meter hohes Ruhmesdenkmal und eine Kapelle aus dem Jahre 1912. Unter der Kapelle befindet sich das

Gemeinschaftsgrab für die Toten des englisch-französischen Überfalls auf Kamtschatka im Jahre 1854. 35 russische Soldaten sind auf der rechten Seite der Kapelle beerdigt, 38 englische und französische auf der linken Seite. Im Dezember 2008 wurde hier ein Denkmal für Nikolai den Wundertäter eingeweiht. Er hält ein Schwert und das Modell einer Kirche in den Händen. Unterhalb der Grabstätte befindet sich die Gedenkanlage „Kanonen-Batterie Alexander Maksutow" aus dem Jahre 1954. Marinesoldaten und einheimische Gießer haben die Kanonen wiederhergerichtet, die Mitte des 19. Jahrhunderts hier donnerten. Wer nicht weiß, dass es Nachbildungen sind, hält sie für echt.

*Unter der Kapelle auf dem Nikolski-Hügel befindet sich ein Gemeinschaftsgrab*



1986 lernte ich in Leningrad eine ältere Frau kennen, Xenija Dmitrijewna, die Urenkelin von Fürst Dmitri Maksutow, Konteradmiral und letzter Gouverneur von Alaska. Sein Name ist wie der seines Bruders Alexander Maksutow auf Kamtschatka legendär. Bis zu ihrer Pensionierung unterrichtete die alte Dame an der Leningrader Universität und hielt ihre adlige Abstammung geheim. Das war verständlich: Im Sozialismus blieben solche Familienverbindungen besser unerwähnt. Die Erzählung von Xenija Dmitrijewna kam mir in den Sinn, als ich, angelockt von den weißen Spritzern der Brandung, zum Wasser hinunterging und unmittelbar zum Memorial für die Kanonen-Batterie des Alexander Maksutow gelangte:
„Die Batterie von Alexander Maksutow bestand aus fünf Kanonen. Es sah so aus, als würden die Fregatten von Königin Victoria und Napoleon III. sie ein-

fach von der Erde fegen. Ein furchtbarer Beschuss. Eine Kanone wurde von den Gegnern direkt ins Rohr getroffen – so unerbittlich und gnadenlos war der Kampf. Ein Augenzeuge behauptete, dass es keinen Arschin (altes russisches Längenmaß: 0,71 Meter) im Umkreis gegeben hätte, der nicht mindestens von einer Kanonenkugel getroffen worden war ... Vor dem Kampf hatte Alexander seinem Bruder Dimitri gesagt: ‚Ich wünsche mir eines ... wenn ein Opfer gefordert wird, um alle Menschen in Petropawlowsk zu retten, möge das Los auf einen von uns fallen. Der Vater hat sechs Söhne, wenn einer fällt, bleiben ihm die anderen zum Trost.'
Es gab einen Moment, als die verbliebenen Kanoniere zögerten. Da richtete Alexander Maksutow selbst die Kanone aus und versenkte ein Boot mit einem feindlichen Landungskommando. Wieder und wieder antwortete er auf die Salven der mit 60 Kanonen bestückten Fregatte ‚Fort', bis ihm eine feindliche Kugel den Arm abriss. Als Maksutow stürzte, tönten von den englischen Schiffen laute Vivat-Rufe. Doch auch wenn die von der feindlichen Kanonade umgepflügte Batterie den Beschuss nicht mehr erwiderte, auch wenn die Landungskommandos bereits das Ufer erreicht hatten, die Kanonenkugeln und Kartätschen brachten keine Entscheidung mehr. Es kam die Stunde der Bajonette, und im Bajonettkampf waren die russischen Soldaten unübertroffen. Der Strand am Fuß des Berges war rot vom Blut der Gefallenen. Wer konnte, rettete sich in die Boote und Barkassen und versuchte, die eigenen Schiffe zu erreichen.
Petropawlowsk hielt stand, doch unter dem von Kanonensplittern zerfetzten Dach eines zum Lazarett umfunktionierten Hauses starb Alexander Maksutow. Ungeachtet der schlimmen Wunde hatte es zunächst Hoffnung auf Rettung gegeben, doch zu den Schmerzen kam ein heftiges Fieber, und einige Tage später ging er dahin ... Sein Bruder, mein Urgroßvater Dmitri Maksutow, blieb am Leben, und nach der Schlacht von Kamtschatka war er derjenige, der die Kunde vom Sieg persönlich nach Sankt-Petersburg brachte und eine Audienz bei Zar Alexander II. erhielt."
Auf Kamtschatka hörte ich noch eine andere Geschichte, die mit dem Namen Alexander Maksutow verbunden ist. Sie klingt eher wie eine traurige Anekdote über „Tote Seelen". Nicht umsonst heißt es, dass gegen menschliche Dummheit kein Kraut gewachsen ist.
Vor etwa 50 Jahren wurde ein großer Fischtrawler nach Alexander Maksutow benannt. Die Jungs von der Besatzung waren fleißig, mit dem Kapitän lief auch alles gut, und bald tauchte auf dem Schiffsrumpf der Ehrenname auf: „Jugendbrigade des Komsomol". Zum 30. Jahrestag des Sieges über den Fa-

schismus gab es eine neue Komsomolinitiative. Die Jugendbrigaden wurden aufgefordert, symbolisch einen gefallenen Helden in ihre Reihen aufzunehmen und dann die Arbeitsnorm „für sich und den Helden" zu erfüllen. Der zusätzliche Lohn kam dem Komsomol zugute. Die Jungs auf der „Alexander Maksutow" überlegten nicht lange, sie nahmen den Namensgeber ihres Schiffes in ihre Fischfangbrigade auf.
Es war eine durchaus übliche Praxis, dass freie Stellen in einem Betrieb mit gefallenen Helden besetzt wurden, wenn das Kollektiv den Antrag stellte. Für diese „Toten Seelen" wurden echte Arbeitsbücher und Personalakten erstellt.

*Das Gedenkanlage „Kanonen-Batterie Alexander Maksutow" erinnert an die Verteidigung der Stadt gegen einen englisch-französischen Seeangriff im Jahre 1854*



Als die Perestroika und mit ihr die Marktwirtschaft über die UdSSR hereinbrach, wollte niemand mehr Geld für unbekannte Zwecke spenden. Die berühmten, jedoch „toten" Seelen wurden zur Last. Doch man wurde sie nicht wieder los. Not macht erfinderisch, und so hatte jemand die Idee, im Namen von Alexander Maksutow ein Gesuch an den Kapitän zu richten, um ihn aus familiären Gründen aus dem Dienst zu entlassen.
Dieses fantastische Dokument wird heute in den Archiven von Kamtschatka aufbewahrt, mit dem Arbeitsbuch und der Personalakte des in grauer Vorzeit gestorbenen Fürsten. Das Datum der Entlassung ist sorgfältig unterstrichen, daneben eine krakelige Unterschrift, die im Personalbüro zweifellos für echt befunden worden war.
Wie könnte man sich Petropawlowsk-Kamtschatski ohne den Stillen Ozean vorstellen? Richtig, überhaupt nicht. Unser nächster Ausflug führt uns also

aufs Meer hinaus, zu den „Drei Brüdern". So werden die Felsen genannt, die vor der Stadt aus dem Wasser ragen. Die Legende besagt, drei Brüder hätten die Halbinsel vor einer Monsterwelle geschützt und seien dabei versteinert. So stehen sie seit Jahrtausenden als Hüter der Stadt und sind Wahrzeichen von Petropawlowsk.

*Die Felsen „Drei Brüder" ragen vor der Küste Petropawlowsk-Kamtschatski aus dem Meer*

Ja, man spürt den Zauber des Ortes: Die Nähe des Ozeans, die frische Luft, die Höhe der Häuser und die Breite der Straßen, alles scheint dem Menschen angemessen zu sein. Hier ist es gemütlich, ruhig und romantisch. Wenn man zum Zentralen Platz spaziert, die Kathedrale sieht, die Denkmäler, und wenn man sich für zwei Stunden in ein Café auf dem Zentralen Platz setzt, dann ist das unvergesslich.

Die Bewohner der Stadt überqueren den Platz, ich erkenne sie schnell unter den Touristen. Es gibt eine Art Harmonie in den Gesichtern der Frauen, in ihrer Verbindung mit der Stadtlandschaft, dem Klima, der Natur. Vielleicht ist das der Grund, aus dem ich mich in Kamtschatka verliebt habe.

## Die Umgebung der Hauptstadt

**Die „Hausvulkane" Koselski, Arik, Aag, Awatschinskaja Sopka, Korjakskaja Sopka; Aufstieg auf den Awatschinskaja Sopka (2 751 Meter); Ethnokulturelles Zentrum „Pimtschach"; Kurort Paratunka; die heißen Quellen von Malkinski; der Strand von Chalaktyrski; die Siedlung Ust-Bolscherezk; Zuchtbetrieb für Schlittenhunde „Schneehunde"; die Blauen Seen; Jelisowo**

Die „Hausvulkane" bilden 25 Kilometer von Petropawlowsk-Kamtschatski entfernt eine beeindruckende Bergkette. Es sind die Vulkane Koselski (2 189 Meter), Arik (2 156 Meter), Aag (2 310 Meter), Awatschinskaja Sopka (2 751 Meter) und Korjakskaja Sopka (3 456 Meter). Die beiden letztgenannten sind aktiv. Vulkanforscher haben mir eine schöne Legende über die Entstehung der Vulkane erzählt:

„Vor langer Zeit war Kamtschatka eine Ebene, es gab weder Berge noch Vulkane. In dieser Ebene lebten tapfere junge Männer – Recken. Sie hüteten die flinken Rentiere und lebten in Frieden und Eintracht. Doch eines Tages erschien ein wunderschönes Mädchen in der Ebene, und alle jungen Männer verliebten sich in sie. Alle wollten diese Schönheit zur Frau haben. Und so brach Streit aus. Die Recken schossen ihre Pfeile gegeneinander und warfen ihre Steinbeile. Es wurde viel Blut vergossen, aber keiner wollte nachgeben. Der Streit hätte wohl nie ein Ende gefunden. Da drohte eine Schamanin den Recken an, sie alle in steinerne Berge zu verwandeln, wenn sie nicht Frieden schlössen. Doch die Recken hörten nicht auf sie. Die Schamanin hielt Wort und verwandelte sie in Berge. Doch ihre heiße Liebe zu dem schönen Mädchen ließ ihre Herzen schmelzen, ihre Liebe verglühte nicht. Immer wieder spuckten die Berge das Feuer ihrer Liebe aus, und blutrote Lavaströme liefen die Berghänge herab. Und so sehr sich die Schamanin anstrengte, die liebenden Herzen der Recken in kalten Stein zu verwandeln, es gelang ihr nicht. Das junge Feuer war stärker als der Zauber. Und so sind die Vulkane auf Kamtschatka entstanden."

Wenn ich die ungezähmteste Landschaft auf Kamtschatka wählen müsste, würde ich mich für das vulkanische Lavafeld entscheiden. Kann es Hässliches geben, das in Schönheit erstrahlt? Aus der Lava formen sich bizarre schwarze Traumschlösser. Schicht um Schicht erzählt die Lava die Geschichte der Zeit. Die älteren Lavaschichten sind schon nicht mehr tiefschwarz, sondern von Moos überwachsen und haben eine seltsame grünlich-bleiche Farbe.

Ich weiß nicht, wie viel Prozent des Kamtschatka-Bodens von Lava bedeckt sind. Doch es ist ein unvergesslicher Anblick. Der russische Schriftsteller und Philosoph Wassili Rosanow (1856 bis 1919) geriet in Schrecken, als er die Lavafelder an den Hängen des Vesuvs sah. Er schrieb: „Lava ist hässlich. Es gibt

einen nicht druckbaren Vergleich dafür. Schwarze Berge liegen einer über dem anderen, kriechen, verschränken sich, brechen, blähen sich auf, Blasen schlagend und Höhlungen bildend, und winden sich zum Schluss zu einem Geflecht aus Schnüren, gestern flüssig und feurig, heute schwarz und kalt."
Das war 1901. Die Menschen hatten eine andere Vorstellung von Ästhetik. Eine Ästhetik, die auf Harmonie beruhte. Wir, die wir die Erschütterungen des 20. Jahrhunderts erlebt haben, haben ganz andere Vorstellungen. Für mich ist Lava schön! So wie Berge, Vulkane und Wasserfälle schön sind. Gewiss, Vulkane sind zerstörerisch. Unter der schwarzen Decke der einst feurigen Lava stirbt alles ab und belebt sich nicht so schnell wieder. Und doch, warme Quellen sprudeln aus dem Boden, sie bereiten Wohlbefinden und Freude.



Der Vulkan Awatschinskaja Sopka liegt 27 Kilometer nordöstlich von Petropawlowsk-Kamtschatski. Man gelangt mit einem Geländefahrzeug durch ein ausgetrocknetes Flussbett zur Touristenstation „Awatschinsker Zuflucht". Der Vulkan ist aktiv. Zuletzt brach er im Jahre 1991 aus. Er ist 2 741 Meter hoch, sein Krater hat einen Durchmesser von 400 Metern.
Der Aufstieg auf den Vulkan ist ohne besondere Vorkenntnisse möglich und dauert rund vier Stunden. Man kann sich praktisch nicht verlaufen, trotzdem ist es besser, die Tour in Begleitung eines erfahrenen Bergführers zu machen. Hier meine Erfahrungen bei meinem ersten Aufstieg auf den „Hausvulkan":
In Petropawlowsk gibt es einen Klub der Bergsteiger. Ich hörte, dass ein Aufstieg auf den Awatschinskaja Sopka geplant war, ich mich aber beeilen müsse, denn der zweite Sonnabend im September sei der letzte Termin in diesem Jahr. Alle, die an der dreitägigen Tour teilnehmen wollten, mussten einen Fragebogen ausfüllen. Obligatorisch für den Aufstieg waren Gummistiefel oder Stiefel aus Kirsa, das ist ein lederähnlicher Kunststoff, der in der damaligen Zeit häufig für die Schuhproduktion benutzt wurde. Ich hatte weder Gummistiefel noch Stiefel aus Kirsa im Gepäck, doch war ich zuversichtlich, wenn ich an eine Grundregel des Reisens dachte: Die Kunst des Unterwegsseins wird von der Fähigkeit bestimmt, mitgenommene unnütze Dinge anstelle der vergessenen nützlichen zu benutzen. Ich hatte lederne Winterstiefel dabei, aber die stellten sich als ungeeignet heraus. Wir gaben unsere Fragebögen ab, meiner wurde vorerst zur Seite gelegt. Der Bergführer befragte mich dann, erkundigte sich nach meiner Gesundheit, denn vom Alter her könnte es schwierig für mich werden. Ich war entsetzt. Hatte ich mich doch im Fragebogen bereits zehn Jahre jünger gemacht! Munter erwiderte ich, dass ich von kräftiger Gesundheit sei und keine Probleme machen würde. Aber innerlich war ich besorgt. Was, wenn tatsächlich ein schwieriger Aufstieg bevorstand, ob-

wohl mir die Freunde versichert hatten, dass „jeder" auf den Awatschinski kommt.
Am Vorabend der Besteigung zwängten wir uns in einen offenen „Gasik", das ist ein Sport- und Nutzfahrzeug. Ich war mit Abstand die Älteste, die übrigen Teilnehmer waren etwa 20 Jahre jünger als ich. Die Bergführer nahmen Bergsteigerausrüstungen mit und Schuhwerk für diejenigen, die kein geeignetes dabei hatten. Das Fahrzeug sprang dermaßen über die Bodenschwellen, dass wir uns an den Wänden festklammern mussten, um nicht hinauszufallen. Der Weg führte durch ein nach der Schneeschmelze trockenes Flussbett steil hinauf.

*Nur 316 116 Menschen leben im 472 300 Quadratkilometer großen Kamtschatski Krai, davon mehr als die Hälfte (181 618 Menschen) in der Hauptstadt*



Endlich erreichten wir die „Awatschinsker Zuflucht", ein langes, zwischen zwei Felsen gezwängtes Gebäude. Hier sollten wir die Nacht verbringen. Ich war übrigens nicht die einzige, die nicht das richtige Schuhwerk dabei hatte. Man gab uns Bergstiefel aus Kirsa und Fußlappen. Warme Kleidung und Handschuhe, nun ja, das war eine Selbstverständlichkeit, die hatten wir alle dabei. Meine Stiefel waren zu groß, die Fußlappen waren tatsächlich nützlich.
Der Ofen wurde geheizt, wir aßen Kascha (Buchweizengrütze) aus Schüsseln und tranken schönen heißen Tee aus Schalen. Ein Mädchen aus der Gruppe verteilte Zettel mit dem scherzhaften Schwur der Kamtschatka-Besucher. Alle in der Gruppe waren erwachsen, aber als es zum Schwur kam, waren wir aufgeregt wie Kinder. Ein jeder sprach die Worte des Schwurs:
„Ich, (Name), betrete den Boden Kamtschatkas und schwöre, nicht zu jammern, nicht zu klagen, nicht die Blasen an den Füßen zu zählen, nicht zu frieren, keine Angst vor Taifunen zu haben und die Kascha nicht zu versalzen. Ich verspreche, aktiv, ausdauernd und zuversichtlich zu sein. Ich verspreche, die

Natur zu schützen, die geschriebenen und ungeschriebenen Gesetze der Wanderer zu achten und dem Namen Tourist auf Kamtschatka Ehre zu erweisen.

Ich schwöre, einen wachen Geist und Sinn für Humor zu bewahren. Wenn ich gegen diesen Schwur verstoße, möge mich die harte Hand des Bergführers strafen, mögen mich die Mücken stechen, möge der Durst mich quälen und das eigene Gewissen mich peinigen. Das schwöre ich!"
Wir schliefen in Schlafsäcken in Doppelstockbetten. Nachdem wir es uns gemütlich gemacht hatten, begannen die Erzählungen über das Bergsteigen im Allgemeinen, über die Tücken der Vulkane und schließlich über Begegnungen mit Kamtschatka-Bären.

Treu meinem Vorsatz, mich nicht in Gespräche einzumischen, hörte ich mir alles an, aber dann hielt ich es nicht mehr aus und erzählte meine eigene schöne Bärengeschichte.

„Wir zelteten mit einer Touristengruppe an einem Wasserfall. Als unser Zelt mit Küchendienst an der Reihe war, standen wir um sechs Uhr morgens auf,

*Blick auf die Awatscha-Bucht mit den „Hausvulkanen" Koselski, Arik, Aag, Awatschinskaja Sopka und Korjakskaja Sopka im Hintergrund*



um das Frühstück vorzubereiten. Ich nahm einen Eimer und ging zum Wasserholen an den Fluss. Als ich die 200 Meter zum Flüsschen gegangen war, erstarrte ich. Mir gegenüber stand ein Braunbär und pflückte mit seiner Tatze Beeren vom Strauch. Ich weiß nicht mehr, welche Beeren da wuchsen. Doch es war ein verblüffendes Bild. Der Bär riss die Beeren ab und führte seine Tatze vor seine Augen, als wolle er prüfen, ob die Beeren auch reif waren. Dann

steckte er sie ins Maul. Das alles geschah in einer Seelenruhe und so harmonisch, dass ich dachte: Wie kann man nur Angst vor Bären haben?"
Nach den Bären waren Anekdoten und Geschichten von Vulkanbesteigungen an der Reihe. So viele wurden erzählt! Eine habe ich mir gemerkt:
Ein Wanderer fragt einen Ortsansässigen:
„Wissen Sie vielleicht, wie ich schneller auf diesen Berg gelange?"
„Einen Moment, ich lasse den Hund los."
Erst am frühen Morgen verstummten die Gespräche. Wir schliefen wenig, frühstückten und machten uns auf den Weg. Vorn liefen die Bergführer, hinter ihnen alle anderen.
Den Augen bot sich ein ständig wechselndes Panorama. Die Landschaft änderte sich alle paar Minuten. Der Korjakskaja Sopka lag zunächst links von uns. Einige Minuten später lag er rechts und bot im Verhältnis zu den anderen mit Steinbirken und Erlen bewachsenen Bergen ringsum ein völlig neues Bild. So ein Wechselspiel bot sich uns während des gesamten Aufstiegs.
Der Weg entlang des Vulkankegels erwies sich als schwieriger als gedacht. Ein Teil der Gruppe blieb zurück und brach die Tour ab.
Als wir uns dem Krater näherten, schneite es. Der Wind wurde heftiger, das Atmen fiel schwer. Wir gingen im Zickzack. Die Skistöcke waren nützlich. In den seltenen Momenten, in denen es heller wurde, schien es, als sei der Korjakski niedriger als der Awatschinski, dabei ist er 695 Meter höher.
Ich setzte den Aufstieg fort, wenngleich ich hinter der Gruppe zurückblieb. Der Schnee wurde tiefer, der Wind stärker. Der Schnee drang in die Kleidung ein. Endlich – der Kraterrand. Hurra! In den ersten Sekunden kam das gar nicht zu mir durch, denn feuchter Schnee, angereichert mit den Rückständen der Fumarolen, drang mir in Mund und Nase. Der Begriff Fumarole kommt aus dem Italienischen – „fumarola" bedeutet „rauchender Spalt". Es sind Öffnungen oder Risse, aus denen Wasserdampf oder vulkanisches Gas austreten, die aus dem Magma oder noch nicht ausgekühlten Lavaströmen entweichen.
Wie wir uns freuten, am Ziel zu sein! Dabei war fast gar nichts zu sehen. Plötzlich tauchte eine Gestalt aus dem Nebel vor mir auf, die Gedichte vortrug, nur Wortfetzen drangen zu mir herüber. Wir wanderten am Kraterrand hin und her, aßen Äpfel und suchten nach Worten für unsere Begeisterung.
Schließlich begannen wir mit dem Abstieg. Einer der Führer ebnete den Weg durch den Schnee auf dem so genannten fünften Punkt, dem Po, wir taten es ihm gleich. Jetzt waren wir an der Caldera (vulkanischer Krater). Meine Füße brannten in den Stiefeln, sie waren schwer, so schwer. Aber ich war glücklich: Ich hatte den Krater eines aktiven Vulkans mit eigenen Augen gesehen!

Zurück in der Unterkunft, schliefen wir in dieser Nacht wie erschlagen. Niemand hatte Lust zu erzählen.

Am Morgen wurden wir in einen „Wald" geführt, nun ja, tatsächlich war es ein Kriechgehölz aus Zwergbäumen, die vom Schnee zu Boden gedrückt wurden. Das Erstaunliche war, dass neben den Kriechgehölzen Pilze wuchsen! Und was für welche! Höher als die Bäume waren sie! Und so viele waren es, dass wir einen ganzen Sack füllten! Zurück in der Unterkunft putzten wir die Pilze, brieten sie und ließen sie uns schmecken! Dann traten wir den Heimweg an, in unserem „Gasik" ging es durch das Flussbett zurück. In der Stadt verabschiedeten wir uns voneinander, tauschten Adressen aus und nahmen uns vor, im nächsten Jahr wieder gemeinsam einen Vulkan zu bezwingen.

Welche Vulkane gehören zu den „Hausvulkanen" Petropawlowsks? Neben dem Awatschinski liegt der mit 3 456 Metern höchste aktive Vulkan im Süden, der Korjakskaja Sopka, auch Korjakski genannt. Das Interesse an ihm stieg um ein Vielfaches, als er im November 2008 unerwartet erwachte. 50 Jahre lang hatte er „geschlummert". 

Der Aufstieg auf den Korjakski verlangt eine gute körperliche Verfassung und einen erfahrenen Bergführer. Den kann man vor Ort über ein beliebiges Reisebüro engagieren. Man benötigt auf jeden Fall eine Bergsteigerausrüstung. Der Aufstieg auf den Gipfel nimmt elf Stunden in Anspruch, so dass man ihn besser in zwei Etappen bewältigt, mit einer Übernachtung auf 2 800 Metern Höhe.

Auf der anderen Seite des Awatschinski befindet sich hinter dem 2 375 Meter hohen Uglowaja-Berg der stille und friedliche Vulkan Koselski. Verglichen mit seinen Nachbarn ist er ein Winzling. Der Koselski hat zwei Gipfel: Kupol (Kuppel) mit 2 165 Metern Höhe und Sub (Zahn) mit 2 189 Metern Höhe. Die Hänge des Vulkans sind uneben, zerfurcht, an der Südostseite sind kurze erstarrte Lavaströme zu sehen. In den letzten Jahren wurde der Koselski sehr beliebt bei Liebhabern des Heliskiings. Die Saison dauert von November bis Juni. Es sind die „neuen Russen", die diesen Ort für sich entdeckten, die wohlhabende Schicht im heutigen Russland. Früher habe ich, wenn ich einen von ihnen kennenlernte, gefragt: „Ist das Ihre Tochter?" Die Antwort war: „Was denken Sie, das ist meine Frau!" Und ich hatte mir einen Feind gemacht. Jetzt bin ich vorsichtiger und frage zuerst: „Ist das Ihre Dame?" Und die Antwort lautet: „Das ist meine Tochter, was denken Sie!" Und ich habe einen Freund gewonnen.

Ins Ethnokulturelle Zentrum „Pimtschach" geriet ich zufällig. Ich war mit Freunden im Auto unterwegs nach Petropawlowsk-Kamtschatski, als jemand sagte: „In 20 Minuten erreichen wir ‚Pimtschach'. Vielleicht machen wir dort eine Pause?"

„Pimtschach" liegt 40 Kilometer von Petropawlowsk-Kamtschatski und sechs Kilometer von der Siedlung Sosnowki entfernt. Ich war beeindruckt von dem,

was ich sah. Das Dorf hat ohne Frage eine touristische Zukunft. Doch damals war es ruhig und menschenleer. Der Architekt erläuterte uns seine Motivation, eine solche Anlage zu schaffen: „Ich habe ‚Pimtschach' auf einer malerischen Lichtung im Birkenwald am Berg Ostrija als ideales Dorf der Itelmenen konzipiert. Wir bauten es im Jahre 2002 für uns selbst, zum Andenken an unsere Vorfahren. Außerhalb des Dorfes geschieht weiß der Teufel was, es gibt so viel Unordnung und Grausamkeit, hier im Dorf soll ideale Harmonie herrschen. Ob es geklappt hat? Natürlich nicht. Aber der Wille war da, und er ist auch jetzt noch an den traditionellen Behausungen, den ‚barabor' zu sehen, die nach alten itelmenischen Vorgaben gebaut sind. Die Itelmenen lebten in Harmonie mit sich und anderen wie auch mit der Natur ..."



Wenn du nicht weißt, was dich erwartet, wunderst du dich, wie klein hier alles ist, ein Miniaturideal. Den Besuchern werden Souvenirs und handwerkliche Erzeugnisse angeboten, sie erleben das alte Ritual der Reinigung, können sich mit den Traditionen, den Liedern, Tänzen und den Speisen der Itelmenen vertraut machen. Ein ritueller Aufstieg auf den Berg Ostrija, Teilnahme an Schamanenritualen, Aufenthalte in den alten itelmenischen Wohnhäusern gehören zum Besuchsprogramm. „Die Sitten der Korjaken, Aleuten und Itelmenen, der indigenen Völker Kamtschatkas, sind in den letzten Jahren rauer geworden", erzählte die Exkursionsleiterin, „und das ist verständlich. Das moderne Leben mit seinen Reizüberflutungen bedroht unsere alte Lebensweise. Um sie zu erhalten, müssen wir uns noch stärker abgrenzen." Ich dachte lange über diese Frage nach. Je näher die Zivilisation kommt, desto größer ist die Gefahr, dass diese einzigartigen Völker einfach verschwinden. Der Erhalt der Vielfalt der Völker und Völkerschaften fordert eine verstärkte Hinwendung zum Eigenen und eine gewisse Abgrenzung von allem Fremden.

In der Nähe von Petropawlowsk-Kamtschatski liegt der Kurort Paratunka. Es lohnt sich, die 40 Kilometer zu fahren, um den stillen Reiz dieses Ortes zu genießen. Für mich ist es der charmanteste Kurort der Halbinsel, hier kann man Gutes für seine Gesundheit tun und fern von allem Stress so richtig ausspannen.

Im Jahre 1808 wurde zum ersten Mal von den Thermalquellen unweit von Petropawlowsk-Kamtschatski berichtet. Im 20. Jahrhundert wurden ganze Gruppen dieser heißen Quellen entdeckt, und es hieß, dass deren Heilkraft wirksamer sein könnte als die der Quellen auf Island. Das Wasser tritt mit einer Temperatur von plus 106 Grad Celsius an die Oberfläche. Das erste Sanatorium wurde im Jahre 1946 eröffnet. Dann entstanden Dutzende Kurhäuser, Pensionen und Hotels im Tal des Flusses Paratunka. Die Mineralisierung des Wassers beträgt 1,32 Gramm pro Liter. In der Umgebung befinden sich malerische Waldseen und wilde Badestellen mit Thermalwasser. Das Wasser, heißt es, verfügt über wunderbare Kräfte. Beim Baden wird alles Leiden, das dich von innen austrocknet, herausgespült, und es geht dir besser, so glaubt man hier. So lange ich dort war, habe ich nie Kranke gesehen, alle Badenden wirkten gesund und waren fröhlich. In meinem Tagebuch findet sich eine Eintragung zum Baden in Paratunka: „Als ich untertauchte, war es, als würden tausend kleine Stahlklingen meinen Körper berühren. Ob das nun mit der Wunder-

*Basislager am Fuße des 2 751 Meter hohen Awatschinskaja Sopka*



wirkung der Quelle oder mit der lindernden Wärme des Mineralwassers zu tun hat, mir war jedenfalls, als würde jeder Muskel freudig jubeln, als sei er frisch gespannt. Ich spürte eine ungewöhnliche Leichtigkeit! Als ob ich für immer schwerelos wäre. Als wäre die Gravitation außer Kraft gesetzt und würde ich bei einer unvorsichtigen Bewegung in den Himmel entschweben. Dieses Phänomen verblüffte mich jedes Mal, wenn ich in Paratunka war."
Und ich erinnere mich, dass ich beim Baden meine Armbanduhr verloren hatte. Es war eine wasserdichte Uhr, ich trug sie sehr gern. Beim Ankleiden merkte ich, dass sie weg war. Da trat eine ältere Frau auf mich zu: „Sie suchen sicher Ihre Uhr? Ich sah, wie Sie auf Ihr Handgelenk schauten. Hier, bitte." Die Frau kam, wie sich herausstellte, aus Petropawlowsk-Kamtschatski und war mit ihrer ganzen Familie hier: Ein Sohn war Staatsanwalt, der andere Arzt, der Ehemann war Mechaniker. Lebendige, aufgeschlossene Gesichter. Ein freundliches Gespräch: „Wir kommen gerade aus Litauen, wo wir unseren Urlaub verbracht haben. Einmal saßen wir beim Abendessen im Restaurant und disku-

tierten darüber, wovon das Land eigentlich lebt? Es ist klein, verfügt über keine Bodenschätze. Dann brachte man uns die Rechnung, und wir haben sofort verstanden, wovon das Land lebt."

Nach dem Baden setzte ich mich in ein Café. Ein nettes Publikum. Fast alle Damen trugen glänzende Lurexpullis. Doch was soll ich beanstanden, auch ich bin nicht von Chanel gekleidet.

Meine Freunde auf Kamtschatka lobten die Thermalquellen von Malinski. Sie liegen 130 Kilometer von Petropawlowsk-Kamtschatski entfernt, im Flusstal der Kljutschowka, vier Kilometer abseits der Landstraße. Das heiße Wasser der Quellen mischt sich beständig mit dem kalten Wasser des Flusses und füllt insgesamt sechs Becken. Die Wasserbecken sind unterschiedlich tief, je flacher sie sind, desto heißer ist das Wasser. Es gibt Pavillons, Umkleidekabinen, alle Wege sind mit Holzplanken bedeckt. Der Kies ist scharfkantig, man sollte nicht barfuß laufen. Übernachten kann man in kleinen Häuschen, die mit allem Komfort ausgestattet sind.



Ganz Kamtschatka trinkt Mineralwasser „Malinskaja", das hier abgefüllt wird, es kommt aus 610 Meter tiefen Brunnen und ist sehr wohlschmeckend.

Noch eine Sehenswürdigkeit bietet die Awatscha-Bucht: den Strand von Chalaktyrsk. Er gehört zum Stadtgebiet von Petropawlowsk, doch ist er so weit von der Stadt entfernt, dass man einen Tag für den Besuch rechnen muss. Der Strand erstreckt sich auf 30 Kilometer zwischen den Flüssen Chalaktyrka und Nalytschewa, ist 100 Meter breit und besteht aus schwarzem vulkanischen Sand. Das sieht fantastisch aus, besonders, wenn sich in dem von den Wellen bespülten Sand der blaue Himmel spiegelt.

Was mir hier am Allerbesten gefiel, das war der Sonnenuntergang. So etwas hatte ich noch nie gesehen. Ein roter Halbkreis schaute hinter einer Wolke hervor, rollte heraus, beschrieb langsam einen Kreis. Dann plötzlich – fiel er herab, in die blaue Glätte des Horizonts. Die Sonne ertrank im Stillen Ozean, und es war sofort dunkel.

Im Sommer kommen die Menschen nicht nur zum Sonnenbaden und zum Picknicken hierher, sondern auch zum Schwimmen. Allerdings muss man bedenken, dass das Wasser nie wärmer als 16 Grad Celsius wird. Doch der Sand heizt sich in der Sonne auf und gibt die Wärme an die Luft ab.

Einmal dachte ich: Wie viele Farbtöne hat der Ozean? Er ändert seine Farbe ständig. Mal ist er stahlblau, dann dunkel, dann hell leuchtend, dann grün. Die Farbe hängt von der Tiefe und dem Grund, von der Sonne, von den Wolken, den Felsen und vom Wetter ab, es gibt tausend Gründe! Der Ozean! Er ist endlos und vielfältig, man kann stundenlang aufs Wasser schauen, ohne dass

es langweilig wird. Der Ozean ist immer unbeständig, und das ist seine beständigste Eigenschaft.
Einmal beobachtete ich Schwertwale, die auch Orcas genannt werden, im Pazifik. Ich hätte nie geglaubt, dass sie so unglaublich schnell sind. Schneller als Motorboote. Und wenn ein Sturm aufzieht, ist nicht einmal mehr das Schreien der Möwen zu hören, es herrscht eine ungewöhnliche Stille ...
Fährt man von Petropawlowsk-Kamtschatski 200 Kilometer Richtung Osten, gelangt man an der Küste des Ochotskischen Meeres in das Dorf Ust-Bolscherezk mit seinen 2 071 Einwohnern. Dieser Ort wurde im 15. Jahrhundert

*Lavafeld auf dem Weg zum Awatschinskaja Sopka*



von den Suaatschuei und den Kykscha-Ai, den Vorfahren der südlichen Itelmenen, besiedelt. Sie lebten vom Fischfang und von der Jagd. Reste ihrer Siedlungen fand man an der Mündung des Flusses Osernaja und am Kap Sijuschk des Kurilensees. Anfang des 18. Jahrhunderts gab es hier mindestens 27 Siedlungen der Itelmenen.
Im Landeskundemuseum sah ich ein sorgfältig rekonstruiertes Haus der südlichen Itelmenen – halb Erdhütte, mit einem mit Grassoden bedecktem Dach. Die niedrige Tür führte in einen engen Raum, der zwei Menschen Platz zu Schlafen bot. Die Menschen wärmten sich aneinander, weil es kein Heizmaterial gab. Die Schlafkojen waren unverhältnismäßig kurz, denn man schlief halb sitzend. Schamanen behaupteten, dass das Herz stehenbleiben könne, wenn man liegend schlafe. Wenn man sich in dieser alten Behausung um-

schaut, denkt man sogleich, dass die Bewohner sicherlich begierig darauf waren, aus der Hütte rauszukommen, um zu jagen und zu fischen.
1703 und 1704 bauten russische Kosaken hier die Festung Bolscherezkaja. Sie wurde ein Vorposten der russischen Besitzungen im Süden Kamtschatkas.

*Im Jahre 1808 wurde zum ersten Mal von den Thermalquellen unweit von Petropawlowsk Kamtschatski berichtet*



88 Kilometer von Ust-Bolscherezk entfernt laden die Tolmatschewski-Wasserfälle ein. Einer hat eine Höhe von 14 Metern und bietet ein fantastisches Schauspiel. Rings um den Wasserfall breiten sich Kriechhölzer mit Ebereschen, Erlen und goldenem Rhododendron aus.
Im Rayon Ust-Bolscherezki, nahe der Siedlung Apatscha, befinden sich zahlreiche Thermalquellen. In der kleinen gemütlichen Pension dort weilte ich im Herbst. In dieser Jahreszeit sind kaum Menschen unterwegs, nur der Wind weht durchs Tal. Diese abgelegenen Kurorte haben einen überwältigenden Charme, und beweisen immer aufs Neue: Der Mensch kann die Natur beleben und verschönern, doch wenn es viele Menschen sind, wird sie vernichtet. Es gibt nichts Schöneres, als einen Kurort außerhalb der Saison zu besuchen. Was für eine Wohltat, nachts im warmen Mineralwasser unter offenem Himmel zu baden. Von oben fallen winzige Regentropfen oder feine Schneekör-

ner herab, und ich pruste im warmen Becken, über mir die Sterne und ringsum der rauschende Herbstwald auf den Hügeln ...
Den berühmten Zuchtbetrieb für Schlittenhunde „Sneschnyje Psi" („Schneehunde") besucht man am besten im Winter. Der Zuchtbetrieb, der einst den Namen „Sibirski Klyk" („Sibirischer Stoßzahn") trug, befindet sich in der Vorstadt von Petropawlowsk-Kamtschatski, einige Kilometer von der Skistation „Lesnaja" entfernt.
Hundeschlitten waren einst das wichtigste Transportmittel auf Kamtschatka, heute werden sie nur noch in den abgelegenen Regionen des Hohen Nordens benutzt. 80 Schlittenhunde dreier Rassen werden hier gehalten: Kamtschatka-Schlittenhund, Alaska-Schlittenhund und Sibirischer Schlittenhund, auch Sibirischer Husky genannt, mit seinen strahlend blauen Augen.
Die Besichtigung des Zuchtbetriebs beginnt mit einem Rundgang auf dem Gelände. Man lernt die Hunde, die Welpen und den Wolfshund Smeli, der Mutige, kennen und erfährt viel über die Geschichte des Hundeschlittens auf Kamtschatka. Ein Ausflug in den Alltag der indigenen Völker gehört auch zum Programm. Dabei werden Sie in einer traditionellen Behausung mit Tee bewirtet und können Ucha, sibirische Fischsuppe aus Lachs, oder Schurpa, Suppe aus Rentierfleisch, kosten. Ein Programmpunkt ist der Geschichte des berühmten Hundeschlittenrennens „Beringija" gewidmet. Es ist eines der längsten Rennen der Welt.
Man kann hier lernen, ein Hundegespann zu lenken, dann kann man selbstständige Touren mit dem Hundeschlitten unternehmen, die 2,5 oder vier Stunden dauern. Dabei werden Sie von erfahrenen Gespannführern angeleitet und begleitet. Es ist ein unvergessliches Erlebnis – man muss sich mit den Hunden verständigen, erfährt den Reiz der verschneiten Vulkanlandschaft, und hat die Möglichkeit, Tiere in ihrer natürlichen Umgebung zu beobachten. Doch sollte man nicht zu schnell mit dem Hundegespann unterwegs sein. Nicht, weil der Weg schlecht wäre, sondern um die Zeit zu haben, alles zu erfassen. Weiß Gott, die Natur ist hier so beschaffen, dass sie dich mit Harmonie erfüllt. Mir fällt nur ein Vergleich für diese Strecke ein: das langsame itelmenische Lied, ergreifend und feierlich. Man versteht die Worte nicht, doch die Stimme, die Töne sind so schön, dass einem die Tränen kommen.
Was ich im Zuchtbetrieb für Schlittenhunde sah, ist unvergesslich. Es ist einer der letzten Zuchtbetriebe, in dem die Hunde der indigenen Völker gezüchtet werden. Ein lebendiges Theater der klugen Hunde des Nordens und der menschlichen Schicksale vor der Kulisse außerirdischer Schönheit, der Vulkane, der Schneekuppen auf den Bergrücken. Es ist wirklich ein Paradies für Fotografen.
Auf dem Heimweg hielten wir noch einmal, um eine Szene zu fotografieren. Ein kleiner Itelmenen-Junge spielte mit einem Hund – ein Bild der Freude und der Ruhe.

Und noch ein einzigartiges Naturobjekt, das man gesehen haben muss: die Blauen Seen. Sie sind fast ganzjährig von Eis bedeckt, der Grund für ihre ungewöhnliche blaue Farbe. Ein Flüsschen verbindet sie unterirdisch miteinander und bildet beim Austritt Kaskaden schönster Wasserfälle. Die Seen liegen 600 Meter über dem Meeresspiegel und heißen im Volksmund Vera, Nadeschda, Ljubow (Glaube, Liebe, Hoffnung). Und der Volksmund sagt, im ersten See sollst du dich waschen, aus dem zweiten See trinken und im dritten See baden, dann hast du immer Glück. Zur Zeit der Schneeschmelze, im Juni, wird ein Teil des Eises von Schmelzwasser überflutet. Die Oberfläche der Seen wird dann ultramarinblau. Malerische Berge umgeben die Seen, an deren Abhängen Schnee liegt. Das Wasser in den Seen ist sauber und durchsichtig.



Die Blauen Seen sind vergleichsweise leicht zugänglich und werden oft von Touristen besucht. Die Route ist 15 Kilometer lang und führt vorbei an malerischen Orten. Ein Abschnitt ist als Ökolehrpfad gestaltet, der bei der Alpinskistation „Gora Morosnaja" („Frostiger Berg") beginnt. Im Winter ist es ein sehr belebter Ort, es gibt sieben Abfahrten für Skifahrer und Snowboarder. Man kann die Route leicht an einem Tag bewältigen. Hier trifft man oft auf Bären, deshalb ist es besser, nicht zu tief in den Wald hineinzugehen. Der berühmte Fotograf Wasili Peskow erzählt von einem Erlebnis:

„Ich stieg auf den Hügel, um eine Bärin zu fotografieren. Es stellte sich heraus, dass sie Junge hatte. Und obwohl es bereits Herbst war, war sie wegen der Jungen nervös. Als ich einen Standort für meine Aufnahmen gefunden hatte, etwas oberhalb der alpinen Wiesen, sah ich zunächst die beiden Bärenjungen. Beim Klicken der Kamera richtete sich die Bärin auf. ‚Jetzt rennt sie weg', dachte ich. Doch die Bärin, nachdem sie mich scharf gemustert hatte, warf sich, auf zwei Beinen stehend, in meine Richtung. Wer glaubt, Bären seien nicht wendig, irrt. Die Bärin lief schneller auf mich zu, als ich denken konnte. Zum Glück verlor ich nicht den Kopf, ich lief nicht weg, sondern schwenkte das Stativ wie eine Waffe und schrie. Das Tier stoppte und bremste so stark ab, dass die Steine unter den Pfoten knirschten. Dann sah mich die Bärin mit kleinen bösen Augen an und ich dachte: ‚Das wars. Das letzte Foto ...' Doch die Bärin wich zurück, rannte, mit dem Hintern wackelnd, den Berg hinauf in den Wald, und ihre Jungen rannten hinterher."

Im Juni und Juli überrascht die Bergtundra mit einer Fülle subalpiner Blüten. Hier gedeihen zwei Arten von geschützten Orchideen, und an den Berghängen wächst Rhododendron. An den Ufern der Seen lebt der Arktische Ziesel, auch Bering-Erdhörnchen genannt. Wo häufig Touristen hinkommen, lassen sich die possierlichen Tierchen aus der Hand füttern.

Exkursionen zu den Blauen Seen können auch mit Übernachtung gebucht werden, nicht weit vom Lehrpfad entfernt befindet sich ein Camp für Besucher. Für mich zeigte sich einmal mehr, dass der Gourmet in der freien Natur den höchsten Genuss findet. Die Küche auf Kamtschatka ist wohlschmeckend und fischlastig, und das Speisen mit Aussicht auf Berge und Wasserfälle außerordentlich schön. Wenn man am Lagerfeuer sitzt, vergisst man die Zeit. Was wir zubereitet haben? Die Fischsuppe aus Lachs war unvergesslich, ebenso der auf Kohlen gebackene Fisch und der Räuchersaibling. Und alles ist einfach zuzubereiten.

**Ucha (Fischsuppe) aus Lachs**

*Den gesäuberten Fisch in Stücke schneiden und in kochendes Wasser legen (zuerst den Kopf und die Flossen). Pfeffer und Lorbeerblatt hinzugeben. Den Kopf und die Flossen kurz vor der Fertigstellung herausholen und die Fischstücke in die kochende Bouillon legen. Es wird eine sehr zarte und fettige Suppe.*



**Auf Kohlen gebackener Fisch**

*Den gesäuberten Fisch entlang der Mittelgräte aufschneiden. Zwiebelringe in die Öffnung legen, Pfeffer, Knoblauch und Lorbeerblatt hinzufügen. Mit einer Baumwollschnur verschließen, fest in Folie packen und auf die glühenden Kohlen legen. Nach 20 bis 25 Minuten ist der Fisch gar.*

**Räuchersaibling**

*Den Fisch säubern, salzen und pfeffern. Dann 2 bis 3 Stunden über schwelendem Feuer räuchern. Man kann Erlenzapfen für die Kohlen verwenden oder Weidenruten mit Blättern. Der halb gegarte, halb geräucherte Fisch bekommt eine goldene Färbung und ist außergewöhnlich wohlschmeckend.*

Mit den Blauen Seen verbinde ich auch eine lustige Geschichte. Einmal wohnte ich in Jelisowo eine ganze Woche bei einer Familie in der Leninstraße, unweit vom Zoo. Ich war zu Recherchearbeiten in der Stadt. Aus Jelisowo gelangt man am bequemsten zu den Seen, sie liegen etwa 20 Kilometer vom Stadtzentrum entfernt. Und auch zu den „Hausvulkanen", zu den heißen Quellen in Paratunka und zum Naturpark „Nalytschewo" ist es von hier nicht weit.

Besucher fotografieren sich gern vor einem ungewöhnlichen Denkmal mit einer Tafel „Hier beginnt Russland": Auf einem Postament steht eine Bärin mit einem Fisch zwischen den Zähnen und ihrem Bärenjungen. In Jelisowo befindet sich der wichtigste Flughafen Kamtschatkas, und es gibt ein Museum der

*Das heiße Wasser der Thermalquellen nutzt manch einer auch zum Kochen*

zivilen Luftfahrt. Von Jelisowo aus kann man einen Ausflug zum 12 Kilometer entfernten Ethnokulturellen Zentrum „Kajnyran" unternehmen. Man sieht dort zwei rekonstruierte Jarangas (Behausung der Korjaken), in denen man viel über den Alltag der Korjaken erfährt, Pferde und Hunde leben auf dem Gelände. Das Zentrum bietet ethnografische und kulturelle Programme für Erwachsene und Kinder. Gäste können Ucha auf Kamtschatka-Art und Kräutertee kosten – und jeder ist eingeladen, den Folkloredarbietungen zu folgen. Zurück in Moskau, wollte ich mich bei dem gastfreundlichen Ehepaar bedanken, bei dem ich mich wie Gott in Frankreich gefühlt hatte. Ich schickte ihnen aus dem Moskau der 1980-er Jahre ins entfernte Jelisowo eine Ananas im Paket. Sie hatte einen grünen Schopf aus spitzen harten Blättern. Nach langem Schweigen erhielt ich einen Brief von dort: „Was du uns geschickt hast, haben wir eingepflanzt, wir gießen es, aber es wächst nicht. Vielleicht braucht es Dünger? Schreib uns."

# Das Tal der Geysire

**Das Tal der Geysire; die Entdeckungsgeschichte; Geysire Wosmjorka, Welikan, Bolschoi, Höllentor, Kegel, Petschka; Abbruchkante im Tal; die Caldera des Uson; Sicherheitsregeln**

Immer, wenn ich von einer Reise nach Kamtschatka zurückkehrte, wurde ich als Erstes gefragt: „Und, hast du sie gesehen, die Löcher, die Fontänen machen?" „Meint ihr die Geysire?", fragte ich dann stets zurück, „Ja, die habe ich gesehen. Ein ganzes Tal voller Geysire!"

Im Tal der Geysire wird jeder von Leidenschaft gepackt. Man will erraten, wann und wo plötzlich eine 15 oder 30 Meter hohe Fontäne emporschießt, oder ein kleinerer Strahl austritt, der vielleicht nur eine Höhe von drei Metern erreicht. Die Erscheinung vorauszusehen und mit einem Schnappschuss festzuhalten, ist eine echte Herausforderung. Doch der Strahl scheint immer schneller als die Kamera zu sein, er taucht stets dort auf, wo du ihn nicht erwartet hast, und selbst wenn du überzeugt bist, du hättest ihn erwischt, stellst du später fest, dass auf dem Bild nichts ist als weißer Rauch und aufgeregte Touristen. Auf Kamtschatka gibt es wesentlich mehr Geysire als auf Island, wo dieses Naturphänomen erstmalig bekannt wurde.



Das Tal der Geysire auf Kamtschatka zählt zum Weltnaturerbe der UNESCO. Es gehört zum Kronozki-Biosphärenreservat und befindet sich etwa 200 Kilometer nördlich von Petropawlowsk-Kamtschatski, im Becken eines Nebenflusses der Schumnaja auf etwa 500 Metern Höhe. Das Tal ist nur mit dem Hubschrauber zu erreichen.

Wenn Sie mit einem Kreuzfahrtschiff nach Kamtschatka kommen, gehört der Besuch des Tals der Geysire zum Ausflugsprogramm. Wer auf eigene Faust anreist, kann den Ausflug in jedem Touristenbüro in Petropawlowsk-Kamtschatski buchen. Bei gutem Wetter gibt es mindestens eine Hubschrauberverbindung am Tag, für je zwanzig Touristen. Der Hubschrauber landet an drei Punkten: im Tal der Geysire, in der Caldera des Vulkans Uson und bei den Thermalquellen von Nalytschew.

Achten Sie jedoch darauf, dass Sie nicht die Billigvariante in das „Kleine Tal der Geysire" buchen. Das ist eine Fälschung. Denn es gibt nur ein echtes Tal der Geysire auf Kamtschatka. Sicher, man findet auch andere, weniger regelmäßig pulsierende geothermische Erscheinungen, wie den Geysir Mutny in der Caldera des Vulkans Uson, zehn Kilometer vom Tal der Geysire entfernt. Dort sieht man jedoch weder Fumarolen noch andere Gas- und Dampfquellen oder dampfende Schlammkessel. Und das wird gutgläubigen Touristen als „Kleines Tal der Geysire" verkauft.

Das echte Tal der Geysire gilt als das größte Naturwunder Russlands, zumindest wurde es in einer Internet-Abstimmung als solches gekürt. In der Anti-

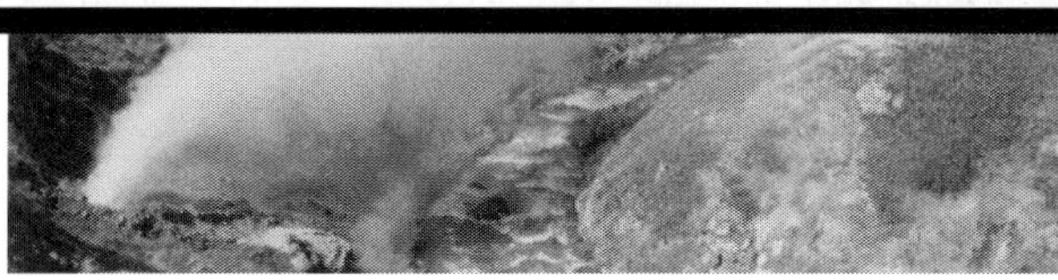

ke gab es die sieben Weltwunder, das waren die Pyramiden von Gizeh, die Hängenden Gärten von Semiramis, der Koloss von Rhodos, der Tempel der Artemis, der Leuchtturm von Pharos, das Mausoleum von Halikarnassos und die Zeus-Statue des Phidias. Die Zeit und die Menschen haben sechs davon zerstört, nur die ägyptischen Pyramiden haben überdauert, und wir können sie heute noch besuchen. Später hatte jemand die Idee, neue Weltwunder auszurufen, und inzwischen stellen viele Länder eine Liste ihrer „Wunder" auf, auch Russland.

*Alle 20 Minuten bricht dieser Geysir aus*

Das Tal der Geysire ist die Senke eines vor vielen Jahrhunderten verschwundenen Sees. Es ist nicht nur schwer zugänglich, sondern überhaupt geheimnisumwittert. Bis 1991 war das Tal für Besucher gesperrt, heute kommen pro Jahr etwa 3 000 Touristen.

1854 zog die Expedition des deutschbaltischen Geografen Karl von Ditmar dicht am Tal der Geysire vorbei, ohne es zu entdecken. Erst knapp 90 Jahre später, im April 1941, wurde es entdeckt. Und der Ruhm dafür gebührt der russischen Geologin Tatjana Ustinowa und ihrem itelmenischen Führer.

Das Tal der Geysire liegt im Becken des Flusses Gejsirnaja, der mit seinen zahlreichen Nebenflüssen in den Kronozki-Golf des Pazifik mündet. Die Wassertemperatur im Fluss fällt selbst im Januar nicht unter plus 19 Grad Celsius, in

der Mündung beträgt sie sogar plus 28 Grad. Im Tal gibt es 40 große und mittelgroße Geysire, außerdem Hunderte dampfende, pulsierende, kochende Quellen und brodelnde Schlammkessel.
In einer langen schmalen Schlucht des Oberlaufs der Gejsirnaja liegt der Geysir Wosmjorka. Kurz hinter dem Wosmjorka stürzt der Fluss in drei aufeinanderfolgenden Kaskaden von je zehn bis zwölf Metern Höhe in ein riesiges geschlossenes Becken. Von dort nimmt er in tosendem Lauf seinen Weg nach Südwesten durch einen bis zu 100 Meter tiefen Canyon. Oberhalb des Canyons befindet sich eine weitläufige Terrasse, die von Schluchten und Bachläufen zerschnitten ist. Dort gedeiht eine üppige Vegetation mit Kriechzedern, Krüppelerlen und Steinbirken. Den Terrassenrand bilden steile, beinahe vertikale Wände, die das Tal begrenzen.
Durch das Tal der Geysire strömen Schwaden von Wasserdampf. Leichter Schwefelgeruch liegt in der Luft. Winzige Wassertropfen glitzern in den Farben des Regenbogens. Der Formen- und Farbenreichtum, der mit den pulsierenden Wasser- und Dampffontänen, den Schlammkesseln und Geyseritkegeln verbunden ist, wird von den bizarren Felsformationen ringsum noch verstärkt, aber auch die unwirklich scheinenden Farben der wärmeliebenden Algen, der Flechten und Bakterien sind beeindruckend.
Heiße Bäche fließen die Berghänge hinab, sie verschwinden manchmal ganz und tauchen an anderer Stelle wieder auf, glitzern auf den Kalksinterablagerungen und zwischen den leuchtend gelb, orange, grün oder samtschwarz gefärbten Streifen der auf den Felsen wachsenden Warmwasseralgen. Die Jahrtausende, in denen schwefelsäurehaltiges Wasser über das vulkanische Tuffgestein und die Lava des Vulkans Kichpinytsch floss, haben sie zu Lehm werden lassen. Beimischungen von Kupfer oder Eisen färbten die Lava rot, violett oder leuchtend gelb.
Manche Geysire bilden alle zehn bis 20 Minuten eine Fontäne, auf den Ausbruch anderer muss man Stunden warten. Die Fontänen unterscheiden sich hinsichtlich der Wassertemperatur und der chemischen Zusammensetzung. Jeder größere Geysir hat einen Namen.
In der Mitte des Tals befindet sich der grandiose Geysir Welikan, der Riese. Er ist tatsächlich ein Riese. Sein Ausbruch beginnt mit einem mächtigen Schwall, dann schießt eine Wassersäule 30 Meter hoch, begleitet von Dampfwolken, die bis in eine Höhe von 300 Metern aufsteigen können. Die Eruption der Fontäne dauert einige Sekunden, dann strömt aus dem Erdloch einige Minuten lang Dampf. Auf die nächste Eruption muss man sechs Stunden warten.
Unterhalb des Welikan liegt am rechten Flussufer eine Aussichtsplattform, von der aus die so genannte Witrasch (buntes Glasfenster), eine in Dämpfe gehüllte glitzernde Wand, hervorragend zu sehen ist. Es ist ein fantastisches Schauspiel! Aus dem Felsvorsprung oberhalb der Wand sprudeln Geysire und

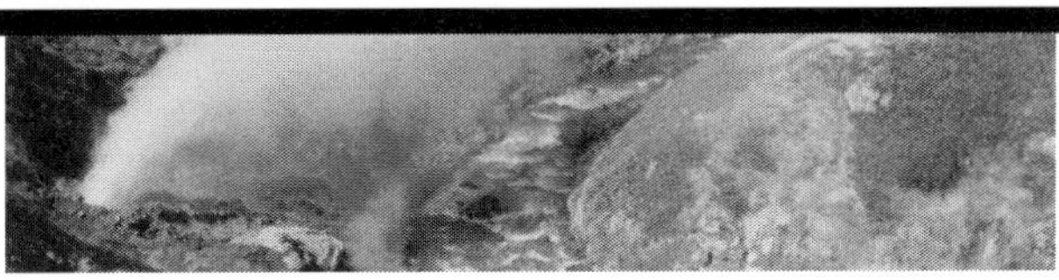

heiße Quellen. Es sind die Geysire Fontan (Fontäne), Nowi Fontan (Neue Fontäne) und Nepostojanni (Unbeständiger), die pulsierende Quelle trägt den Namen Grot (Grotte). Vom Vorsprung aus ergießen sich Ströme heißen Wassers über das „Glasfenster". Und noch ein wenig weiter rechts sprudelt die heiße Quelle Malachitgrotte direkt im Fluss.
Der Geysir Bolschoi (Großer) schießt aus der Mitte eines riesigen Kessels mit kochendem Wasser empor. Drei bis vier Minuten pro Stunde steigt die Dampffontäne bis zu 12 Metern auf. Dann schwächt sich die Intensität ab, der Dampf hängt noch über dem Tal, verflüchtigt sich, und alles beruhigt sich, bis der nächste Zyklus beginnt.

*Der Geysir Bolschoi schießt aus der Mitte eines Kessels mit kochendem Wasser empor. Die meisten Besucher kommen im Sommer, um die Wunder des Tals zu bestaunen*

Der Geysir Worota Ada (Höllentor) hat eine ungewöhnliche Form. Er sieht aus wie zwei Greife, die in einer Dampfschwaden umwogten Senke liegen. Wasser ist nicht zu sehen, aber es ist da, man hört es in der Tiefe plätschern.
Zwischen dem Mittelpunkt des Tals und der Mündung des verschütteten Wodopadni-Baches am Ufer der Gejsirnaja befinden sich Gebiete mit heißen Sümpfen. Unvorsichtige Wanderer riskieren hier, ihre Füße zu verbrühen.
Am Anfang führt der Weg an den Geysiren Bolschoi und Mali (Kleiner) vorbei. Seitlich hinter einer Schlucht verbirgt sich der Geysir Konus (Kegel) mit einem dunkelroten Sinterkegel in Menschengröße. Am Hang des gegenüber-

liegenden Ufers ist der Geysir Bolschaja Petschka (Großer Ofen) zu bewundern, der an einen traditionellen russischen Ofen erinnert.
Die meisten Besucher kommen im Sommer, um die Wunder des Tals zu bestaunen. Wer im Winter kommt, wird doppelt und dreifach belohnt. Es gibt Stellen, an denen man baden und sich darauf im Schnee wälzen kann. Doch es gibt auch Orte, die man meiden muss, sonst könnte man sich verbrühen.
Ich entsinne mich an den 3. Juni 2007. Damals übertrugen alle russischen Nachrichtensender eine schreckliche Nachricht: „Das Tal der Geysire auf Kamtschatka gibt es nicht mehr. Es wurde von einem gewaltigen Erdrutsch verschüttet ..." Später folgten genauere Informationen. Es war offensichtlich alles noch einmal gut gegangen. Eine Gruppe Lehrer, die auf einer Exkursion im Tal unterwegs war, war mit dem Schrecken davon gekommen. Sie hatten unbeschreibliches Glück, denn der Hauptstrom der Schlammlawine hatte sich in einem Seitental vorbeigewälzt. Die Lehrer hatten die sich heranwälzende Naturkatastrophe nicht einmal gehört. In Panik gerieten diejenigen, die in der Unterkunft geblieben waren. Eine Lawinenzunge wälzte sich auf sie zu und kam erst unmittelbar vor dem Haus zum Stillstand. 15 Meter weiter und der Schlammstrom hätte sich ins Haupttal ergossen, wo sich Menschen befanden. Dann wäre wirklich etwas Unumkehrbares geschehen.
Wenn man vom Tal der Geysire noch zehn Minuten weiter mit dem Hubschrauber fliegt, sieht man die Caldera (vulkanischer Krater) des Uson. Das ist alles, was von diesem vor 40 000 Jahren durch einen gewaltigen Ausbruch zerstörten Vulkan übrig geblieben ist. Er ist eine Ruine, aber eine sehr beeindruckende. Die Caldera hat einen Durchmesser von neun auf 12 Kilometern. Fünf Thermalfelder wechseln sich mit Tundra und kleinen Hügeln ab. Verstreut über die ganze Fläche finden sich zahlreiche Thermalquellen, Schlammkessel und kleine Vulkane. Säulen von Dampfgas steigen allerorts auf, und Seen in den unterschiedlichsten Größen und Formen liegen wie Spiegel dazwischen. Kürzlich wurden hier Erdölvorkommen entdeckt, die jüngsten unseres Planeten. Man muss hoffen, dass man sie ruhen lässt. Die Erdenergie drängt so massiv nach außen, dass man es unter den Füßen zu spüren vermeint. Die ganze Gegend ist von Gurgel-, Schmatz- und Schnorchelgeräuschen erfüllt. Schaut man aus dem Hubschrauber in die Caldera des Uson, ist man angesichts all der Schönheit geradezu erschüttert. Solche fantastischen Farben und Formationen sieht man nirgendwo sonst auf der Welt. Kaum hat sich die Hubschraubertür geöffnet, meint man, einen starken Schlag auf die Nase zu verspüren. Das ist der Geruch des Vulkans. Die Schwefelwasserstoffkonzentration ist immens hoch. Bei Windstille bleibt die von Gas gesättigte Luft im Vulkankessel hängen und erschwert das Atmen.
Freunde erzählten mir, wie sie auf dem Gipfel des Uson vor Begeisterung jubelten: „Wir sind auf dem Vulkan! Schaut, welch ungewöhnliche Schönheit

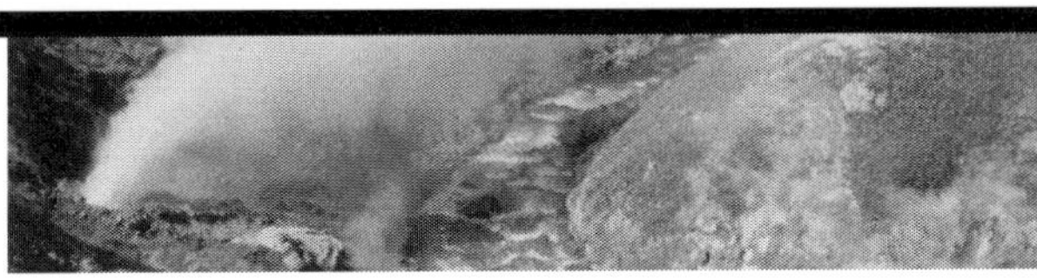

ringsum! Wie großartig es ist, auf dem Gipfel zu stehen! Jetzt verstehen wir das Glück der Bergsteiger: Die Aussicht ist fantastisch!" Dann schrien sie zünftig „Hurra! Hurra! Hurra!", und das Echo warf ihr dreifaches „Hurra!" viele Ma-

le zurück. Sie warfen die Rucksäcke ab und erkundeten den Krater, über dessen Ursprung es eine wunderbare Legende gibt.

Nach der Überlieferung befand sich hier einst ein hoher Berg, auf dessen Gipfel der Recke Uson lebte. Und der half den Menschen, indem er die Vulkanschlunde verschloss, damit sie nicht ausbrechen können, und er zähmte wilde Tiere. Doch er zeigte sich den Menschen nie, denn er hatte große Angst vor den bösen Geistern, die im Tal lebten und ihm Schaden zufügen könnten für seine den

Menschen erwiesenen Wohltaten. Doch Uson fühlte sich einsam, und da rieten ihm die guten Geister, sich eine Frau zu suchen. Überall suchte Uson, bis er eines Tages die schöne Najun traf, mit der er fortan glücklich auf dem Berg lebte. Doch Najun bekam Heimweh und bat ihren Mann, ihre Familie besuchen zu dürfen. Uson konnte seiner geliebten Frau die Bitte nicht abschlagen und drückte das Gebirge mit seinen Händen auseinander. Najun gelangte über ei-

*Im Tal gibt es 40 große und mittelgroße Geysire, außerdem Hunderte dampfende, pulsierende, kochende Quellen und brodelnde Schlammkessel*

nen ebenen Weg zwischen den Bergen ins Tal. Nach einiger Zeit hörte Uson Stimmen: Menschen waren gekommen, um den Ort anzuschauen, an dem der Recke lebte. Doch die bösen Geister waren den Menschen gefolgt, sie rüttelten am Gebirge, und der Berg senkte sich in die Erde hinab. Uson versteinerte für immer. Die Geister siedelten sich auf dem Grund der riesigen Senke an,

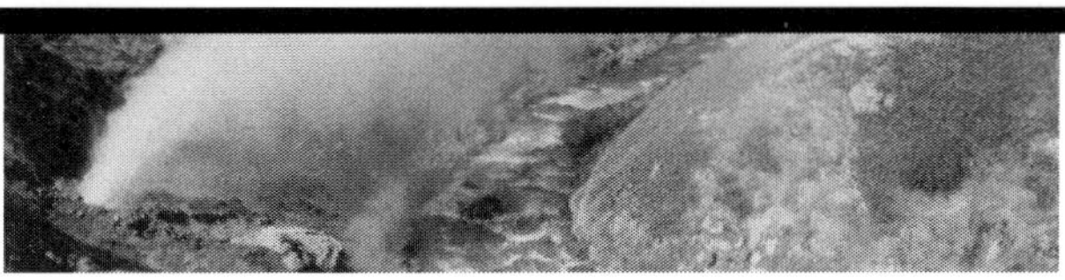

und bis zum heutigen Tag spürt man ihre Anwesenheit an der Hitze, die das Gebirge ausstrahlt. Doch Usons Tränen kühlen die Erde beständig ab und wurden zu heilsamen Quellen. So hilft Uson den Menschen heute noch.
Die meisten Touristen besichtigen die Caldera des Uson im Sommer oder im Herbst. Kaum jemand kommt im Winter hierher. Im Winter ist sie jedoch besonders beeindruckend. Bei Frost setzen sich die Dämpfe der heißen Quellen auf die Birkenzweige und bedecken sie mit einer Schicht funkelnder Kristalle. Für Fotografen ist es ein Paradies.
Meine Lieblingszeit ist die zweite Septemberhälfte. Auf den den Krater einrahmenden Felsvorsprüngen liegt der erste Schnee, weiter unten jedoch flammen alle Farbtöne des Herbstes. Nirgendwo sonst gibt es diese reiche Herbstfärbung. Im September reifen die Rauschbeeren und die Zedernzapfen, das lockt die Bären der Umgebung herbei. Die Tiere fühlen sich prächtig, weil sie in der Rauschbeerentundra nach Herzenslust schlemmen können. In dieser Zeit kommen berühmte Fotografen auf der Suche nach Motiven zum Uson.
Das Wasser der Geysire bildet beim Abkühlen eine „Geyserit-Decke", ein Sinter, der wie Krakeleien oder verstreute Knospen auf glattem Stein aussieht. Die Färbung der Geyserit-Decke kann sehr unterschiedlich sein: von rosarot über perlgrau bis violett, manchmal auch gelblich, seltener grün. Das Geyserit sieht unmittelbar nach einem Ausbruch besonders schön aus, denn dann fließen kleine Bäche heißes Wasser darüber und in der Sonne funkeln kleine Pfützen. Die Schatten vorbeiziehender Wolken vervollständigen die Lichtspiele. Viele Geysire verdanken ihren Namen gerade den Geyseritformationen.
Was das normale Wasser auf Kamtschatka betrifft, so ist sowohl das Wasser aus dem Hahn wie auch das Wasser in jedem See absolut sauber, ohne jede Verunreinigungen oder schädliche Mikroorganismen. Aus jeder Quelle und jedem Bach an den Berghängen und den Vulkanen kann man bedenkenlos trinken. Für mich war das einer der ersten starken Eindrücke. Wasser! In ganz Russland bildet sich in den Teekesseln eine Kalkschicht, in Kamtschatka nicht. Und es schmeckt auch besonders gut, das Wasser auf Kamtschatka!
Es gibt einige Sicherheitsregeln für das Tal der Geysire. Man darf die Holzplanken der Pfade und Aussichtspunkte nicht verlassen. Unter dem dichten Grün befindet sich oft nur eine dünne Lehmkruste, und darunter kann ein See mit kochend heißem Wasser oder heißem Moorschlamm liegen. Es gibt Gruben, die mehr als einen Meter tief sind. Gerät man in eine solche heimtückische Falle, trägt man schwere Verbrennungen davon. Erfahrene Besucher wissen, dass es dort, wo Wermut wächst, relativ ungefährlich ist. Denn die Wermutwurzeln vertragen keinen heißen Schlamm.

Auch wenn das grandiose Tal der Geysire ein Wahrzeichen Kamtschatkas ist, ist es doch nur ein kleiner Teil davon. Es gibt so viel mehr Interessantes zu sehen, die vulkanischen Lavafelder, natürlich die Vulkane selbst, Schwefelbrunnen mit blauschwarzem Schlamm, die Gebirge, die Taiga, die Bären, die Vogelzüge, Blauwale im Ozean, Wasserfälle, Inseln und die einzigartige Kultur

*Bis 1991 war das Tal der Geysire für Besucher gesperrt. Heute kommen rund 3 000 Touristen jährlich*

der indigenen Völker. Vor lauter Naturwundern und Sehenswürdigkeiten weiß man kaum, wo man beginnen soll. Aus eigener Erfahrung kann ich sagen, dass ein Aufenthalt von zehn Tagen zu kurz ist. Die Zeit reicht kaum, um über einen Umkreis von 150 Kilometer von Petropawlowsk-Kamtschatski hinauszukommen. Hat man nur zehn Tage Zeit, empfiehlt sich eine Stadtbesichtigung, die Fahrt zu den Felsen „Drei Brüder" im Stillen Ozean, einen Aufstieg auf den Awatscha-Vulkan, die drei Tage in Anspruch nimmt, und das Tal der Geysire, zudem eine Exkursion in die Stadt Esso zum indigenen Volk der Ewenen, mit dem Besuch eines Folklorefestivals und der Aufenthalt im Biosphärenreservat. Doch will man noch im Nalytschew-Tal wandern, benötigt man mindes-

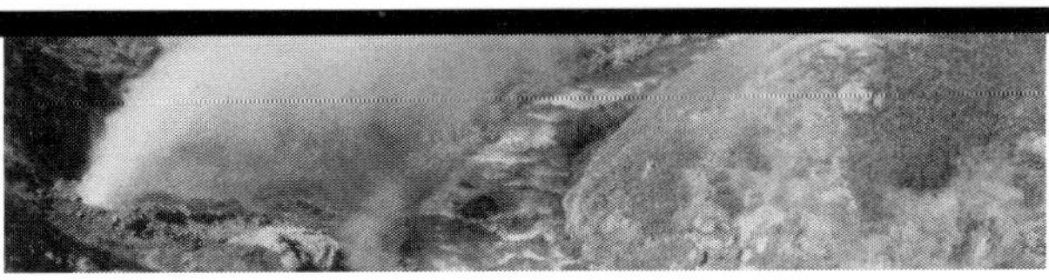

tens sechs Tage mehr! Für den Vulkan Tolbatschik muss man vier bis fünf Tage einplanen. Und sollte man, wenn man schon einmal da ist, auf ein Bad in den warmen Quellen in Paratunka verzichten? Auf keinen Fall! Oder auf das „klassische Vulkantrio" Awatscha, Mutnowski und Goreli? Oder auf die Überfahrt auf die Bering-Insel?
Nein, Kamtschatka, ist eine „langsame" Reise von zwei bis drei Monaten wert! Auf einer solchen Reise lernt man viel – nicht über die Welt, sondern über sich selbst. Ich habe immer gespürt, dass Reisen eine Methode der Selbsterkenntnis ist. Eine fröhliche und anregende Methode. Kamtschatka bereichert

aufmerksame und neugierige Menschen wie keine andere Gegend der Welt. Hier bist du dir selbst neu und unbekannt, und du siehst dich selbst, als würdest du dich von außen betrachten.
Und ein Nebeneffekt einer solchen „langsamen" Reise besteht darin, dass du zum Schriftsteller wirst. Das geschieht unwillkürlich, ganz von selbst. Es gibt Dinge, die uns unser ganzes Leben beschäftigen, ohne dass wir sie beschreiben wollen. Doch Reisen und nicht darüber schreiben, das ist unmöglich. Man möchte sich einfach mitteilen. Und vom Gras erzählen, das hier zwei Meter hoch ist, vom Pazifik, von den Geysiren, von den Menschen ...
Wenn mich jemand bitten würde, meinen persönlichen Globus vorzustellen, den Kuschtewskaja-Globus, so wären die größten Orte darauf Sibirien und Kamtschatka. Nicht allein wegen der überwältigenden Natur, sondern auch wegen der Menschen und ihrer Alltagsweisheit, die darin besteht, das Leben als Freude zu betrachten. „Gestern" ist schon vorbei, das „Morgen" kennen wir nicht, dein wichtigster Tag ist heute. Und in diesem Heute lohnt es sich zu leben, in Würde und ohne Eile, im Hier und Jetzt. Sibirien und Kamtschatka, das sind gewaltige Räume von Freiheit, extremen Erfahrungen und Eindrücken, ohne die unser Leben kein Leben ist.

# Land der Vulkane

**Kljutschewskaja Sopka; die Kljutschewsker Vulkangruppe; die Vulkane Goreli und Mutnowski; Natur, Flora und Fauna**

Im Jahr 1851 bekam Kamtschatka ein Wappen. Auf silbernem heraldischem Grund sind drei feuerspeiende Bergspitzen abgebildet.
Auf Kamtschatka, das etwas größer ist als Deutschland (357 000 Quadratkilometer), gibt es nach offiziellen Angaben 30 aktive und 300 erloschene Vulkane. Vulkanforscher, mit denen ich gesprochen habe, sind der Ansicht, es gäbe mehr als 1 000 im Laufe der Zeit verschwundene Vulkane auf der Halbinsel.
Die Geologie Kamtschatkas ist einzigartig. Nicht ohne Grund stehen die Vulkane auf der UNESCO-Liste des Weltnaturerbes. Eine so große Anzahl nah beieinander liegender aktiver Vulkane findet sich nirgendwo sonst auf der Welt.
Am Unterlauf der Kamtschatka, kurz bevor sie nach Osten abknickt, liegt die Kljutschewsker Vulkangruppe. Die größten und aktivsten Vulkane der Gruppe sind der Kljutschewski, der Besymjanni und der Tolbatschik.
Der Kljutschewskaja Sopka ist mit seinen 4 750 Metern der höchste aktive Vulkan Eurasiens. Er entstand vor etwa 7 000 Jahren und befindet sich etwa 60 Kilometer vom Ufer der Beringsee entfernt. Im Zeitenlauf hat der Vulkan die Form eines beinahe idealen Schüttkegels herausgebildet. Alle fünf bis sechs Jahre kommt es zu Eruptionen. Explosionen im Krater führen zu Ausschüttungen von Asche und Steinbrocken. In den letzten 270 Jahren wurden 50 starke Ausbrüche verzeichnet, der letzte im Jahre 2007.
Wenn Sie selbst beobachten wollen, was am höchsten aktiven Vulkan Eurasiens geschieht, können Sie im Internet die Seite der seismologischen Station Kljutschi (www.kscnet.ru/ivs/kvert) aufrufen. Eine Webcam überträgt alle Ereignisse rund um den Vulkan in Echtzeit.
In Petropawlowsk-Kamtschatski kann man eine Kljutschewski-Exkursion buchen, organisiert werden Gruppenreisen. Bei der Buchung erhält man ein Ausrüstungsset, im Preis inbegriffen ist zudem der Dienst eines Kochs, der für die Verpflegung sorgt. Sie müssen gut zu Fuß sein und 20 Kilometer Fußmarsch pro Tag bewältigen können.
Den ersten Bericht über Kljutschewskaja Sopka lieferte Wladimir Atlassow. Er beschrieb den Vulkan in den Jahren 1697/1698 und gab ihm den Namen „Kamtschatka-Berg". Erst 1770 erhielt der Vulkan den Namen Kljutschewskaja Sopka, das ist abgeleitet vom Wort „kljutschi", Quellen, die von ihm herab sprudeln. Über den Vulkan existiert die hübsche Legende „Liebesfeuer".
Im Wächterhäuschen an den Quellen wuchs Ipljch, der Sohn des armen Jägers Lemschingi auf, und in der Kosakenfestung wurde die hübsche Ljubuschka, Tochter eines Händlers, groß. Der Händler wollte seine Tochter nach Jakutsk

bringen, um sie dem Sohn des Woiwoden zur Frau zu geben. Doch das Herz ist ein freier Vogel. Wie wollte man es zähmen? Ljubuschka verliebte sich in Ipljch, und dieser erwiderte ihre Gefühle und hielt um ihre Hand an. Doch der Händler wollte seine Tochter keinem Hungerleider geben. Also entschlossen sich die Verliebten zur Flucht in die Taiga, um dort in Abgeschiedenheit zu leben. Eines Nachts setzten sie sich auf den Schlitten und fuhren davon. Den

*Der Kljutschewskaja Sopka ist mit seinen 4 750 Metern der höchste aktive Vulkan Eurasiens. Etwa alle fünf bis sechs Jahre kommt es zu Eruptionen*



ganzen Tag jagte ihr Hundegespann durch die Tundra, dann durch die Taiga. Sie überquerten gerade ein Bergflüsschen, da brach ihr Schlitten im Eis ein. Ipljch konnte Ljubuschka noch ans Ufer zu stoßen, doch er selbst stürzte in das eiskalte Wasser. Mit größter Mühe gelang es ihm, das Ufer zu erreichen, doch der Frost verwandelte seine Kleidung in einen Eispanzer. Ljubuschka brachte ihn in eine verlassene Jurte. Dort bettete sie ihren Liebsten auf alte Felle und entfachte ein Feuer. Doch konnte sie Ipljch nicht retten. Von Sinnen vor Kummer gab Ljubuschka die Hoffnung nicht auf. Sie schürte das Feuer mit jedem Holzscheit höher und höher. Heute raucht an dieser Stelle der Kljutschewskaja Sopka. Der in den Himmel steigende Rauch des von Ljubaschka entfachten Feuers erinnert daran, dass Liebe ewig ist. Mitunter wird Ljubuschka

heute noch von Verzweiflung gepackt, dann kommt es zu Eruptionen. So rächt sie sich für den Tod ihres geliebten Ipljch.
Die Vulkane Ostri und Ploski Tolbatschik bilden das große vulkanische Tolbatschinski-Massiv, das den gesamten südwestlichen Teil der Kljutschewski-Gruppe einnimmt. Der Grundstock des Massivs ist ein 1 500 Meter hoher Vulkan mit einem Durchmesser von 22 Kilometern.
Vom Ausbruch des Vulkans Tolbatschik im Jahre 1975 erzählte mir der berühmte Fotograf Wassili Peskow, der sich just vor Ort befand, über den Ausbruch im Jahr 2012 hörte ich die Geschichte des Fotografen Sergej Gorschkow, der dort ein Foto schoss, das in allen Zeitungen der Welt veröffentlicht wurde.
Zuerst der Bericht von Wassili Peskow:
„Ich habe immer davon geträumt, einen Vulkanausbruch zu sehen und zu fotografieren, und plötzlich sollte der Wunsch Wirklichkeit werden. Von Kamtschatka aus rief mein Freund Michail Schilin an: ‚Beeil dich! Komm! Der Tolbatschik bricht aus!' Und zwei Tage später saßen wir in einem Hubschrauber und flogen von Petropawlowsk-Kamtschatkski aus gen Norden ...
Die Vulkane konnten wir aus 100 Kilometern Entfernung sehen. Im Blau des Himmels zeichnete sich zwischen den Wolken eine dichte, hoch aufsteigende Mütze von blendendem Weiß ab. Das war die Spitze des Vulkans und Wasserdampf, der von den Strömen der Erdwärme erzeugt wurde. 20 Minuten später sahen wir den Fuß einer pilzförmigen Wolke. Sie war schwarz. Von nah war zu sehen, dass im dunklen Schaft mal graue, mal bläuliche Ascheklumpen umherwirbelten. Wetterleuchten zuckte am Himmel. Direkt am Fuß des Pilzes von unglaublichen Ausmaßen senkte sich ein riesiger himbeerfarbener Kragen aus Lava herab und stieg wieder auf.
‚Heute ist der Vulkan besonders gut in Form', meinte unser Pilot und steuerte das Flugzeug in einem sanften Bogen um den Vulkankegel. Von der windabgewandten Seite flogen wir möglichst nahe an den Vulkanschlund heran. Eine Wende, und wir schwebten über der Seite des Kegels, wo der Krater einen Spalt hat. Aus dieser Öffnung ergoss sich pulsierend die Lava. Ein Feuerstrom! Aus der Lava stieg brauner und bläulicher Rauch auf. Der glühende Strom verzweigte sich und wurde allmählich dunkel. An der Seite, direkt am Saum des Kraters, sahen wir Zelte. Ein verlassenes Lager? Nein, da waren Menschen neben den Zelten. Gott! Das war das Lager, zu dem wir wollten.
Der Hubschrauber ging herunter. Die Rotoren wirbelten Asche auf, zerbrochene Kisten, zerrissene Zeltplanen flogen zur Seite, ein Schutzhelm rollte den Hang hinab. Die Menschen schützten sich vor den Aschewirbeln, legten sich auf den Boden, Arme über dem Kopf verschränkt. Wir warfen drei Zentner Ausrüstung ab, ließen uns runter und winkten den Piloten. Sie flogen davon. Wenn sich das Heulen der Motoren entfernt hat, staunt man üblicherweise über die Stille. Doch diesmal gab es keine Stille. Die Luft dröhnte, als nähere

sich ein fernes Gewitter. Das war der Vulkan. Er grollte und donnerte ununterbrochen. Und neben uns, 15 Meter entfernt, rutschten von oben erkaltende, noch rot- und rosafarbene Lavastücke herab. Die Vulkanologen kamen näher, spuckten aus und schüttelten sich die Asche aus den Haaren.

Wir schleppten die Zelte weg, die Kisten mit Proviant, Wasser in Milchkannen, Geräte, Holz, Lavamuster, die Radiostation. Einem Neuling ist unverständlich, wie die Vulkanologen unter diesen Bedingungen arbeiten können. Die Seitenränder des Lavaflusses waren bereits dicht an das Lager herangekrochen. Die übliche Routine eines Lebens neben dem Vulkan: Sie wechselten zum neunten Mal den Platz.

Auch wir mussten unser Zelt vor dem Dunkelwerden im neuen Lager der Vulkanologen aufstellen, ehe wir uns umsehen konnten. Eine Mondlandschaft! Kein Anzeichen von Leben, als hätte es hier nie grüne Zedernwälder gegeben und hätten nie kleine Seen geleuchtet. Verschwunden war alles, was einst Anlass dazu gegeben hatte, den 30 Kilometer von Kosyrewsk entfernten Ort als Kurort zu bezeichnen. Alles unter Asche und Schlacke verschüttet. Hügel, die Sanddünen gleichen, bizarre Lavainseln früherer, vielleicht Jahrtausende zurückliegender Eruptionen. Ein einziger monotoner grau-brauner Farbton.



Unsere Aufgabe war es jetzt, Fotos zu machen ... Gewöhnlich sind Vulkanausbrüche schwer zugänglich. Hier jedoch erlebten wir alles wie auf einer riesigen Bühne. Nachdem wir den Hang emporgeklettert waren, bot sich uns ein Schauspiel, das bei Sonnenuntergang besonders faszinierend war. Steile Wolken von Wasserdampf badeten in rosigem Licht, und unten dämmerte es bereits. Die Spritzer der Lava sahen nicht mehr himbeerfarben aus, sondern feuerrot, und pechschwarz war die Säule der Eruption.

Der Hauptgipfel des Tolbatschik schwieg. Sein schneebedecktes Haupt wurde von den letzten Strahlen der Sonne gestreift. Doch zu Füßen des Alten tobten durch unsichtbare Ritzen kleine, schwarz verschmierte Vulkankinder. Von oben regneten Teile des Universums, ausgestoßen aus dem Inneren des Vulkans, auf unsere Köpfe herab. Sie knisterten auf der Kleidung, trommelten auf den Plastikhelmen, knirschten zwischen den Zähnen. Die Hauptsorge galt natürlich der Kamera, die musste gut geschützt werden. Wir trugen sie an der Brust und holten sie immer nur für einen kurzen Augenblick hervor, um etwas Interessantes aufzunehmen. Auf Schritt und Tritt stießen wir auf interessante Dinge. Hier ein toter Vogel, wie von einem Schrapnell getroffen, dort eine tote Maus, ein Eichhörnchen. Und was verbarg sich nicht alles unter der Ascheschicht! Die Bäume waren ausgeblichen, wie abgenagte Knochen, die Rinde und die Zweige waren vom Schmirgel des Steinregens angefressen.

Wir wollten uns dem Vulkan in der Nacht nähern. Das Licht der Eruptionsfeuer sollte genügend Helligkeit zum Fotografieren spenden. Wir verließen die Dunkelheit. Näherten uns dem Kreis, in dem alles niederkam. Wir standen, wie gelähmt. Die Helme waren nicht überflüssig. Haselnussgroße Kleinteile rieselten auf unsere Köpfe, kitzelten im Rücken und zwangen uns dazu, die Kamera wieder vor der Brust zu verbergen. Der gesunde Menschenverstand hätte uns längst zum Rückzug in die Dunkelheit bewegen müssen. Doch eine unbekannte Kraft hielt uns am Ort, trieb uns sogar noch weiter in Richtung des Lichts, noch einmal 15 bis 20 Schritte. Wäre man in dieser Grenzsituation allein, wäre es schwierig. Doch wir waren zu zweit, und es schien uns, als würde dies die Gefahr halbieren.

*Der Kljutschewskaja Sopka entstand vor rund 7000 Jahren und befindet sich etwa 60 Kilometer vom Ufer der Beringsee entfernt*



Während ich diesen Moment beschreibe, spüre ich die Ohnmacht der Worte. Sie vermitteln nicht einen Bruchteil dessen, was wir empfanden. Das Geheimnis besteht wohl darin, dass, nur wenige Schritte vom Vulkan entfernt, alle Sinne extrem beansprucht werden, das Gehör, das Auge, das Gefühl. Der Geruch der Gase trägt ebenfalls seinen Teil bei. Wenn man dann noch den Reiz der real zu spürenden Gefahr hinzurechnet, wird klar, warum die Vulkanologen meinen: Das muss man erlebt haben.

Ein Uhr nachts. Der Film war voll. Wir gingen noch nicht zurück. Wir hatten keine Kraft zu gehen. Aber es musste sein. Wir stiegen im nächtlichen Licht, das von den Wolken reflektiert wurde, zum Lager hinab. Der Weg war gut zu sehen. Wir entdeckten eine Maus am Wegesrand, die überlebt hatte und nun

mit unbekanntem Ziel davonlief. Weil unsere Augen so an das rote Licht gewöhnt waren, erschienen uns die Sterne und die Wolkenlücken grün."
Der Vulkan Tolbatschik erwachte im Jahre 2012 nach 36 Jahren Schweigen. Es gibt viele Berichte der Vulkanforscher über dieses Ereignis. Doch ich war fasziniert von einem Foto, das durch die Zeitungen ging: Die Eruption des Tolbatschik sah auf diesem Foto aus wie das offene Tor zur Hölle. Im Oktober

*Etwa alle fünf bis sechs Jahre kommt es beim Kljutschewskaja Sopka zu Eruptionen. Explosionen im Krater führen zu Ausschüttungen von Asche und Steinbrocken. In den letzten 270 Jahren wurden 50 starke Ausbrüche verzeichnet, der letzte im Jahre 2007*

2013 gewann dieses Foto den Wettbewerb Wildlife Photographer of the Year in der Kategorie „Landschaft". Der russische Fotograf Sergej Gorschkow ist in Kamtschatka verliebt.
Gorschkow berichtet, was für ein gefährliches Unterfangen es ist, eine Vulkaneruption zu fotografieren. Fröste und starker Wind verwandeln die Fotosession in einen Überlebenskampf, die Kleidung ist bedeckt von Vulkanasche, die Erde bebt, serienweise folgen Explosionen aufeinander. Asche, Rauch und Dampf verfinstern die Sicht. Die Bergspitze zerfällt vor den Augen, ein Fluss aus roter, feuriger Lava ergießt sich über den Bergrücken, darin schwimmen Felsbrocken von der Größe eines zweistöckigen Hauses. Den Bericht von Sergej Gorschkow möchte ich wortwörtlich zitieren:

„5. Dezember 2012. Am Morgen flogen wir aus Esso Richtung Tolbatschik. Die Sonne schaute genau in dem Moment hinter den Bergen hervor, als wir uns dem Vulkan näherten. Das erste, was wir sahen, waren Rauchsäulen, die den Himmel verdeckten. Der heiße Lavafluss hatte die Waldzone erreicht, griff nach den Bäumen, die wie Streichhölzer aufloderten. Der Schnee begann zu kochen und verwandelte sich in Dampf, der sich mit dem Rauch des brennenden Waldes vermischte. Die Rauchschwaden verdunkelten die Sonne. Die Lava teilte sich in viele Zungen, die die Station des Vulkanologischen Instituts ebenso vernichteten wie das Hotel am Naturpark ‚Vulkane Kamtschatkas'.
Der Krater war wegen der Wolken nicht zu sehen, die Dämpfe des Lavaflusses machten die Arbeit zu einem unmöglichen Unterfangen. Unsere Aufnahmen war für den Mülleimer. Wir flogen an einen anderen Ort.
Wir näherten uns dem Vulkan auf etwa einen Kilometer. Der Lärm war so groß, dass ich keine Stimmen mehr hören konnte. Ich sah gut, wie die Lava 200 Meter weit aufstieg, nach unten stürzte und aus dem Krater dräute. Während sie sich den Hang hinabwälzte, bildete sie ein großes Lavadelta. Weiter unten erstarrte die Lava an der Oberfläche, doch unter der Kruste fließt sie natürlich weiter. Auf der erstarrten Lava zu gehen, ist gefährlich, denn sie verändert sich unter den Füßen, sie ist warm und wie lebendig. Meine Gummistiefel begannen zu schmelzen. Wenn der Wind etwas nachließ, fiel Asche wie grobes Meersalz herab.
Der Seismologe Wassili Jaschtschuk hatte uns gewarnt: ‚Wenn der Wind plötzlich dreht, dann ist es das Ende, dann schüttet es uns mit Asche zu, und wir ersticken.' Es gab nur zwei Gasmasken, wir waren zu fünft. Am Abend begann das Schauspiel, wir hatten Glück. Der Wind hatte die Wolken und den Rauch vertrieben, und in der Dämmerung bildete die kochende Lava vor dem Hintergrund des dunklen Vulkankraters und des dunkelblauen Himmels ein herrliches Farbspiel. Die letzten Sonnenstrahlen leuchteten durch den Rauch des brennenden Waldes hindurch wie durch einen gelben Filter und versetzten alles ringsum in ein überirdisches Licht. Ähnliches hatte ich 2010 gesehen, als ich den Ausbruch des Kamtschatka-Vulkans Kisimen fotografierte. Es gelang nicht, von der gegenüberliegenden Seite an den Vulkan heranzufliegen.
15. Dezember 2012. Ich kehrte nach zehn Tagen auf den Tolbatschik zurück. Der Kegel, der am 5. Dezember aktiv war, war erloschen, der Lavastrom erstarrt. Doch 300 Meter weiter oben hatte sich ein neuer Kegel gebildet und arbeitete. Die Lava wälzte sich herab. Es hieß, sie hätte früher eine Geschwindigkeit von 150 Metern pro Stunde gehabt, nun ging der Strom in die Breite.
Nachdem wir den Tolbatschik umflogen hatten, beschlossen wir, am Vulkan zu übernachten. Wir nahmen Zelte mit, Gaskocher und Schlafsäcke, Wasser und Lebensmittel, und um 16.00 Uhr flogen wir zum aktiven Krater. Die Tem-

peratur in der Siedlung Kosyrewsk, die dem Vulkan am nächsten liegt, betrug zu diesem Zeitpunkt minus 28 Grad Celsius, doch oben war es noch einmal 15 Grad kälter, und die Windböen erreichten Geschwindigkeiten von 30 Metern in der Sekunde. Wir landeten auf dem alten Kegel, 150 Meter vom Lavastrom und 300 Meter vom aktiven Krater entfernt. Der Hubschrauber entfernte sich, und ich ging los, um zu fotografieren. Das Stativ mit der Kamera wurde einige Male von heftigen Windböen umgerissen. Der Lärm der Eruptionen war so laut, als würden Kanonen neben mir donnern. Die Sonne ging unter, und alles ringsum wurde rot, vor Erstaunen hielt ich den Atem an. Das war, ohne jede Übertreibung, der extremste Eindruck meines Lebens."

Bergsteiger, die den Aufstieg auf den Tolbatschik wagen, treffen dort auf ein einmaliges Gebiet der „Risse und Schlacken", das sich über eine Länge von 70 Kilometern erstreckt. Das Gebiet bildete sich im Laufe der letzten 10 000 Jahre heraus und zieht sich vom Oberlauf des Flüsschens Studjonaja im Norden bis zum Oberlauf des Tolbatschik im Süden. Hier befinden sich Risse mit Explosionstrichtern und, bis zu 400 Meter hohe Schlackekegel. Diese Gebilde formen mit den Lavaströmen ein vulkanisches Relief. Die Oberfläche ist mit erstarrter Lava bedeckt. An manchen Stellen haben sich Lavahöhlen gebildet, auf den alten Lavaströmen wachsen haufenweise Pilze und Beeren – Himbeeren und Rote Johannisbeeren.



Das Gebiet der Kljutschewski-Vulkangruppe hat den Status eines Naturparks und weist sieben Naturdenkmäler auf. Bei der Erforschung der Vulkane stießen die Mitarbeiter des Instituts für Vulkanologie auf 100 bekannte Mineralien, darunter Gold und Platin, zudem entdeckten sie 20 unbekannte Mineralien.

In den Bergen Kamtschatkas, in Sibirien und im Hohen Norden erforschten Wissenschaftler das Phänomen des „Blutschnees". Die Ortsansässigen sahen darin magische Himmelszeichen, die Wissenschaftler vermuteten zunächst, die rosarote Färbung des Bergschnees hätte etwas mit der Umweltverschmutzung zu tun. Erst vor kurzem fanden sie heraus, warum der Schnee tatsächlich „blutet".

Es gibt hell- bis dunkelrote Blutspuren im ewigen Schnee und Eis, im Hochgebirge und in den Polarregionen. Schon Menschen in der Antike und die Wikinger haben dieses Phänomen beobachtet. Eine Erklärung für den rätselhaften „Blutschnee", der sich vor allem zeigt, wenn die oberen Schichten von Altschnee schmelzen, fanden aber erst die Biologen des 20. Jahrhunderts. Sie entdeckten, dass im Schnee eine Vielzahl von Mikroalgen und anderer Mikroorganismen lebt. Verantwortlich für die rötliche Färbung sind Carotinoide, natürliche Farbstoffe, mit denen sich bestimmte Arten von Schneealgen vor der UV-Strahlung in extremen Höhen und in den Polarregionen schützen. Einige Carotinoide sind als Lebensmittelzusatzstoffe zugelassen. In jüngster Zeit interessiert sich die Biotechnologie verstärkt für die Frage, ob sich die Anpassungsstrategien der Schneealgen an ihre lebensfeindliche Umwelt für den Menschen nutzen lassen.

*Bei der Erforschung der Vulkane stießen die Mitarbeiter des Instituts für Vulkanologie auf 100 bekannte Mineralien, darunter Gold und Platin, zudem entdeckten sie 20 unbekannte Mineralien*



In der Mitte der Kljutschewski-Gruppe ragt der Vulkan Besymjanni empor. Er befindet sich 50 Kilometer von Kosyrewsk entfernt. Der Vulkankegel erhebt sich 2 882 Meter über dem Meeresspiegel. Auf seinem Gipfel befindet sich ein Krater mit einem Durchmesser von 1,3 auf 2,8 Kilometer und einer Tiefe von 700 bis 1 000 Metern. Die Vulkanhänge sind mit Lavaströmen bedeckt.
Der Besymjanny erlangte weltweite Berühmtheit infolge einer unerwarteten Eruption nach einer fast 1 000-jährigen Ruhephase. Am 30. Mai 1956 zerstörte eine Explosion den Gipfel und den östlichen Teil des Kegels vollständig. Der Vulkan verlor 200 Meter an Höhe. Nach der Explosion stieg die fünf Kilometer breite Aschewolke in eine Höhe von 35 bis 40 Kilometern und breitete sich in nordöstlicher Richtung aus. Gleichzeitig entströmten dem Krater glühende Steinlawinen, die sich schnell die Hänge herabwälzten. Sie füllten die Flusstäler nahe dem Vulkan, und der Fluss Suchaja Chapitza trug Steine 128 Kilometer mit sich.

Seit Ende der 1970-er Jahre bricht der Vulkan immer wieder aus, zuletzt am 18. August 2008. Wegen der häufigen Steinschläge und der hohen Gaskonzentration ist es extrem gefährlich, sich auf die Spitze zu wagen, selbst am Fuß des Vulkans kann man Phänomene vulkanischer Aktivitäten erleben.
Auf einem Hang befindet sich eine Hütte der Vulkanforscher, das ist das „Haus am Damm", das Platz für bis zu zehn Personen bietet. Von Ende Juli bis Ende August bewohnen Mitarbeiter des Instituts für Vulkanologie und Seismolo-

*Aufstieg zum Vulkan Mutnowski*

gie die Hütte, aber wenn Plätze frei sind, kann man dort übernachten, andernfalls muss man sein Zelt in der Nähe aufschlagen.
Vom „Haus am Damm" führt der Weg zur Vulkanspitze. Der Aufstieg nimmt fünf bis sechs Stunden in Anspruch. Der Pfad, der am Fuß des Kljutschewski und Besymjanni vorbeiführt, quert tief eingeschnittene Bachläufe. Überhängende und lockere Felswände zwingen dazu, manchmal lange nach einer Möglichkeit der Flussdurchquerung zu suchen, auch wenn das Flussbett ausgetrocknet ist oder das an Kaffeesatz erinnernde braune Wasser träge fließt.
Seit vielen Jahren sammle ich Berichte von Menschen, die auf Kamtschatka waren. Hier die Erzählung eines jungen Paares:
„Wir planten eine Wanderung zum Fuß des Vulkans, wollten den berühmten Wasserfall ‚Veronikas Zöpfe' und die naturbelassenen Thermalquellen sehen.

Wir standen früh auf. Am Sammelpunkt beim Reisebüro wartete schon unser Fahrzeug – ein echter Geländewagen, ‚gestählt' von der harten Realität auf Kamtschatka.
Unser Führer war ein junger, energiegeladener Bergführer, der von seiner ‚kleinen' Heimat aufrichtig begeistert war. Zur Gruppe gehörten zwei Damen reiferen Alters, die sich von der Betreuung ihrer Enkel losgeeist hatten, um ihre Region zu erkunden. Es war recht kalt, und da wir in die Berge fuhren, hatten wir uns so warm wie möglich angezogen. Nachdem wir die Stadt verlassen hatten und ein Stück der Landstraße gefolgt waren, hielt der Führer an einer kleinen Bergquelle. Wegen des dichten Nebels war von den Vulkanen nichts zu sehen. Unser Führer warnte uns vor dem Erikagestrüpp, das Bären Unterschlupf bietet und in dem Menschen die Orientierung verlieren können. Nach einigen Stunden Fahrt lichtete sich der Nebel und erlaubte einen Blick auf den Vulkan, an dessen Fuß wir eine Picknickpause einlegten. Erstaunlich, die Erde unter uns war sehr warm: Die Wärme kam vom Vulkan, an seinem Hang wuchsen deshalb viele Heidelbeeren und unglaublich schöne Blumen (leider weiß ich nicht, wie sie heißen). Ein beeindruckendes Bild: Unten blüht und duftet alles, und oben liegt Schnee!
Auf dem Weg zum Wasserfall blieben wir stecken. Es zeigte sich, dass selbst ‚gestählte' Geländefahrzeuge steckenbleiben! Da war die ganz frische Spur eines Bären. Irgendwie unheimlich. Zum Glück konnten wir das Problem mit dem Fahrzeug lösen, und so ging es bald weiter. Schnell gelangten wir zum Wasserfall ‚Veronikas Zöpfe'. Und tatsächlich, du siehst einen Mädchenkopf im Profil, vom Wasser in den Fels gegraben. Dann erwarteten uns die Thermalquellen. Ja, wir kennen Paratunka, aber dort ist alles vom Menschen hergerichtet – Wasserbecken, Umkleidekabinen, Holzplanken, hier gab es nur eine natürliche ‚Wanne' mit heißem Wasser.
Wir wollten Bären sehen. Lebende Bären, von denen wir so viel gehört hatten. Auf dem Hügel trafen wir eine Touristengruppe, da sei ein Bär, informierte sie uns im Vorbeilaufen. Der Bär kam jedoch nicht. Der Tag neigte sich dem Ende zu, wir machten uns auf den Heimweg. Und dann hatten wir doch noch Glück! Auf dem Heimweg sahen wir tatsächlich eine Bärenmutter mit ihrem Jungen, sie waren auf dem Weg zur Wasserstelle."
Doch zurück zur Erzählung über die Kljutschewski-Gruppe. Gegenüber dem Besymjanny liegt die Gruppe Simini Sopki - drei miteinander verschmolzene erloschene Vulkane: Gorni Sub (2 242 Meter), der älteste und am meisten zerstörte; Ostraja Simina (2 744 Meter) und Ovalnaja Simina (3 081 Meter).
Der Vulkan Schiwelutsch, 50 Kilometer nordöstlich der Siedlung Kljutschi, gehört zu den gewaltigsten Vulkanen Kamtschatkas und schließt im Norden an die Kljutschewski-Gruppe an. Der Durchmesser seines Fußes beträgt 40 auf 50 Kilometer, seine Höhe 3 283 Meter über dem Meeresspiegel. Der Vulkan

besteht aus zwei Teilen: Stari und Molodoi Schiwelutsch. Stari, der Alte, ist ein Riese, dessen Caldera oben einen Durchmesser von neun Kilometern aufweist. Am Grund der Caldera und in Richtung ihres nordwestlichen Randes befindet sich der Molodoi, der Junge Schiwelutsch, mit einem Fußdurchmesser von sechs auf sieben Kilometer und einer Höhe von 2 800 Metern. Es ist also ein „Vulkan im Vulkan".

Die Genehmigung für den Besuch im Naturpark Kljutschewski muss man in Petropawlowsk-Kamtschatkski oder in der Siedlung Kosyrewsk einholen. Im Vorfeld sollte man sich im Internet (www.kscnet.ru/ivs/kvert) davon überzeugen, dass der Vulkan, den man besteigen möchte, nicht aktiv ist.

Der Vulkan Wiljutschinski, der manchmal einfach Wiljutschik genannt wird, liegt 25 Kilometer südwestlich von Petropawlowsk-Kamtschatkski auf der gegenüberliegenden Seite der Awatscha-Bucht. Er ist 2 175 Meter hoch. Sein Kegel ist ungewöhnlich gleichmäßig und schön, so kann er es mit den „anerkannten" Vulkanen, dem japanischen Fudschijama und dem italienischen Vesuv, an Schönheit aufnehmen. Der Wiljutschinski ist wie die „Hausvulkane" Korjakski, Awatschinski und Koselski von Petropawlowsk aus gut zu sehen. Er ist das Wahrzeichen der Awatscha-Bucht, und vielleicht das beeindruckendste Element des ganzen Panoramas. Der Vulkan gilt als erloschen, doch die Vulkanforscher dokumentieren von Zeit zu Zeit Dampf- und Gasaustritte am Gipfel. Am südöstlichen Teil des Wiljutschik befinden sich heiße Quellen. Der Vulkan gilt als einfach zu besteigen, der Aufstieg auf die Spitze erfolgt über den Südwesthang und dauert sechs bis sieben Stunden. Den Südhang kann man mit Skiern oder Snowboard bis zum Wiljutschinski-Pass hinabfahren.

Freunde erzählten über den Wilujtschinski wie folgt:

„Gleich am ersten Tag unserer Ankunft auf Kamtschatka fuhren wir zum Wiljutschinski. Unterwegs machten wir Halt bei den ‚Silbernen Quellen'. Dann ein anderthalbstündiger Aufstieg zum 40 Meter hohen Wasserfall, der von Schmelzwasser an den Hängen des Wiljutschinski gespeist wird. Sowohl der Wasserfall als auch das 20 Meter tiefe Loch, das er in den Fels geschlagen hat, sind ein außergewöhnlicher Anblick! Nicht einmal die Mücken, die uns während unserer Waldwanderung gepiesackt hatten, konnten unseren Eindruck verderben. Außer uns waren an dem Tag nur einige Japaner am Wasserfall.

Dann ging die Reise an den Fuß des Goreli. Wir hatten nicht vor, ihn zu besteigen, sondern wollten nur die Schönheit der Landschaft genießen und versuchten, uns vorzustellen, wie dieser Vulkan, dessen Caldera einen Durchmesser von 25 Kilometern hat, bei seiner Eruption wohl ausgesehen haben mochte! Die Caldera ist die kreisförmige Vertiefung, die zurückbleibt, wenn

die Spitze eines Vulkans explodiert. Nein, es gelang uns nicht, uns das vorzustellen, die Phantasie reicht dafür nicht aus ...
Unvergesslich war die Besichtigung der Lavahöhlen, der Fumarolenfelder und der Wasserfälle. Für all das benötigt man drei Tage, wenn man ein Fahrzeug und einen Führer hat. Doch man braucht doppelt so lang, wenn das Fahrzeug nur bis zum Fuß des Vulkans gelangt."

*Der Mali Semjatschik gilt als eines der Naturwunder Kamtschatkas. Den Besuchern bietet sich am Rand des Kraters ein fantastisches Schauspiel: Der 200 Meter große Einbruch des Kraters mit seinem türkisblauen See und seinem geheimnisvollen Dunst*



Berichtet man über die Vulkane, darf man den Mali Semjatschik und den berühmten Kisloje Osero, den Sauren See, nicht vergessen. Der Mali Semjatschik ist ein drei Kilometer langer vulkanischer Bergrücken, auf dessen Kamm drei Krater liegen. Im südlichen Krater, der auch Troizki-Krater genannt wird, befindet sich in einer Tiefe von 170 Metern der durch seine ungewöhnliche hellgrüne Färbung auffallende Saure See. Seine Färbung wird von winzigen, im Wasser schwebenden Schwefelteilchen verursacht. Die Wassertemperatur erreicht plus 42 Grad Celsius.
Der Mali Semjatschik gilt heute als eines der Naturwunder auf Kamtschatka. Viele Touristen kommen an den Rand des Kraters, wo sich ein fantastisches Schauspiel bietet: Der 200 Meter große Einbruch des Kraters, der helltürkisblaue See mit seinem geheimnisvollen Dunst, die wilden Farben der Innenwände der Krater. Bei klarem Frühlingswetter können die Touristen über Felsstufen vom Nordhang aus in den Krater hinab steigen.

Die derzeit beliebtesten Vulkane sind Goreli und Mutnowski.
70 Kilometer südwestlich von Petropawlowsk-Kamtschatski liegt einer der sechs aktivsten Vulkane Kamtschatkas, der Vulkan Mutnowskaja Sopka, kurz Mutnowski. Sein erster Ausbruch erfolgte im Jahre 1848, die letzten in den Jahren 1960 und 1961. Eine Exkursion zum Mutnowski ist interessant, man kann saure Seen bestaunen und über erkaltete Lavaströme wandern.

Entlang des Flusses Vulkannaja ist ein Wanderweg, der in den Vulkankrater führt, angelegt. Die Berghänge sind bis auf eine Höhe von 1 200 Metern mit Zwergkiefern bedeckt. Weiter oben liegt Schnee. Der Pfad ist gut erkennbar und führt an den interessantesten und schönsten Plätzen vorbei.
Halten Sie sich nicht allzu lange am Kraterrand auf. Bei Windstille kann einem von den aus dem Krater aufsteigenden giftigen Dämpfen leicht übel werden.
Die Besucher erwartet ein grandioser Wasserfall von 80 Metern Höhe, der von der Vulkannaja gebildet wird und sich über einen Vorsprung herabstürzt. Und dann natürlich die Aussicht vom Kraterrand.
Der Vulkan Gorelaja Sopka (Goreli), 45 Kilometer südlich von Paratunka und 75 Kilometer südwestlich von Petropawlowsk-Kamtschatkski, erhielt seinen Namen, der so viel wie verbrannter Hügel bedeutet, aufgrund der Unmenge

von Lava. Die erste aufgezeichnete Eruption fand 1828 statt, die letzte 1986, als Gase und Dampf bis auf eine Höhe von fünf Kilometern emporstiegen.
Der Aufstieg auf den Vulkan ist nicht besonders schwierig. Er nimmt etwa drei bis vier Stunden in Anspruch und beginnt in einer Höhe von 1000 Metern. Die Hänge sind von tiefen Schluchten zerfurcht, was das Vorwärtskommen ein wenig erschwert. Der erste Teil des Aufstiegs erfolgt unter der misstrauischen Beobachtung Sibirischer Murmeltiere, die zur Familie der Hörnchen gehören. Falls man sie fotografieren möchte, gewinnt man ihre Aufmerksamkeit am besten mit schrillem Pfeifen.

*Die derzeit bei Besuchern beliebtesten Vulkane sind der Goreli und der Mutnowski*



Der Goreli besteht aus elf Kratern, die meisten sind mit Wasser gefüllt. Selbst im Sommer sind viele der Kraterseen mit Eis bedeckt. Im nördlichen Krater hingegen ist das Seewasser heiß und auf Grund der darin aufgelösten Salze von einer grell türkisblauen Farbe.
Mit einem Geländewagen gelangt man am besten zu den Vulkanen. Zwischen den Siedlungen Paratunka und Termalni zweigt bei der Siedlung Geolog eine Schotterstraße zum Mutnowskaja-Kraftwerk ab. Für den Weg braucht man etwa 1,5 Stunden.
Am Fuß des Vulkans Mutnowski, rund 3,5 Kilometer nordwestlich des Kraters, steht ein kleines Holzhaus mit dem Namen „Wakin-Haus". Es gehört dem Institut für Vulkanforschung und Seismologie. Im Winter gelangt man nur mit einem Kettenfahrzeug dorthin, im Sommer mit einem Allrad-Geländewagen.

In der Nähe des Häuschens gibt es Plätze, die gut für Camping geeignet sind, mit sauberen Bächen und viel Brennholz.
Einmal trafen wir im „Wakin-Haus" eine achtköpfige Geologengruppe.
„Was sucht ihr denn hier?", fragten wir neugierig.
„Einen Platz für ein Geothermalkraftwerk."
„Und Gold?"
„Gold auch", antwortete schmunzelnd der älteste von ihnen.
„Gold oder kein Gold, Rhenium haben wir gefunden", fügte ein junger Geologe hinzu.
„Rhenium, was ist das?"
„Ein chemisches Element, das in der Militär- und Raumfahrtindustrie eingesetzt wird", antwortete er knapp.



Ehrlich gesagt, ich habe die Feinheiten des Mendelejewschen Periodensystems vergessen. Und keiner von uns verstand etwas von Geologie. Doch wir erfuhren, dass auf Kamtschatka erst kürzlich ein weiteres Rhenium-Vorkommen bei einem aktiven Vulkan gefunden wurde. Jährlich 20 Tonnen Rhenium stößt der Vulkan aus. Zum Vergleich: Die weltweite Ausbeute dieses seltenen und teuren Elements beträgt etwa 40 Tonnen, und der Kilopreis liegt bei 3 500 Dollar. Die russischen Vulkanforscher behaupten, dass sich auf Kamtschatka die einzigen Rhenium-Vorkommen der Welt befinden, die überhaupt ökonomisch sinnvoll ausgebeutet werden können.
Ich erinnere mich, dass wir an diesem Tag am „Wakin-Haus" eine Touristengruppe trafen, deren Führer wir kannten. Sie erzählten uns von ihrer Besteigung des Vulkans Mutnowski:
„Den Aufstieg auf den Mutnowski unternahmen wir in einer recht großen Gruppe. Uns begleiteten Bergführer, die wir bereits von anderen Vulkan-Besteigungen kannten. Erfahrene Jungs. Auf der Fahrt zu den Vulkanen bewiesen sie dies nicht nur einmal. Die Gletscher sind ziemlich heimtückisch, und man muss sie ernst nehmen. Unterwegs sahen wir einen Bus, der zur Hälfte im Wasser stand. Wir konnten nur hoffen, dass es keine Verletzten gab. Wir bewegten uns langsam voran und blieben in der Spur.
Als wir zum Fuß des Mutnowski gelangt waren, erhielten wir erneut Verhaltensregeln. Trotz seines Sinns für Humor und seines freundlichen Lächelns glaubten wir unserem Bergführer sofort, wie gefährlich der Vulkan sein kann. Er berichtete von einem jungen Mann aus einer Touristengruppe, der sich zu nah an den Krater gewagt hatte und von einer Fumarole lebensgefährlich verbrüht worden war. Dass das keine Geschichten sind, versteht man sofort, wenn man das Sprudeln der Fumarolen und ihren durchdringenden Schwefelgeruch

einmal wahrgenommen hat. Ja, es ist unheimlich, wenn dir bewusst wird, dass sie direkt unter dir sind und jederzeit an die Oberfläche durchbrechen können.

Inzwischen hatten wir uns geteilt: Einige blieben zurück, andere wollten weiter aufsteigen. Ungeachtet unserer Müdigkeit sind wir aufgestiegen. Einfach war es nicht. Unsere Wanderschuhe rutschten über den Schnee, der Weg wand sich steiler und steiler hinauf, und auf der letzten Etappe mussten wir über eine Steigleiter aus Seilen klettern. Doch das, was sich uns dann bot, war je-

*Der Goreli besteht aus elf Kratern, die meisten sind mit Wasser gefüllt. Im nördlichen Krater ist das Salzwasser heiß und auf Grund der darin aufgelösten Salze von einer grell türkisblauen Farbe*



de Anstrengung wert! Vom Gipfel des Vulkans bot sich eine fantastische Aussicht, und wir wurden von einem Gefühl tiefer Freude erfüllt: Da sind wir, wir sind auf dem Vulkan!

Unten erwartete uns das ersehnte Abendessen, und morgen sollte es auf den nächsten Vulkan geben! Ach, es schien uns nicht einfach, an zwei Tagen hintereinander Vulkane zu besteigen. Und dann wurden wir auch noch gewarnt, dass der Mutnowski, den wir heute bezwungen hatten, ‚einfacher sei' als der Goreli, den wir morgen besteigen wollten!

Ehrlich gesagt, ich hatte mir insgeheim gewünscht, dass die Exkursion ins Wasser fallen würde. Und am Morgen geschah ein Wunder: Aus dem Reisebüro verlautete, dass die Gruppe nicht zusammengekommen war. Es fehlten of-

fensichtlich die, die am Vortag den Mutnowski bestiegen hatten und nun nicht aus den Federn gekommen waren.
Statt den Vulkan zu besteigen, fuhren wir an den Fuß des Awatscha-Vulkans, wo wir die berühmten Erdhörnchen füttern und Fotos machen wollten. Außerdem mussten wir an unsere Mitbringsel denken, nach Moskau wollten wir Roten Kaviar und Lachs mitnehmen."

*Von Zeit zu Zeit kann es Dampf- und Gasaustritte geben*

Jeden Sommer findet am Fuß der Vulkane, die den Städten Petropawlowsk und Jelisowo am nächsten sind, ein riesiges Fest statt, das Fest der Vulkane. Früher wurde das Fest spontan gefeiert, mal am Awatscha, mal am Koselski, dann am Mutnowski oder am Wiljutschinski. Seit 2010 ist es ein offizieller Feiertag im Kamtschatski Krai und wird nicht mehr ganz so spontan gefeiert.
Das Fest beginnt morgens: ein Wettkampf im Abfahrtsski, die Besteigung des Kraters, eine Tour für Botaniker, eine von Vulkanforschern begleitete Tour, zudem Exkursionen, Vorträge und Gespräche im Naturschutzpark „Vulkane Kamtschatkas" und ein Musikfestival stehen auf dem Festprogramm. Auf dem Koselski finden Snowboard-Wettkämpfe sowie Velo- und Motorsportwettbewerbe statt.

Die Jugendlichen sind von morgens an in den Bars unterwegs, und die Taktik der Einheimischen hier scheint mir ganz vernünftig. Zu Hause vorglühen und an der Bar dann den Durst mit Kamtschatka-Bier „lackieren". Einmal fuhr ich am nächsten Tag um fünf Uhr morgens mit dem Taxi durchs Zentrum der Hauptstadt zum Flughafen – Scharen von fröhlichen jungen Männern und Frauen strömten aus den Nachtclubs und setzten sich in Taxis. Das Fest der Vulkane war zu Ende.
Für diejenigen, die sich für Kamtschatkas Vulkane interessieren, führe ich eine Liste der aktiven Vulkane an:
Itschinskaja Sopka (3 621 Meter), Changar (2 000 Meter), Kljutschewskaja Sopka (4 750 Meter), Besymjanni (2 882 Meter), Ploski Tolbatschik (3 085 Meter), Uschkowski (3 943 Meter), Schiwelutsch (3 283 Meter), Kisimen (2 485 Meter), Wysoki (2 153 Meter), Komarowa (2 070 Meter), Gamtschen (2 576 Meter), Kronozkaja Sopka (3 528 Meter), Kraschennikowa (1 856 Meter), Kichpinytsch (1 552 Meter), Taunschiz (2 353 Meter), Mali Semjatschik (1 560 Meter), Karytskaja Sopka (1 486 Meter), Schulanowskaja Sopka (2 958 Meter), Korjakskaja Sopka (3 456 Meter), Awatschinskaja Sopka (2 751 Meter), Opala (2 475 Meter), Gorelaja Sopka (1 829 Meter), Mutnowskaja Sopka (2 323 Meter), Chodutka (2 090 Meter), Ksudatsch (1 079 Meter), Scholtowskaja Sopka (1 953 Meter), Iljinski (1 578 Meter), Diki Greben (1 079 Meter), Koschelewa (1 812 Meter) und Kambalnaja Sopka (2 156 Meter).



Großen Eindruck hat das Deutsche Vulkanmuseum Mendig auf mich gemacht. Im Saal „Im Land der Vulkane" werden mit einer computeranimierten Show alle Sinne angesprochen – und diese Show ist spektakulär. Erzählt wird die Geschichte zweier großer Vulkanausbrüche. Beim Ausbruch des Wingertberg-Vulkans ergoss sich vor 200 000 Jahren ein mächtiger Lavastrom, auf dem jetzt Mendig und der LAVA-DOME stehen. Noch folgenschwerer war die Explosion des Laacher-See-Vulkans vor etwa 12 900 Jahren. Weite Teile der Eifel verschwanden damals unter Bims und Asche. Während der Vorführung fühlte ich mich wie eine Zeitzeugin der Ausbrüche. Ein Vulkan speit Feuer und Rauch, glühende Lava fließt durch den Raum, man spürt das Grollen beim Ausbruch, sieht die umher fliegenden Lavabrocken, fühlt den Wind der pyroklastischen Wolken. Heute können wir einen Ausbruch erleben, ohne uns „die Finger zu verbrennen".
Ganz besonders gefiel mir der unterirdische Teil des Museums, das sind die „Lavakeller". Diese historischen Felsenkeller sind menschengemacht. Auf einer Fläche von nahezu drei Quadratkilometern spannt sich in 32 Metern Tiefe unterhalb der Stadt Mendig ein Netz unterirdischer Felsenkeller. Als die Vulkane ausbrachen, wurde das Land mit Glut und Asche bedeckt.
Außer Vulkan-Besteigungen bietet Kamtschatka seinen Gästen Winteralpinismus, Skiwanderungen und Eisangeln. Allerdings ist die Mobilität im Win-

ter und im Frühling auf der Halbinsel stark eingeschränkt. Man kann sich nur mit Schneefahrzeugen, Skiern oder Hubschraubern fortbewegen. Autoverkehr ist auf wenigen Straßen föderaler Bedeutung möglich. Von Juli bis Oktober vermittelt das Tourismusbüro von Kamtschatka Exkursionen zu den Themen Umweltschutz, Abenteuer, Tierbeobachtungen, Populärwissenschaftliche Erkundungen, Stille und Wahrnehmung, Extremerfahrungen, Jagd und Kreuzfahrten. Neuerdings werden auch Fahrradtouren zu den Vulkanen angeboten. Das hat einen tieferen Sinn, und die Exkursionsleiter erinnern daran:
„Dass du heute Radfahren kannst, verdankst du einem Vulkan, der vor zwei Jahrhunderten am anderen Ende der Welt ausgebrochen ist. Im Jahr 1815 explodierte der Tambora und schleuderte viele Kubikkilometer Asche in die Atmosphäre. Es kam weltweit zu einer Klimaverschlechterung und zu Ernteausfällen – sogar im weit entfernten Europa. Getreide war in Folge der Eruption so knapp geworden, dass man es nicht einfach an Reit- und Zugpferde verfüttern konnte. Karl Freiherr von Drais hatte die Idee für ein Transportmittel, das man nicht füttern musste, und baute ein Laufrad. Man kann also sagen, dass ein Vulkanausbruch Pate bei der Geburt des Fahrrades stand."



Nur auf Kamtschatka können Touristen ihre Kräfte beim Crossgolf auf einem Vulkan erproben, genauer auf einem Platz am Fuß des Awatscha-Vulkans. Eine andere Verlockung: Golfen am sandigen Ufer des Stillen Ozeans.
Jetzt noch einige Worte über die Pflanzenwelt auf Kamtschatka.
Auf den Berghängen Kamtschatkas wächst eine erstaunliche Pflanze aus der Familie der Rosengewächse, sie bildet krautige Flächen, wird mehr als menschenhoch und hat zarte weiße Blüten. Das ist das Kamtschatka-Mädesüß.
Es gibt sehr viele Beeren auf der Halbinsel. Darunter: Heckenkirsche, Rauschbeeren, Preiselbeeren, Vogelbeeren, Schwarze Johannisbeeren, Himbeeren, arktische Brombeeren, Moltebeeren und Krähenbeeren. Die Krähenbeere war die einzige Beere, die mir nicht geschmeckt hat: Sie ist klein und sauer, stillt jedoch gut den Durst. Die Kerne der Zwergzedern auf Kamtschatka sind dafür nicht weniger köstlich und gesund als die der großen Taigazedern.
Kamtschatka ist herrlich, wenn es in Blüte steht. Gleich wenn der Schnee geschmolzen ist, bedeckt sich die Erde mit einem weißgrünen Blütenteppich. Ende Juni blüht die Iris, im Juli die wilde Rose, im August ist alles mit einem Teppich des violetten Iwan-Tschai bedeckt. In den Bergen stößt man auf goldene und rosafarbene Rhododendren und auf Edelweiß.
Seien Sie vorsichtig, wenn Sie über einen steilen Hang klettern. Versuchen Sie nie, sich an Pflanzen festzuhalten, die Sie nicht kennen. Sie können an den Sibirischen Bärenklau geraten, eine Pflanze, die wie eine Distel aussieht. Ihre

Berührung verursacht starke Verbrennungen. Der Bärenklau wird im Volksmund auch „Ipritka" genannt, in Assoziation mit dem Gas Iprit, dem Senfgas. Verbrennungen durch Bärenklau können Geschwüre verursachen, die lange nicht abheilen und Narben hinterlassen. Ich verbrannte mich an den Blättern. Gut, dass es im August war und nicht in der ersten Junihälfte, wenn die Pflanze blüht und noch mehr brennt. Aber dennoch, es war schlimm genug. Ich wurde einen Monat lang behandelt.
Später schaute ich mir diese Pflanze in einem Herbarium an, um sie mir für mein weiteres Leben einzuprägen, damit ich, wenn ich wieder auf Kamtschatka

*Vulkanische Bomben sind herausgeschleuderte Lavafetzen eines Vulkans mit einem Durchmesser von mehr als 64 Millimeter, sie können aber auch mehrere Meter Durchmesser haben*



unterwegs bin, nicht vor jeder Pflanze Angst haben muss. Der Bärenklau sieht wie eine einfache Distel aus. Wer zum ersten Mal auf Kamtschatka ist, sollte sich die Pflanze von einem Ortskundigen zeigen lassen und dieses Kraut möglichst weiträumig umgehen.
Auf Kamtschatka leben viele wilde Tiere. In den Wäldern an den Vulkanhängen trifft man auf Zobel, Rotfüchse, Schneefüchse, Hasen, ostsibirische Elche, Hermeline, Luchse, Eisbären, Polarwölfe, nördliche Rentiere und Vielfraße. Einen Vielfraß habe ich nie von nah gesehen. Einmal flogen wir im Hubschrauber über Kamtschatka, die Piloten zeigten mir eine Spur im Schnee. „Ein Vielfraß!" Wir sahen ihn bald, hungrig war er und suchte am Rand des Eises in Ufernähe nach toten Lachsen, die nach der Laichablage dort zurückgeblieben waren.

Im Film „Russland von einem Rand zum anderen", den ein deutsches Fernsehteam drehte, sind Vielfraße ganz nah zu sehen. Vielfraße sind sehr vorsichtige Tiere, man sieht sie selten aus der Nähe. Doch die Crew hatte Glück: Am Fluss Tichaja stieß sie im Winter auf den Kadaver eines Schlafwandler-Bären. Mehrere Vielfraße hielten sich in der Nähe auf und konnten beim Fressen gefilmt werden. Doch die Deutschen, heißt es, hätten auf Kamtschatka große Angst ausstehen müssen: Nachts versammelten sich die Vielfraße um ihre Hütte, kletterten aufs Dach, benagten es und schärften ihre Krallen.
Der Vielfraß ist ein Tier des Nordens, die meiste Zeit seines Lebens verbringt er im Schnee. Sein Fell ist immer dunkelbraun und auf dem Schnee gut zu sehen. Sein Schutz sind die Tunnel, die er sich gräbt. Es ist ein seltenes Tier, aber wo einmal ein Vielfraß auftaucht, haben die Felljäger Probleme, denn der Vielfraß frisst sowohl die Köder aus den Fallen als auch die gefangene Beute. Zu allem Übel frisst der Vielfraß auch die Vorräte der Jäger und räubert ihre Hütten aus, wenn sie unterwegs sind.



In Petropawlowsk-Kamtschatski, wo ich nach meinem Plan der „langsamen Reise" bereits den zweiten Monat lebte, reichte man mir am Zeitungskiosk inzwischen ohne nachzufragen die Regionalzeitung. Der Inhaber des Gemüseladens empfahl mir, Steinpilze zu kaufen, die „heute besser sind als die von gestern", und die Barista streckte sich, wenn sie mich sah, nach der Flasche Vana Tallinn, um mir einen Schluck Likör in den heißen Kaffee zu gießen. Das war es, weshalb ich hierher gekommen bin. Das übliche Touristenleben verlief irgendwo fern von mir. In der Bar lernte ich alle wichtigen Menschen kennen. Und noch etwas. Ich fand heraus, dass die beliebtesten Anekdoten auf Kamtschatka von der Jagd und vom Fischfang handeln.
„Und du willst heute wirklich zum Angeln? An einem Freitag, den 13.?" „Ja, natürlich. Vielleicht haben heute wenigstens die Fische kein Glück!"
„Wie fängt man einen Hasen lebendig? Auf Kamtschatka ist das einfach. Legen sie eine Zitrone auf die Erde. Der Hase kommt, kostet: O je, ist das sauer! Der Hase kneift die Augen zusammen, und du packst ihn an den Ohren."
Wenn ich an der Reihe bin, erzähle ich in einer fröhlichen Gesellschaft gern den letzten Scherz des großartigen „Lügenbarons" Münchhausen. Er hat mit einem russischen Bären zu tun. Als seine Zugehfrau, die alte Frau Nolte, feststellte, dass an seinem Fuß zwei Zehen fehlten, vermutete sie, sie seien ihm in Russland abgefroren. Der Baron dachte sich sofort eine schönere Version aus: „Die hat mir ein Polarbär auf der Jagd abgebissen, den Rest hat er nicht geschafft, er hat sich verschluckt und starb." Mit dieser Lügengeschichte schied der Baron am 22. Februar 1797 aus dem Leben.

# Im Bärenrevier

**Die Bären von Kamtschatka: Lebensraum, Verhalten, Vorsichtsmaßnahmen; Jagd auf Bären und andere Wildtiere**

Im Herbst 2015 ging ein Foto durch alle russischen Zeitungen. Zum Publikumsliebling wurde ein kleiner Bär, der in einem Dorf am Ende der Welt, auf Kamtschatka, in eine Bilderbuchsituation geraten war.
Das tapsige Bärchen war auf der Suche nach Essbarem abends durch ein offenstehendes Fenster in ein Haus eingedrungen. Es leerte in der Küche einen Topf mit Lachssuppe, fraß als Hauptgang einige Brotlaibe vom Tisch und vertilgte zum Dessert Äpfel und rohe Kartoffeln. Der Lärm der klirrenden Töpfe alarmierte die Hausbewohner, die in der Annahme in die Küche gerannt ka-

*„Hier beginnt Russland" steht auf dem Bärendenkmal in Jelisowo*

men, dass Diebe im Haus seien. Das erschrockene Bärenkind stürzte zurück zum Fenster, und dort ereilte es das Schicksal Winnie Poohs, es blieb im Fensterrahmen stecken. Selbstverständlich zückten die Hausbewohner ihre Mobiltelefone, wie hätte man kein Video von dem ungeladenen Gast machen können?
Irgendwie gelang es dem Bärchen dann doch, sich durch die Fensteröffnung zu quetschen, es sprang ins Freie und eilte unter freundlichem Gelächter zurück in den Wald.

Russlands berühmtester Bär ist jedoch Stepan, der seit 20 Jahren immer wieder in den Schlagzeilen auftaucht und eine eigene Internetseite hat: medved stepan.ru. Seit 23 Jahren lebt der Bär wie ein Familienmitglied im Haus von Juri und Swetlana Pantelejenko im Gebiet Moskau. Das Tier wiegt bei einer Größe von 2,20 Metern mehr als 300 Kilogramm. Seine Tagesration beläuft sich auf 25 Kilo Fisch plus Gemüse und Eier.

Die Pantelejenkos haben das drei Monate alte, halb verhungerte Bärenjunge auf einem Markt entdeckt: Jäger hatten es vermutlich in der Taiga irgendwo in Sibirien oder Kamtschatka aufgelesen und sich dann entschlossen, es zu verkaufen. In all den Jahren hat sich das Tier nie aggressiv gegenüber Menschen gezeigt. Er ist ein bedingungsloser Fleischverächter. Ein gutherziger Bär und ein echter Filmstar. In mehr als 20 Filmen hat er mitgespielt. In seiner Freizeit liegt Stepan gern auf dem Sofa, spielt Fußball oder tollt im Garten umher.



Solche Stepans kommen in der Natur natürlich nicht vor. Bären gelten als die unberechenbarsten und gefährlichsten Raubtiere, davon berichtete mir vor vielen Jahren Valentin Paschetnow, der Leiter der einzigen Bärenaufzuchtstation in Russland. In dieser Einrichtung im Ort Bubonizi im Gebiet Twer werden verwaiste Bärenjungen aufgenommen und großgezogen, um sie später auszuwildern. „Früher kamen die Bärenkinder durch Verschulden der Jäger zu uns", berichtete Paschetnow. „Das ‚an der Winterhöhle' ist ein altes russisches Freizeitvergnügen und die einfachste und ungefährlichste Art, einen Bären zu fangen. Doch bleiben die Jungbären als Waisen zurück und sind zum Tod verurteilt. Vor drei Jahren wurde diese Jagdmethode in Russland verboten."

Auf Kamtschatka leben rund 11 600 Braunbären. Eine große Braunbärenpopulation ist ständig am Kurilensee, einem Rotlachs-Laichgebiet, anzutreffen. Besucher, die Bären beobachten wollen, finden sich deshalb vorzugsweise am Kurilensee ein. Wenn man sich mit dem Hubschrauber dem See nähert, fällt einem die rote Färbung des ufernahen Wassers und eine Ansammlung schwarzer Punkte auf, die sich beim Herankommen als Fische fangende Braunbären erweisen. Ein Ranger, das ist ein Schutzgebietsbetreuer, führt die Touristen durch das Bärengebiet. Der Ranger hat natürlich ein Gewehr bei sich. Doch in all den Jahren der „Kamtschatka-Safari", so die Bezeichnung der Tour zum Kurilensee, wurde die Waffe noch nicht ein einziges Mal benutzt. Ich entsinne mich, dass uns der Ranger hinter die Einzäunung des Hubschrauberlandeplatzes führte, und wir direkt neben uns in wenigen Metern Entfernung die Bären sahen. Während der Zeit des Lachszuges kommen Dutzende Bären zum Fischen an diesem Ort zusammen. Die Besucher stehen in sicherer Entfernung auf einer Brücke und schauen dem Ganzen interessiert zu. Die Bären sind voller Begeisterung beim Fischen und lassen sich von den Besuchern nicht ablenken. Im Hintergrund die malerischen Vulkane mit ihren schneebedeckten Gipfeln, im Vordergrund das kristallklare Wasser des Sees mit den brodelnden Fischen, das ist ein unvergessliches Schauspiel. Viele Touristen steigen auch in Boote und beobachten die Bären vom Wasser aus ...

Auf Kamtschatka sagt man, dass es auch für Bären ein Paradies gibt, und dieses Bärenparadies sieht genau so aus wie der Kurilensee.

Es ist weltweit der Ort mit der höchsten Bärendichte, und von der Mitte des Sommers bis in den späten Herbst treffen sich hier Tierfotografen aus der ganzen Welt. Sie haben natürlich ihre Lieblingsorte, in der Sewernaja-Bucht, an der Mündung der Flüsse Gawrjuschka, Chakyzyna, Etamynka und auf dem

*Die Kurilensee ist der Ort mit der höchsten Bärendichte der Welt*



Kap Trawjanoje. Man sieht Bären bei allen möglichen Tätigkeiten, die einen sind mit Fischen beschäftigt, die anderen schlafen oder dösen mit vollen Bäuchen, und wieder andere spielen. Es gibt Hunderte Bären, und immer sind einige dabei, die sich ganz in der Nähe balgen. Deshalb ist dieser Ort bei Tierfotografen so beliebt, sie lernen mit der Zeit zu verstehen, zu spüren, vorherzuahnen.

Der berühmte russische Fotograf Sergej Gorschkow, Gewinner zahlreicher internationaler Preise, erzählte einmal: „Es war der Kurilensee, der mein Leben

veränderte. Die Bären wurden zu meiner Leidenschaft und sind meine Visitenkarte als Fotograf. Ich fotografiere die Bären vom Boot aus, bis zum Objekt sind es 15 Meter, manchmal fünf, manchmal noch weniger, und so geht

es jeden Tag. Alle Tiere sind verschieden, jeder Bär hat einen eigenen Charakter: der eine umgeht dich in 100 Metern Entfernung, der andere will direkt in dein Boot steigen und interessiert sich für dein Leben. Üblicherweise sind Bären in der Zeit des Fischzuges sehr friedlich.

Als ich den Boden Kamtschatkas betrat, waren meine fotografischen Kenntnisse minimal, und Erfahrungen im Umgang mit Bären hatte ich überhaupt keine. Doch mir schien, ich hätte nichts zu befürchten. Ich las einige Bücher über Bären, sah mir Filme an und fühlte mich durchaus vorbereitet. Dieses Gefühl verschwand noch in der gleichen Sekunde, in der am Kurilensee erstmals in meinem Leben ein Bär direkt neben mir auftauchte. Es geschah nichts, aber ich verstand genau, dass man während des Fotografierens immer an die eigene Sicherheit denken muss. Das ist wichtiger als alles andere.

*Man sieht Bären bei allen möglichen Tätigkeiten, die einen sind mit Fischen beschäftigt, die anderen schlafen mit vollen Bäuchen, und wieder andere spielen*



In der ersten Zeit bin ich deshalb nie allein auf Fototour gegangen. Mich begleitete ein Ranger des Staatlichen Kronotzki-Naturschutzgebiets. Damals hing mein Leben davon ab, wie gut der Ranger das Verhalten und die Körpersprache der Bären einschätzen konnte. Er hatte immer ein Gewehr dabei,

das fordern der gesunde Menschenverstand und die Verhaltensregeln im Naturschutzpark. Ich will gleich anmerken, dass die Kugeln aus Gummi sind. Wir wollen schließlich kein Tier töten.
Später, nachdem ich mir einige Kenntnisse von der Körpersprache der Bären angeeignet und eigene Erfahrungen gesammelt hatte, zog ich allein auf meine Fotostreifzüge. Ich habe immer einige ‚falschfeier' (Leuchtsignale, Leuchtgeschosse) in der Tasche, zudem eine Dose Pfefferspray am Gürtel. Einige Male musste ich darauf zugreifen, es sind die vorletzten Verteidigungsmittel, die im direkten Kontakt ganz effektiv sind. Jedoch ist es absolut nicht erstrebenswert, die Situation so weit kommen zu lassen.
Eine einfache und nützliche Waffe sind Steine, die ich wie unsere Vorfahren verwende. Wenn ich aus dem Boot ans Ufer steige, um eine Position zum Fotografieren zu wählen, markiere ich den Ort mit einem Steinkreis. In der Hand habe ich einen möglichst langen Stock. Wenn der Bär hartnäckig ist, genügt es ein paar Steine zu werfen, nicht direkt auf den Bären, aber in seine Nähe. Ist das zu wenig, dient der Stock, den man wie eine Hellebarde vor sich aufstellt, dazu, das Tier wirksam auf Abstand zu halten.
Ich habe ziemlich schnell eine Regel eingeführt: Der Bär muss unbedingt wissen, dass ich da bin. Auf gar keinen Fall darf man sich vor ihm verstecken. Einige Bären drehen sich sofort um und ziehen sich zurück, wenn sie mich sehen. Andere gewöhnen sich an mich und beachten mich bald nicht mehr. Doch wenn du dich vor dem Bären versteckst, dann findet er dich.
Und was wichtig ist: Man darf nie Schwäche zeigen. Wenn du deine Position eingenommen hast und mit der Arbeit beginnst, dann bist du der Chef über das Terrain. Der Bär merkt sofort, wenn du nervös bist oder nur den kleinsten Anschein von Furcht zeigst. Er wird dann versuchen, dich zu verdrängen. Den Abgang muss man im Vorfeld planen, und zwar einen Abgang, keine Flucht, denn vor einem Bären kann man nicht flüchten. Da ist sofort der Raubtierinstinkt da: Ein Mensch, der wegrennt, ist eine Beute. Die Situation wird unumkehrbar.
Übrigens ist es auch mir passiert, dass ich vor einem Bären flüchten musste. Ich werde diesen ersten Bären nie vergessen, der mich verfolgte. Ich begegnete ihm an einem Junimorgen, er schlief im Zwergkieferdickicht am Ufer des Kurilensees. Es war unmöglich, ihn zu fotografieren. Als die Sonne höher stieg, beschloss ich, den Bären zunächst zu lassen und am Abend zurückzukommen, wenn das Licht weicher ist. Das Tier beachtete mich nicht im Geringsten, so zog ich mich langsam zurück. Beim Weggehen schaute ich routinemäßig zurück, und als ich das nächste Mal den Kopf wendete, sah ich, dass der Bär di-

rekt auf mich zu rannte. Uns trennten noch etwa 100 Meter, und bis zum am Ufer liegenden Boot waren es 50 Meter. Ohne zu überlegen, rutschte ich eine Schneewehe hinab direkt zum Wasser, stieß das Boot vom Ufer und sprang hinein. Als der Bär kam, saß ich bereits im Boot, und weil ich mich in Sicherheit fühlte, holte ich schnell meinen Fotoapparat heraus und begann, den Bären zu fotografieren, der durch den Schnee auf das Boot zu lief. Nachdem ich einige Fotos gemacht hatte, wurde mir klar, dass der Bär es ernst meinte. Er warf sich ins Wasser und schwamm in Richtung Boot, ohne auf meine Schreie oder auf das Schlagen mit dem Ruder gegen die Seitenwand zu reagieren. Ich warf den Motor an und suchte einen sicheren Abstand. Der Bär schwamm noch einige Meter, ehe er einsah, dass seine Beute entwischt war. Es schnaubte und drehte zum Ufer ab. Die Verhaltensregeln im Umgang mit Bären sind bekannt, jeder kann sie nachlesen. Ich gestehe, ich habe sie nicht gleich automatisiert, doch sollte man sie sich so früh wie möglich antrainieren, denn der Preis für einen Fehler ist hoch.



Welche Bären gefährlicher sind, die halbwüchsigen, die Bärinnen mit ihren Jungen oder die ausgewachsenen männlichen Exemplare? Die jungen Tiere sind neugierig und frech, sie drängen, wie alle Teenager, nach Selbstbestätigung. Doch sind sie leicht zu beeindrucken. Bärinnen mit Jungen sind immer überaus vorsichtig. Sie haben meist mehr Angst vor ausgewachsenen männlichen Bären als vor Menschen.

Am Kurilensee erlebte ich einmal, dass mir eine Bärin ihre Jungen brachte, sie sozusagen unter meine Aufsicht stellte, und dann fischen ging. Als sie zurückkehrte, legte sie sich zwei Meter von mir entfernt nieder und säugte die Jungen. Vermutlich spürte sie instinktiv, dass ich keine Gefahr für ihren Nachwuchs darstellte, während sich die großen männlichen Tiere eher vor mir zu fürchten schienen. Bärinnen sind feinfühlig, und wenn man sie nicht beunruhigt, gibt es keine Probleme. Doch wenn man sie verstört, kann man sich kein wütenderes Tier vorstellen. Ich sah, wie eine Bärin einem ausgewachsenen Bären einen Tatzenhieb versetzte, als er sich ihren Jungen näherte.

Unter den erwachsenen Männchen gibt es zwei Typen. Entweder sind sie ängstlich und laufen beim Anblick eines Menschen sofort weg, oder sie sind sehr frech. Die letzteren sind die gefährlichsten. Sie haben keine natürlichen Feinde, und vor dem Menschen wollen sie ebenfalls nicht klein beigeben. Auf solche Tiere stieß ich häufig, wenn ich an der Kambalnaja fotografierte.

Auf dem Kurilensee ist immer ein Boot in der Nähe, in das man hineinspringen und wegrudern kann. Aber an der Kambalnaja gibt es keinen Zufluchtsort. Ich habe mich dort ausschließlich zu Fuß fortbewegt, oft durch hohes Gras oder undurchdringliches Zwergzederndickicht, wo ich oft Nase an Nase auf einen Bären stieß. Oft werde ich gefragt, ob ich Angst vor Bären hätte. Natürlich habe ich Angst vor ihnen. Ich habe wahrscheinlich viel mehr Angst

vor ihnen, als die meisten Menschen, gerade weil ich sie gut kenne und weiß, wie eine Begegnung mit ihnen enden kann.
Wenn das Tier in zehn Metern Entfernung an dir vorbeistreicht und manchmal gar nicht in deine Richtung schaut, ist das gewöhnungsbedürftig. Ich hatte immer wieder den gleichen Traum: ich kämpfe mit einem Bären. Jedes Mal wache ich schweißgebadet auf, und ich hoffe, dass es ein Traum bleibt."
Von Bären ist bekannt, dass sie trotz ihres enormen Gewichts und der scheinbaren Schwerfälligkeit lautlose, schnelle und geschickte Tiere sind. Bären können gut schwimmen und baden gern. Junge Bären klettern geschickt auf Bäume. Beim Rennen auf seinen vier Pfoten kann der Bär Geschwindigkeiten bis zu 50 Kilometer pro Stunde erreichen. Aus dem Stand kann er auf 50 Kilometer pro Stunde beschleunigen. Durch tiefen Schnee bewegt er sich allerdings mit Mühe. Der Braunbär hat Kraft, so dass er mit dem Schlag seiner Pranke ein Boot zertrümmern kann. Er kann eine Stahlschnur zerreißen und mit seinen Zähnen den Lauf eines Gewehrs abbeißen.
Bären sind Allesfresser. Um ausreichend Fett für den Winter zu speichern (etwa 50 Kilogramm), fressen sie bis zu 700 Kilogramm Beeren oder bis zu einer halben Tonne Zedernkerne. Während der Jagd- und Fischfangsaison werden sie von den Lagern der Jäger angezogen. An der Pazifikküste kommen die Tiere in der Zeit der Lachszüge an die Ufer der Flüsse und ernähren sich von Fisch und Kaviar. In Jahren mit vielen Zedernnüssen konzentrieren sich die Bären an Orten, wo die Zapfen herabfallen und begeben sich dort auch in den Winterschlaf.
Ältere Bären, die reichlich Fett gespeichert haben, legen sich im Oktober zur Winterruhe, andere erst im Dezember, wenn sie die nötigen Reserven angelegt haben. Bären, die nicht zur Ruhe kommen, weil sie ausgezehrt, krank oder verletzt sind, oder die gezwungen wurden, ihre Höhle zu verlassen, werden zu Schatunen, Schlafwandlern. Ein Schatun ist gefährlich, er ist hungrig und gereizt, oft verirrt er sich in menschliche Siedlungen, fällt Haustiere oder Menschen an.
Im Frühling verlassen die Bären ihre Höhle. Am längsten ruhen Muttertiere mit ihren Jungen. In den ersten drei bis fünf Wochen verbleiben sie in den Bergregionen ihrer Jagdreviere, und erst Ende Mai kommen sie herab in die Flusstäler oder an die Meeresküste.
Die Grausamkeit dieser Raubtiere zeigt sich auch darin, dass Bären nicht selten ihre Artgenossen fressen, besonders im Frühjahr. Da die Männchen eher erwachen als die Weibchen mit ihren Jungen, entsteht eine typische Konstellation: Die hungrigen ausgewachsenen Männchen jagen die unterlegenen Weibchen. Mitunter wird eine Bärin, die ihren Nachwuchs verteidigt, zum Opfer eines solchen Jägers, doch häufiger tritt sie dem Angreifer eines der Jun-

gen ab, um die anderen zu retten. Ich wiederhole, das geschieht meist im Frühjahr. Im Sommer und im Herbst, wenn das Nahrungsangebot größer ist, verhalten sich die Bären ruhiger.

In der Siedlung Esso, 520 Kilometer von Petropawlowsk-Kamtschatski entfernt, entdeckte ich ein kleines Bärenmuseum mit dem lustigen Namen „Toptygin und Toptyschka". So werden im russischen Märchen der Bär und sein Bärenjunges genannt. Neben zahlreichen anderen Exponaten stieß ich dort auf ein Buch mit korjakischen Bärenmärchen. Ich war erstaunt über die Philosophie und die Selbstironie, die in diesen Märchen zum Ausdruck kommt:

*Ende Mai kommen die Bärenweibchen herab in die Flusstäler oder an die Meeresküste*



„Der Bär biss einem Korjaken den Kopf ab, und die Frau des Korjaken konnte sich lange Zeit nicht erinnern, ob er einen Kopf hatte oder nicht. Dann fiel ihr ein, dass er sich letztes Jahr eine Pelzmütze genäht hatte, und erst dann war sie sicher, dass der Ehemann einen Kopf gehabt hatte ..."

Ich bat einen Exkursionsführer, der viele Jahre auf Kamtschatka arbeitete, mir über Bären zu erzählen. Hier ist seine Geschichte.

„Ich lebe auf Kamtschatka. Wie du weißt, arbeite ich bei einer touristischen Unternehmen, den Namen brauchst du nicht aufzuschreiben. Sonst denkt noch jemand, ich will Werbung machen. Was denke ich über Bären? Zunächst ein paar Informationen zum Nachdenken.

Am 8. August starb am Kurilensee der japanischstämmige Fotograf Michio Hoshino aus Fairbanks, Alaska. Er hat sein ganzes Leben der Erforschung der Braunbären auf Kamtschatka gewidmet, und eine japanische Fernsehgesellschaft hat einen Film über ihn gedreht. Ein Bär zog ihn nachts aus seinem Schlafsack, nachdem er das Zelt mit den Krallen aufgerissen hatte.

2004 kam der Mitarbeiter des Kronozki-Naturparks Vitali Nikolajenko ums Leben, der sich lange mit Bären beschäftigt hatte. Er hatte einzigartige Fotos und Videos gemacht. Ich kannte ihn gut. Er liebte Bären so sehr, dass er immer behauptete, sie seien eigentlich Pflanzenfresser und ein Bär sei nicht gefährlicher als eine Kuh. Er wurde von einem Bären getötet.
Die Ursache für die Todesfälle ist immer die gleiche: das Angstgefühl ist abgestumpft. Das verzeiht der Bär nie. Er verteidigt sein altes Recht, sich als Herrscher Kamtschatkas zu fühlen. Der Verlust der Vorsicht hat selbst erfahrenen Forschern das Leben gekostet."
Ich kannte eine ältere Wissenschaftlerin, die das Becken des Kurilensees erforschte. Sie verbrachte die Sommer häufig in der Forschungsstation des Pazifischen Wissenschaftlichen Instituts für Fischwirtschaft und Ozeanografie am Kurilensee. Einmal wollte sie Fotos von den Bären am See machen. Und dann geschah Folgendes: Die Frau war so fasziniert vom Anblick eines Bären, der Fische fing, dass sie nur ihn durch das Objektiv sah. Sie richtete die Kamera ein. Als sie die Aufnahmen beendet hatte, nahm sie hinter ihrem Rücken den schweren Geruch eines Bärenmännchen wahr. Diesen widerwärtigen Bärengeruch merkte sie sich ihr ganzes Leben lang. Direkt hinter ihrem Rücken stand der Bär und schaute ihr zu. „Wie ich am Leben blieb, weiß Gott allein", erzählte sie mir.
Meine Bekannte ist vor kurzem gestorben. Ein letzter Gruß von ihr war eine lustige Neujahrskarte: „Tanjuscha, ich schicke dir den Kalender für 1987 als Neujahrsgeschenk, er stimmt vollständig mit dem jetzigen Jahr 2015 überein. Benutze ihn! Und wirf ihn dann nicht weg, er eignet sich auch für 2043!"
In den abgelegenen Regionen Kamtschatkas tauchen die Bären in den Siedlungen auf. Wenn die warme Jahreszeit beginnt, trifft man Bären, die durch die Straßen ziehen. Freunde von mir haben einen solchen Vorfall beschrieben: „Im Juli 2012 kehrte ein junges Paar nachts aus der Diskothek in ihr Haus in Esso zurück. Als sie sich dem Haus näherten, sahen sie einen Bären, der neben dem Haus umherstreunte. Völlig klar, dass sie ein wenig die Nerven verloren. In Esso geschah es auch, dass ein Bär einer Frau mitten im Ortszentrum nachjagte. Er wurde von der Polizei erschossen."
Um Zusammentreffen mit Bären zu vermeiden, geben erfahrene Kamtschatka-Reisende auf den Pfaden, die Menschen und Bären benutzen, Laute von sich, schlagen etwa einen leeren Topf, husten oder führen laute Gespräche. Dennoch ereignen sich auf Kamtschatka im Jahr zwei bis drei tragische Bären-Unfälle. Wenn ein Bär getötet wird, gilt das nicht als Tragödie, doch wenn ein Bär einen Menschen getötet hat, so wird darüber geschrieben und geredet, und es bleibt lange in Erinnerung.

Von alters her leben Menschen und Bären Seite an Seite. Es geschieht, dass Frauen, die im Wald Himbeeren sammeln, plötzlich merken, dass neben ihnen ein Bär das Gleiche tut. Dann ist es gefährlich, laut zu schreien, aber weglaufen ist auch gefährlich, sowohl das eine wie das andere kann beim Tier den Jagdinstinkt wecken. Die Lebenserfahrung lehrt die Menschen, nicht in Panik zu geraten, sondern mit ruhiger Stimme auf den Bären einzureden: „Nun, was,

### Was tun bei einer Begegnung mit Bären

1. Machen Sie bei einer unerwarteten Begegnung mit einem Bären keine heftigen, ruckartigen Bewegungen, schreien Sie nicht, laufen Sie nicht weg, und sehen Sie dem Bären nicht in die Augen. Schwenken Sie gleichmäßig Ihre Arme oder eine Jacke über dem Kopf, so vergrößern sie sich visuell.
2. Laufen Sie nicht weg, wenn Sie nicht sicher sind, dass Sie einen Zufluchtsort erreichen können. Ein rennendes Objekt nimmt der Bär als Beute wahr, und es ist beinahe unmöglich, einem Bären davon zu laufen. Er bewegt sich mit einer Geschwindigkeit von bis zu 50 Stundenkilometern.
3. Wenn Sie ein Zelt aufschlagen, wählen Sie einen offenen Ort, der sich gut überschauen lässt.
4. Vermeiden Sie stark riechende Lebensmittel oder Kosmetika im Gepäck. Bewahren Sie nachts keine Lebensmittel in der Nähe Ihres Schlafplatzes auf. Ihr Geruch zieht Bären über eine Entfernung von bis zu drei Kilometern an.
5. Fangen Sie keine Fische an den Fischplätzen der Bären.
6. Wandern Sie nicht mehr bei Einbruch der Dunkelheit. Das ist die Zeit der erhöhten Aktivität bei den Bären.
7. Wenn Sie im Wald oder im Gebirge einen ausgetretenen Pfad vorfinden, so gehen Sie nicht einfach darauf weiter. Womöglich ist es der Pfad eines Bären zu einer Wasserstelle. Schauen Sie sich zuerst um. Einen Bärenpfad erkennt man daran, dass die Rinde von den Bäumen herabhängt, weil die Bären ihre Krallen daran schärfen, auch zerdrücktes Gras oder starker Tiergeruch sind Anzeichen. Stehen Sie nicht im Fluchtweg des Bären. Wenn er sich nicht vor Ihnen verstecken kann, bleibt ihm nicht anderes übrig, als anzugreifen.
8. Verwenden Sie ein Gewehr nur im äußersten Notfall, und nur wenn Sie es wirklich benutzen können. Manchmal hilft schon ein pyrotechnisches Mittel, das in Russland als „falschfeier" bezeichnet wird. Wenn Sie die Schnur ziehen, seien Sie sich im Klaren: Sie haben 20 Sekunden, um zu überlegen, wie Sie am schnellsten verschwinden. Der Bär flieht gewöhnlich vor dem Feuer, manchmal jedoch wirkt es auf ihn verlockend und anziehend.
9. Wenn Sie dennoch von einem Bären angefallen werden, und es gelingt Ihnen nicht zu flüchten, legen Sie sich bäuchlings auf den Boden und bewegen sich so lange wie möglich nicht. Vielleicht sieht der Bär Sie nicht als Nahrung oder Bedrohung an und trottet einfach davon.
10. Die letzte Regel richtet sich an Touristengruppen. Wenn Sie in einem Bärenrevier sind, so unterhalten Sie sich möglichst laut, singen oder pfeifen Sie, damit die Bären Sie von weitem hören und sich nicht nähern. Treffen Sie auf einen Bären, denken sie daran: Die Tiere sind in der Regel nicht aggressiv, wenn sie nicht provoziert werden.

Väterchen, hast du auch Beeren gesucht?" So kann man in Frieden auseinander gehen.

Hier sind einige Informationen für diejenigen, die Interesse an der Jagd haben. Unter meinen Bekannten auf Kamtschatka gab es zunächst keine Jäger. Dann stießen wir bei einer Wanderung auf einen Mann, der bereits tagelang in der Taiga gelegen hatte: Er hatte einen Herzinfarkt gehabt. Es war ein Wunder, dass wir Touristen ihn fanden, wir schleppten ihn zu unserem Boot und brachten ihn in die nächste Siedlung. Erst im Krankenhaus kam er wieder zu Bewusstsein. Und überlebte. Und geht wieder auf die Jagd.

Valentin Paschetnow, Doktor der Biologie und Leiter der Bärenaufzuchtstation, hat eine klare Haltung zur Bärenjagd: „Wir sind gegen das dumme Erschießen von Tieren durch Wilderer. Aber eine kluge und regelmäßige Jagd ist, so seltsam das klingen mag, im Interesse der Bären. Ein hirnloser Humanismus gegenüber Bären wirkt sich eher negativ für die Population aus. Tiere muss man sinnvoll lieben. Wie hat sich der ‚Bärenhumanismus' in einigen US-Staaten ausgewirkt? Die Populationen wuchsen, die erwachsenen Bären verdrängten die jungen, die wiederum zogen in menschliche Wohngebiete. Die Menschen hatten großes Mitleid mit den Bären und fütterten sie. Ein angefüttertes Bärenjunges ist eine echte Katastrophe, wenn es heranwächst. Das Ergebnis war in einigen US-Staaten ein regelrechter Bärenterror. Bettelnde Bären fielen in die Städte ein und streunten über die Müllhalden. Sie kippten Mülltonnen um, fielen über Passanten her. Schlussendlich bleibt nichts anderes übrig, als sie abzuschießen. So ist das mit dem Humanismus. So hat es uns John Beech, ein Bärenspezialist aus Idaho, erzählt, der zum Erfahrungsaustausch bei uns weilte."

Die Jagdsaison für Braunbären, eines der größten Wildtiere, dauert vom 20. August bis zum 30. November und vom 25. April bis zum 25. Mai.

In der Regel werden Gruppen von zwei bis vier Jägern zusammengestellt. Der Transport ins Jagdrevier und die Spurensuche erfolgt mit Schneekettenfahrzeugen. Auch auf Skiern kann man sich fortbewegen. Die Jägerlager, in der Regel Zeltlager, können sowohl in Küstennähe wie auch in den Bergtälern liegen. Die Jäger verlassen das Lager am frühen Morgen und kommen nach dem Mittagessen zurück. Es wird in der Regel aus einer Entfernung von 100 bis 300 Metern geschossen. Wenn der Schnee an der Westküste Kamtschatkas taut, wird das Lager an der Pazifikküste aufgeschlagen. Dann werden Schlauchboote zur Fortbewegung benutzt.

Die Wahrscheinlichkeit eine große Trophäe zu erbeuten ist im Herbst geringer als im Frühjahr, wenn alles tief verschneit ist. Dann lässt sich auch die Größe des Bären leicht anhand der Fußspuren im Schnee bestimmen. Die

leuchtenden Farben des Herbstes auf Kamtschatka, die Gelegenheit, nebenher auch zu angeln, sättigen allerdings ebenfalls mit starken Eindrücken. Die Herbstsaison kann man in zwei Abschnitte teilen: die Jagd auf den Flüssen (vom 20. August bis 10. September) und die Erntezeit von Zedernnüssen und Vogelbeeren (vom 10. September bis zum 15. Oktober).
Mitte September gehen Bären in der Regel zur Ernährung mit Nüssen und Beeren über, um sich ein Winterpolster anzufressen. Bärenjäger schlagen ihre Lager oft an den Lagern von Anglern auf. Ein Vorteil sind Zedernbäume in der Nähe. Die Jäger verlassen das Lager mit Kettenfahrzeugen oder mit dem Boot, falls ein Fluss in der Nähe ist. Gelangen sie in ihr Jagdrevier, erkunden

*Üblicherweise sind Bären in der Zeit des Fischzuges sehr friedlich*



sie zunächst zu Fuß oder zu Pferd die Gegebenheiten und das Verhalten der Tiere. Abgebrochene Zweige und Bärenpfade sind im Dickicht gut zu sehen. Man muss genau treffen, denn ein angeschossenes Tier im Zwergzederndickicht aufzuspüren, ist selbst für einen Jagdhund kompliziert. Das Dickicht ist beinahe undurchdringlich, und man wundert sich, wie schnell ein verwundetes Tier es überwinden kann. Dickicht erstreckt sich in großen Massiven an den Berghängen, zwischen denen Bäche fließen. In den Bachläufen kommt man gut voran. Wenn das Jagdrevier gut gewählt ist und das Wetter mitspielt, sehen die Jäger bei der Passage von einem Berg zum nächsten am Tag bis zu zehn Bären.
Die Jagdsaison für das Kamtschatka-Dickhornschaf dauert für männliche Tiere vom 1. August bis zum 15. Oktober. Dickhornschafe bewohnen die Bergmassive und manchmal die Felsklippen des östlichen Pazifikufers. Das Jagdrevier liegt 700 bis 1 200 Meter über dem Meer. Die Widder halten sich den Sommer über gern an Berghängen auf, wo Felsen und mit Gras bewachsene

Lichtungen einander abwechseln. Ein Widder wiegt im Sommer bis zu 80 Kilogramm.
Die Jagdsaison für Elche beginnt Anfang Herbst und dauert bis Ende Dezember. Elche verbringen den Winter in den Seitentälern der Kamtschatka. Sie schlafen am Morgen und bis in den frühen Nachmittag an einem ungefährlichen Ort, sie weiden von vier Uhr nachmittags bis zum frühen Morgen. Zur Elchjagd sind Schneestürme gut geeignet, weil die Elche dann die Jäger schlechter hören und man näher an sie herankommt. Der Rumpf eines Elchs kann bis

*Bärinnen mit Jungen sind immer überaus vorsichtig*

zu 2,90 Metern lang werden, seine Schulterhöhe beträgt 1,90 Meter, er wiegt bis zu 400 Kilogramm, sein Geweih ist bis 20 Kilogramm schwer und erreicht stolze 150 Zentimeter Breite.
Ein alter Jäger auf Kamtschatka sagte: „Was den Artenschutz betrifft, hat der Wodka mehr geleistet als alle Tierschutzbehörden zusammen. In Russland nehmen die Jäger meist sehr viel Hochprozentiges mit, und von welcher Jagd kann dann die Rede sein? Einmal hat ein sehr junger Kollege, bevor er nach Petropawlowsk zurückreiste, unter einer Birke eine Flasche Wodka vergraben: ‚Wenn ich nächstes Jahr wiederkomme, habe ich Geburtstag, da graben wir die Flasche aus und feiern!' Als er im Jahr darauf anreiste, fand er unter der Birke nur Glasscherben und Bärenspuren, der Bär hatte, wie sich zeigte, nichts dagegen, einen zu trinken."

# Die Siedlung Esso – die Schweiz Kamtschatkas

**Der Naturpark Bystrinski; die Geschichte der „Beringija"; die Siedlung Esso; das nationale Nomadenlager der Korjaken „Tschau-Tschiw"; Ethnokultureller Komplex „Menedek"; das Dorf Anawgai; Legenden**

Die Siedlung Esso (Esso heißt in der Sprache der Ewenen Lärche) ist das Zentrum des Rayon Bystrinskoje und hat 2 649 Einwohner. Der Ort liegt 520 Kilometer von Petropawlowsk-Kamtschatski entfernt.

Dank ihrer Schönheit, der milden, schneereichen Winter und der warmen Sommer wird die Region auch „Schweiz Kamtschatkas" genannt. Der hiesige Staatliche Naturpark Bystrinski ist Bestandteil des Weltnaturerbes der UNESCO. Eine Kette geheimnisvoller Seen, sanfte Hügel und malerische Bergrücken, erloschene Vulkane und die Nomadenlager der Rentierzüchter ziehen viele Besucher in die Kamtschatka-Schweiz.



Ein Höhepunkt für alle Besucher der Region war immer das berühmte Hundeschlittenrennen „Beringija", das hier seine Wurzeln hat. Es zog stets viele Touristen an. Heute startet das Rennen in Petropawlowsk-Kamtschatski und endet im Dorf Tilitschiki im Rayon Oljotorski. Die Teilnehmer überwinden mit ihren Hundeschlitten in 18 Etappen 1 322 Kilometer.

Das erste Hundeschlittenrennen fand im Januar 1990 statt, die Idee dazu entstand in der Redaktion der Zeitschrift „Sewernyje Prostori" („Nördliche Weite"). „Beringija" ist mehr als nur ein Sportwettkampf. Es ist die Wiedergeburt einer nationalen Tradition. Es ist humanitäre Hilfe und ein Freudenfest für Kinder, denn mit den Hundeschlitten kommen Geschenke. Es ist ein lang erwartetes Fest für die Bewohner der entlegenen Dörfer auf Kamtschatka.

Im Jahr 1991 wurde das „Beringija" bereits in das Guinnessbuch der Rekorde aufgenommen, und zwar für die längste Rennstrecke. Sie betrug damals 1 980 Kilometer. Im Jahr darauf brach die „Beringija" ihren eigenen Rekord, die Strecke war nun sage und schreibe 2 044 Kilometer lang!

Im Jahre 2014 gewann der Hundeschlittenführer Andrej Semaschkin aus Petropawlowsk das Rennen. Seine Frau Anastasija Semaschkina wurde Dritte, sie war die einzige Frau, die nicht unterwegs ausgeschieden war. Silber gewann Valentin Lewkowski aus Ossora.

Die Schlittenhunde des Nordens haben erstaunliche Ausdauer. Sie können mehr als 100 Kilometer am Tag rennen, schwere Lasten transportieren, bei frostigen Temperaturen von minus 50 Grad Celsius schlafen und lange Zeit ohne Nahrung auskommen. Die Hunde gelten als Nachfahren des Arktischen Wolfs, doch sind sie anders als der Wolf sehr gesellig.

Eine aufregende Geschichte ereignete sich 1991. Während des Rennens brach ein fürchterlicher Schneesturm aus, und der Schlitten des Gespannführers

Wladimir Radwilow aus Tschukotka ging verloren. Suchtrupps mit Schneefahrzeugen und Hubschrauber waren die ganze Nacht unterwegs, um ihn und seinen Schlitten zu finden. Vergeblich. Doch am nächsten Morgen tauchte er auf. Seine Hunde hatten ihn in ein Nomadenlager von Rentierzüchtern geführt, wo er das Unwetter abwartete. Obwohl er einen Tag im Rückstand war, konnte der „verloren gegangene" Held nicht nur seine Konkurrenten einholen, sondern schaffte es sogar auf Platz zwei.

Seit 2003 wird dem Sieger auf der Etappe Esso-Tigil ein Sonderpreis verliehen. Der Preis trägt den Namen Wladimir Samarski. Der war ein auf Kamtschatka legendärer Hubschrauberpilot, der mit seinem Einsatz Hunderte Leben gerettet hat. Er half, Taigabrände zu löschen, rettete Schiffbrüchige, brachte Vulkanforscher ins Zentrum von Vulkaneruptionen, und einmal holte er sogar Pferde aus der verschneiten Taiga zurück, die Geologen dort zurücklassen mussten.



Ich kam mit dem Hubschrauber aus Jelisowo nach Esso. Es herrschte dichter Nebel, die Sicht war so schlecht, dass wir in Sichthöhe zur Landstraße flogen. Der Straßenverlauf war die einzige Orientierung für den Mi-8.

Die Piloten erzählten mir, dass die indigenen Völker von Kamtschatka in Gruppen über die gesamte Halbinsel verstreut leben. Die meisten Ewenen leben in den Rayons Bystrinskoje, Penschinskoje und Oljutorskoje. Die Itelmenen konzentrieren sich im Südwesten der Halbinsel im Rayon Tigilskoje, die Aleuten auf der Beringinsel, die Tschuktschen in den Rayons Penschinskoje und Oljutorskoje. Die Korjaken sind die zahlenmäßig stärkste Ethnie auf Kamtschatka, sie leben heute im nördlichen und mittleren Teil der Halbinsel.

Nach Esso gelangt man aus der Hauptstadt auch mit dem Bus. Die Fahrt ist beschaulich und angenehm. Esso wurde am 20. Oktober 1932 in einem malerischen Flusstal an der Mündung des Bergflusses Uksitschan („heißes Wasser") in den Fluss Bystraja gegründet.

Wer das Landschaftspanorama genießen möchte, muss nur auf den nahen Hügel Pionerskaja Sopka (400 Meter) steigen. Von dort hat man einen herrlichen Blick auf die verschneiten Gipfel des Sredinnoje-Bergrückens und auf die von Rentierflechten überzogenen Hänge. In den Flusstälern wachsen endlose Lärchenwälder.

Am Rand der Siedlung, einige Meter vom Ufer der Bystraja entfernt, befinden sich Thermalquellen. Deren Wassertemperatur beträgt 44 Grad Celsius. Unweit davon ragt der erloschene Vulkan Dygeren Olengende empor. Von seinem 1 950 Meter hohen Gipfel eröffnet sich ein atemberaubender Blick über Berge, Wälder, Seen, Flüsse und Bäche.

Rund um Esso sind einige ökologische Wanderpfade angelegt, man kann Exkursionen zu Fuß oder zu Pferd unternehmen, eine Tagestour machen oder sich auf mehrtägige Wanderungen begeben.
Eine Tour führt zu einem Rentierzuchtbetrieb in der Nähe des Berges Alnei, der mit 2 598 Meter Höhe der höchste Punkt des Sredinnoje-Bergrückens ist, eine andere zu den Bergseen. Schlauchbootfahrten durch das Wildwasser der Bystraja, die durch den Sredinnoje-Bergrücken ins Tal hinabströmt, dauern drei bis fünf Tage und sind etwas für Adrenalinsüchtige, denn am Fluss liegen Felsenklippen, steile Überhänge und zwölf Stromschnellen. Einige der Schnel-

*Das Ethnografische Museum in Esso besteht aus mehreren altrussischen Holzgebäuden*

len sind im Frühsommer, wenn der Schnee in den Bergen schmilzt, so gut wie unpassierbar. Für die Organisation einer Schlauchboottour sollten Sie die Hilfe erfahrener Führer in Anspruch nehmen.
Am Fluss liegt ein Wasserkraftwerk, das die Siedlungen Anawgai und Esso mit Strom versorgt. Es ist ein Eingriff in die Natur, aber man hat zumindest Steigstufen für Fische angelegt, so dass die Lachse nicht auf ihrem Laichzug behindert werden.
Das Ethnografische Museum befindet sich in der Nabereschnaja-Straße. Es gilt als eines der schönsten Museen der Region. Es besteht aus mehreren Holzgebäuden, die im Stil der altrussischen Holzschnitzkunst des 17. und 18. Jahrhunderts gestaltet wurden. Dort befindet sich auch das einzige erhalten gebliebene Korjaken-Wohnhaus aus dem 19. Jahrhundert, eine halb in den Boden eingelassene Behausung. Auf dem Museumsgelände befindet sich eine inter-

essante Sammlung geschnitzter Holzskulpturen zu Mythen der indigenen Völker Kamtschatkas. Im Ausstellungsraum sind Erzeugnisse örtlicher Handwerker und Kunsthandwerker erhältlich, die Fell, Knochen, Holz und Glasperlen im traditionellen Stil verarbeiten.

Betrachten Sie die aus Knochen geschnitzte Figur des „Peliken" einmal genauer. Die Gottheit Peliken ist bei den Völkern des Nordens ein Symbol für Reichtum und Erfolg. Die freundlich lächelnde Gottheit stimmt jeden heiter. Laut Überlieferung will Peliken ständig am Bauch gestreichelt werden, und zwar im Uhrzeigersinn, dann wird er noch gutmütiger – und das Haus des Besitzers reicher.

Es gibt eine interessante Legende über Peliken, der einst eine finstere und strenge Gottheit war. In einem Dorf hatte der Knochenschnitzmeister einen Schüler. Das Bildnis Pelikens wurde aus Knochen geschnitzt, und allein dem Meister waren die Schnitzarbeiten vorbehalten. Doch eines Tages widersetze sich der junge Schüler den strengen Anweisungen des Meisters und schnitzte Peliken mit einem fröhlichen Gesicht. Als der Meister das Ergebnis sah, packte er den Schüler und ging mit ihm zum Schamanen. Der beriet sich lange mit den Ahnen und urteilte dann: Der Ungehorsame solle verjagt werden. Doch den fröhlichen Peliken, den der Junge geschnitzt hatte, zu korrigieren, wagte niemand. Im Dorf herrschte Angst, alle erwarteten eine schreckliche Strafe der finsteren Gottheit. Doch bald darauf merkten die Menschen, dass ihnen das Glück hold war. Die Jagd war erfolgreicher, und alle lächelten öfter und freuten sich des Lebens.

Da befahl der Schamane, den Jungen zu suchen. Und als er ins Dorf zurückkam, folgte ihm Peliken tanzend und lächelnd. Die Gottheit sagte dem Schamanen: „Von jetzt an wird euer Leben voller Glück und Heiterkeit sein, und danken dafür müsst ihr dem Jungen, der mir das Lachen geschenkt hat." Und nach diesen Worten verschwand Peliken. Doch die Peliken-Figuren werden seither nur mit lächelndem Gesicht gefertigt.

In der Ortsmitte befindet sich ein großes Schwimmbecken. Das Wasser kommt aus unterirdischen Thermalquellen. Hier kann man ganzjährig baden, und zwar kostenlos. Das heiße Wasser wird übrigens auch zur Wärmeversorgung der Häuser und Gewächshäuser genutzt, deshalb ist es immer warm in Esso, und es gibt keine Versorgungsprobleme mit frischem Gemüse.

Das Bärenmuseum „Toptygin und Toptyschka" befindet sich in den Räumen der Bezirksbibliothek und ist das einzige den Braunbären gewidmete Museum auf Kamtschatka. Hier sieht man das Modell einer Bärenhöhle, Bilder und einzigartige Bärenfotos. Auch ein Foto vom Bären Bruno ist dabei, der in Oberbayern im Jahre 2006 erschossen wurde.

Etwa zwei Kilometer von Esso entfernt befindet sich das nationale Nomadenlager der Korjaken „Tschau-Tschiw". Es lohnt sich, das Lager am ersten Sonntag im März zu besuchen, denn dann wird der „Tag des Rentierzüchters" gefeiert. Falls Sie an einem der zahlreichen fröhlichen Feste der indigenen Völker auf Kamtschatka teilnehmen wollen, zum Beispiel am Herbstfest der Itelmenen „Alchalalai" oder am „Fest des ersten Fischs" der Kamtschadalen oder am besagten „Tag des Rentierzüchters" in Esso, so prüfen Sie zuvor unbedingt den Ort und das Datum. Mir passierte es einmal, dass ich mich auf die Reise machte und erst bei meiner Ankunft erfuhr, dass das Fest bereits zwei Jahre zuvor an einen anderen Ort und in einen anderen Monat verlegt worden war.

Doch jetzt ein wenig Geschichte. Noch vor Eintreffen der ersten russischen Siedler lebten zahlreiche indigene Völker in der Region. Ihre Nachfahren stellen heute 6,9 Prozent der ständigen Bewohner Kamtschatkas. Am zahlreichsten sind die Korjaken vertreten. Sie teilen sich in die sesshaften Nymylanen und die nomadisierenden Tschawtschuwenen. Ehe die russischen Siedler kamen, jagten die Korjaken keine Pelztiere. Auf die Jagd und in den Kampf gingen sie mit Pfeil und Bogen, Speeren und Steinschleudern. Die nomadisierenden Tschawtschuwenen aßen das Fleisch der Rentiere, nutzten das Fell für Kleidung, die Knochen verarbeiteten sie zu Werkzeugen und Alltagsgegenständen, und das Rentierfett diente als Lichtquelle.



In den letzten 200 Jahren hat sich viel verändert. Heute schreiben die jungen Korjaken ihre SMS genau so flink wie junge Menschen überall auf der Welt. Und doch gibt es einiges, was sich bis in unsere Zeit erhalten hat: die Rentierzucht, die Speisen, die Traditionen, der Schamanismus, der Glaube an magische Eigenschaften von Gegenständen, an Geister, die Liebe zu den alten Gesängen, die so geheimnisvoll sind und genau zu den sanften Hängen der Umgebung passen, zu den Vulkanen, Wasserfällen, Wäldern und der Tundra.

Das wichtigste Herbstfest der nomadisierenden Korjaken ist das Fest „Kojanajtatyk" („Die Rentiere werden an einen anderen Weideplatz getrieben"). Es wird nach der Rückkehr der Herden von den Sommerweiden gefeiert. Nach der Wintersonnenwende feiern die Rentierzüchter das Fest „Rückkehr der Sonne". An diesem Tag wetteifern sie in Wettrennen mit Rentiergespannen, im Ringen, im Stocklauf. Sie werfen Fangschlingen auf bewegte Ziele und klettern vereiste Baumstämme hinauf.

Die Tschuktschen glauben, dass ihr Jagderfolg von mystischen Wesen bestimmt wird, denen auch heute noch Opfer dargebracht werden. In jeder Jaranga, das ist die traditionelle Behausung, werden rituelle Figuren und Gegenstände aufbewahrt. Alle Feiertage werden von Tieropfern begleitet.

Die Ewenen ähneln in ihrer Kultur und Herkunft den Ewenken. Ihre Vorfahren siedelten sich mit kleinen Rentierherden auf Kamtschatka an und lebten von der Rentierzucht. Die an der Küste lebenden Ewenen gingen außerdem

dem Fischfang nach und jagten Meeressäugetiere. Ihre Speisen bereicherten sie mit Beeren und Kräutern. Sie sammelten Krähenbeeren, Rauschbeeren,

Moltebeeren, Heckenkirschen, Preiselbeeren, Nüsse, Rinde, Zweige und Nadeln der Zwergzedern. Die Rinde von Faulbeerbäumen und Erlen nutzten sie als Gerb- und Farbstoffe. Die Pflanzen sind ein wichtiger Bestandteil der Ernährung, sie geben dem Rentierfleisch, das überwiegend gegessen wird, Würze und Abwechslung. Doch gibt es auch Hauptgerichte aus Beeren und Nüssen, dann werden sie gekocht oder gebacken und mit Käse gegessen. Fischsalat mit Beeren ist heute noch eines der beliebtesten und weit verbreiteten

Gerichte aller Völker Kamtschatkas. Diesem sättigenden Gericht werden heilende und verjüngende Wirkungen zugeschrieben. Die Korjaken und Tschuktschen bereiten den Fischsalat mit Krähenbeeren zu und nennen ihn „Kylykil", bei den Itelmenen heißt er „Silk-Sil". Die Russen und Aleuten nennen den Salat „Tolkuscha".

*Heute sind 6,9 Prozent der ständigen Bewohner Kamtschatkas Angehörige der indigenen Völker*



Zubereitet wird der Salat aus frisch gefangenem Lachs. Dieser wird gekocht und entgrätet. Man nimmt Krähenbeeren, Rauschebeeren oder Preiselbeeren, je nach Jahreszeit. Die Beeren müssen reif sein. Sie werden zu einem Mus zerstampft. Der Salat aus zerkleinertem Fisch und zerstoßenen Beeren wird mit geschmolzenem Seehundfett gewürzt. Wer diesen Geschmack nicht kennt,

wird das jedoch kaum herausschmecken. Manchmal werden auch Lilienzwiebeln und Zedernnüsse in den Salat gegeben. Statt Fisch wird manchmal Rentierfleisch für den Salat verwendet.

Wegen des wechselhaften Wetters und der geografischen Lage waren die Korjaken, Itelmenen, Tschuktschen, Ewenen und Aleuten gezwungen, ihre eigenen Methoden der Nahrungszubereitung zu entwickeln Und vieles hat sich bis heute bewahrt. Fisch zum Beispiel wurde in speziellen Gruben fermentiert, etwa so, wie die Isländer mit Haifischfleisch verfahren, um ihr traditionelles Gericht „Hákarl" (fermentiertes Fleisch des Grönlandhais) zuzubereiten.

Die Ewenen züchteten eine besondere Rentierart zum Reiten. Das Lamut-Rentier zeichnet sich durch großen Wuchs, Kraft und Ausdauer aus. Beim Aufsitzen stützt sich der Reiter auf einen Stock, der für Männer und Frauen unterschiedlich geformt ist, er heißt Nimkami für Männer und Tijun für Frauen. Mit diesem Stock wird das Rentier während des Ritts auch gelenkt.



Wer mehr über die Kultur der Ewenen erfahren will, fährt von Esso aus 25 Kilometer weiter in das Dorf Anawgai („Anawgai" ist Ewenisch und wird mit „Harz der Lärche" übersetzt). Dort leben 630 Menschen, mehrheitlich Ewenen. Im Sommer organisieren die Dorfbewohner das ewenische Neujahrsfest, das rund um die Sommersonnenwende gefeiert wird und sich über mehrere Tage zieht. Jeder, der gerade zu Besuch ist, kann mitfeiern.

Als ich einmal auf einem solchen Neujahrsfest weilte, wurde mir klar: Der Mensch, selbst der ungebundenste und freieste, ist geprägt von Traditionen. Wir feiern Neujahr im Winter, die indigenen Völker auf Kamtschatka feiern es hingegen, wenn die Sonne am höchsten steht. Es ist eine Rückbesinnung auf die Wurzeln des Menschen und nicht im geringsten exotisch. Neujahrsfreuden bedeuten hier in Anawgai nicht kulinarische Genüsse im Kreis der Familie, sondern das seltene und berührende Gefühl einer feierlichen Verbundenheit aller mit allen und allem, mit der Natur und dem ganzen Universum.

Zwei Kilometer von Anawgai entfernt befindet sich ein Denkmal für die jahrhundertealte Kultur der Korjaken und Ewenen, das ist der Ethnokulturelle Komplex „Menedek" („Nomadenlager").

Dieses Nomadenlager zieht sich am Ufer eines Bergflusses entlang und besteht eigentlich aus drei Lagern: einem ewenischen, einem korjakischen und einem für Kinder. Auf dem Gelände verstreut finden sich ewenische und korjakische Behausungen – Jurten und Jarangas – Schuppen für die Aufbewahrung von Kleidern und Hausrat. Sakrale Holzfiguren bewachen die Wege und bewahren den heiligen Herd vor bösen Geistern. Während der Führung erfahren wir viel über die Feste, die Bräuche und das Alltagsleben der Korjaken

und Ewenen auf Kamtschatka. Wer mag, kann bei nationalen Sportarten mitmachen. Es sind mit dem Alltagsleben verbundene Sportarten wie Seilschlinge werfen, über Rentierschlitten und auf Bärenfelle springen, Tau ziehen. Dann probieren Sie die nationalen Speisen der Ewenen und Korjaken, sitzen in einer Jurte am Feuer und lassen sich vom Auftritt der ewenischen Volkstanzgruppe „Nurgenek" oder der Kindertanzgruppe „Orjankan" begeistern.
Interessant ist, dass die meisten Märchen der Ewenen, ihre Sprichwörter und Rätsel in Anawgai aufgezeichnet wurden. Darunter auch das Märchen „Die knarrende Alte".

*Die Korjaken sind unter den indigenen Völkern am zahlreichsten vertreten*



Es geschah vor langer Zeit. Die ältesten Alten haben diese Geschichte von ihren Großvätern gehört und denen wiederum haben es ihre Großväter erzählt, als sie kleine Kinder waren. In einem kleinen Nomadenlager lebten ein Alter und seine Alte. Sie lebten ärmlich. Sie hatten zwei Töchter, Laga und Dyju. Es waren gute Mädchen. Aber wie soll man leben ohne Männer im Haus? Die Schwestern mussten selbst in die Taiga gehen, Tiere jagen und in den Flüssen Fische fangen. Die Alten starben, die Schwestern blieben allein zurück. Auch wenn es schwer war, sie verloren ihren Mut nicht. Laga war eine sehr gute Jägerin geworden, Dyju, führte das Haus.
Einmal an einem Wintermorgen brach Laga zur Jagd auf. Dyju blieb allein in der Hütte zurück. Sie saß auf der Holzpritsche und schnitt einen Ärmel zu, sang dabei. Plötzlich hörte sie Schritte hinter der Tür und ein Geräusch, als würde etwas knarren. Knarr knarr, knarr knarr. Das Mädchen öffnete die Tür,

und da stand eine seltsame Alte. Der Kopf sah aus wie ein Kessel, die Nase wie ein Vogelschnabel, die Finger wie Krallen, die Beine wie Stöcke, dürr war sie, und wenn sie sich drehte, knarrte sie wie ein alter Baum. Die Alte schaute das Mädchen an und fragte: „Bist du allein zu Hause, Töchterchen? Ich bin müde, lass mich ein wenig ausruhen." Dyju ließ die Alte herein, und die setzte sich auf die Strohmatte, fragte das Mädchen aus. Dann sagte sie: „Was für schönes Haar du hast, Töchterchen, lass dich kämmen und dir einen Zopf flechten." Doch kaum hatte die Alte den Zopf geflochten, stach sie das Mädchen mit einer Nadel, und dem Mädchen fielen die Augen zu. Die Alte schnitt Dyjus Zopf ab und ging fort in die Taiga.

Am Abend kehrte die ältere Schwester zurück. Sie wunderte sich, dass die Schwester ihr nicht zur Begrüßung entgegenkam, kein Rauch aufstieg und im Schnee fremde Spuren zu sehen waren. Was war nur los? Laga öffnete die Tür und sah die Schwester auf der Pritsche liegen. Und die Schwester antwortete nicht auf ihre Fragen. Dann sah Laga, dass Dyjus Zopf abgeschnitten war, und dass Dyju vielleicht schlief, vielleicht aber auch tot war. Da weinte Laga lange. Dann beschloss sie: Ich suche denjenigen, der meiner Schwester das angetan hat.



Laga folgte den Spuren in der Taiga. Sie ging lange. Endlich kam sie an eine windschiefe Hütte, klopfte an die Tür und bat um ein Nachtlager. Ein blasses Mädchen trat heraus und sagte: „An diesem Ort kann man nicht übernachten. Hier lebt eine böse Frau, die die Menschen hasst. Um ihr eigenes Leben zu verlängern, schneidet sie Mädchen die Zöpfe ab. Geh weg, so lange die Alte nicht zurück ist, sie tötet dich." „Ich habe keine Angst", sagte Laga. „Jetzt weiß ich, an wem ich die Schwester rächen muss. Wie soll ich es machen?" „Ich habe von der Alten gehört, dass sie eine schöne Schatulle mit Hornschnitzerei besitzt", sagte das Mädchen. „In dieser Schatulle bewahrt sie ihre Boshaftigkeit auf. Wenn man die Schatulle zerstört und zu Pulver zermahlt, kann die Alte nichts Böses mehr anrichten. Die Schatulle trägt die Alte immer bei sich, und wenn sie schläft, legt sie sie unter das Kopfkissen."

Da lief Laga in die Taiga, grub unter dem Schnee ein Schlafkraut aus. Das Mädchen verbarg das Schlafkraut unter den weichen Fellen auf der Pritsche.

Als die böse Alte die Tür öffnete, fragte sie: „Riecht es hier nach einem fremden Geist?" „Nein", antwortet das Mädchen, „es ist der Zopf, den du mitgebracht hast." „Ein guter Zopf.", sagte die Alte, „Jetzt werde ich lange leben, das Mädchen aber wird sterben. Wenn sie aufwachen soll, muss man ihr den Zopf an den Kopf legen. Aber sie hat niemanden, der für sie eintritt, nur ihre Schwester."

Die Alte legte sich auf die Pritsche und schlief sofort ein. Die Mädchen zogen die Schatulle unter ihrem Kopf hervor, holten Zuber und Stößel, gingen ein Stück von der Hütte weg. Lange zerstießen sie die Schatulle der Alten. Sie schafften es nicht, alles zu Pulver zu zerstoßen. Dann verstreuten sie das Pulver und die Splitter in alle Richtungen. Der Wind trug sie davon. Die größeren Splitter verwandelten sich in Bremsen, die kleineren in Mücken und Schnaken, die Menschen und Tiere quälen.
Die Alten sagen: Um alles Böse zu vernichten, ist viel Arbeit und Geduld nötig.
Die Mädchen nahmen den Zopf und kehrten zur Hütte der Schwestern zurück, legten den Zopf an Dyjus Kopf, und sie erwachte sofort. Nun lebten sie zu dritt. Und sie lebten gut.

*Ein Höhepunkt für alle Besucher der Region ist das berühmte Hundeschlittenrennen „Beringija", das in Esso seine Wurzeln hat. Heute startet das Rennen in Petropawlowsk-Kamtschatski, die Teilnehmer überwinden in 18 Etappen 1 322 Kilometer*



In der Folklore der Korjaken und Itelmenen gibt es das Motiv des Raben Kutcha Kujikinnjaku, der die Züge eines Weltenschöpfers und eines mythischen Zauberers trägt. Sein heroisches Bild wird manchmal vom Bild eines fröhlichen Schelms überlagert. In ihrer Glaubenswelt bezeichnen sich die indigenen Völker als Kinder des Raben Kutcha.
Nicht einmal die schneebedeckten Berggipfel der feuerspeienden Vulkanen erinnern sich an die Zeit, als der Urvater der Welt Kamtschatka erschaffen hat. Als er über das Wasser flog, befahl Kutcha seinem Sohn, Erde zu werden. Und Kutcha durchquerte die Erde auf Skiern. Wo er entlang kam, bildeten sich

Täler und Schluchten, und an den Rändern wuchsen hohe Berge. Damit nicht alles auf der von ihm geborenen Erde einfror, hauchte Kutcha den hohen Bergen seinen heißen Atem ein. Und dann ersann er ein Licht von unglaublicher Schönheit, das Nordlicht, und er schmückte die Tundra mit roten Moosbeeren und blauen Rauschebeeren. In jedes Tal legte der Rabengott einen Fluss, und in die Flüsse setzte er Fische. Auch Menschen erschuf Kutcha, damit sie in Eintracht mit der Natur lebten. Sie jagten und fischten nur so viel, wie sie zum Leben benötigten. Kutcha lehrte den Menschen Handwerke und gab ihnen einen fröhliches Gemüt, damit sie ohne Kummer und Traurigkeit lebten. Und als er davon überzeugt war, dass das Volk auf der Erde leben konnte, hüllte sich der große Rabe in einen geheimnisvollen Nebel und flog davon, an die Ufer des Polarmeeres. Nur selten zeigt sich ein großer Rabe Kreise ziehend am Himmel über Kamtschatka. Vielleicht ist es Kutcha selbst.



In Europa sind Raben nicht besonders beliebt. Viele halten sie für Unglücksboten. Ganz anders ist das auf Kamtschatka, wo der Rabe als bester Freund des Menschen und als Gottheit gilt. Der Rabe wird im Hohen Norden von allen geliebt. Und sein Verhalten ist völlig anders als das der Raben in Deutschland. Er lebt ohne Scheu in der Nähe des Menschen, gilt als lebensfroh und dynamisch. Der Rabe versteht, wenn jemand zur Jagd aufbricht und begleitet den Jäger. Die alten Itelmenen behaupten, der Rabe weist den Jäger auf die Beute – Rentier oder Elch – hin. Ich habe das nicht geglaubt, doch unlängst las ich, dass im Hohen Norden Jäger und Vögel tatsächlich eine symbiotische Beziehung eingehen. Der Rabe erspäht die Beute und fliegt zum Jäger zurück, um ihm die Richtung zu zeigen.

Im März beginnen die Raben im Norden mit ihren berühmten Hochzeitswerben. Sie fliegen mit Gekrächze hintereinander her, gleiten im Slalom zwischen den Bäumen hindurch, führen akrobatische Kunststücke in der Luft auf. All das bedeutet, dass das Leben im Norden wieder erwacht und der Frühling naht. Der Rabe ist der erste, der ihn mit seinem Gekrächze ankündigt.

Eine eigene Erfahrung mit Raben möchte ich beisteuern: Große Raben, deren Flügelspannweite bis zu einem Meter erreicht, kamen nach dem Mittagessen zu unserem Lagerfeuer geflogen. Am Feuer lag noch ein Laib Weißbrot und eine Dose süße Kondensmilch. Das sollte unser Nachtisch sein. Einer der Vögel schnappte den Brotlaib und flog davon. Ein anderer näherte sich der Konservendose und hackte mit dem Schnabel darauf ein, dann packte er sie und trug sie davon. Ja, er trug unsere süße Kondensmilch, unseren Drei-Liter-Vorrat davon! Anschließend schleppten wir alle Lebensmittel in die Zelte.

# Die Kamtschatka hinab

**Die Siedlung Milkowo; Museen; Rafting auf den Flüssen; Vulkane; die Siedlung Kosyrewsk; die Siedlung Kljutschi; die Festung Nischekamtschatski Ostrog; die Siedlung Ust-Kamtschatsk**

Der längste Fluss Kamtschatkas trägt den Namen Kamtschatka. Er ist 758 Kilometer lang und der einzige schiffbare Fluss der Halbinsel. Im Altertum hieß er Ujkoal, „Großer Fluss". Er beginnt mit dem Zusammenfluss der beiden Flüsse Osjornaja Kamtschatka und Prawaja Kamtschatka, die im Sredinnoje-Bergrücken entspringen. Im Gebiet der Ganal-Tundra vereinigen sie sich. Die Kamtschatka mäandert zunächst nach Norden, wendet sich bei der Siedlung Kljutschi scharf nach Osten, bis sie bei Ust-Kamtschatsk in der Kamtschatka-Bucht in den Pazifik mündet.

*Der längste Fluss Kamtschatkas ist die Kamtschatka*

Die erste größere Siedlung an der Kamtschatka ist Milkowo mit 8 453 Einwohnern. Hierher reiste ich aus Petropawlowsk-Kamtschatski mit dem Bus. Es sind 309 Kilometer. Ich wollte mir das Festungsmuseum anschauen. Der Ort wird in den alten Sagen der Itelmenen erwähnt, wurde er doch auf einem ihrer uralten Lagerplätze erbaut. Wir wissen wenig von den damaligen historischen Ereignissen, es heißt jedoch, die Itelmenen hätten sich heftig gegen die russischen Kosakenverbände gewehrt.

Alte Itelmenen erzählen folgende Geschichte: Ein Kosakentrupp ritt durch das Gebiet und stieß auf ein schönes Mädchen, das an einen Baum gebunden war. Die Kosaken hielten an und saßen ab, um der Schönheit zu Hilfe eilen. Da brachen Itelmenen aus dem Gebüsch hervor und töteten den ganzen Trupp. Das Itelmenenmädchen, das als Lockvogel benutzt wurde, hieß Iul. Diesen Kampf gewannen die Itelmenen, doch unterlagen sie schlussendlich. 1697 wurde hier die erste Kosakensiedlung namens Werchnekamtschatski Ostrog gegründet. Ostrog ist eine aus Holz gebaute Festung. Das Freilichtmuseum „Ostroschnaja stena" erinnert daran, es ist eine rekonstruierte Festung aus dem 17. Jahrhundert, daneben steht eine Jaranga der Itelmenen. An der Stelle, an der sich einst das Itelmenenlager befand, liegt heute ein Datschenvorort. Die Siedlung Milkowo selbst ist davon 15 Kilometer entfernt.



An der Kreuzung der Partisanskaja- und Nabereschnaja-Straße befindet sich ein Museumspark, in dem sakrale Figuren des Gottes Chantai ausgestellt sind, ein Wesen, halb Mensch, halb Fisch. Die Itelmenen stellten ihr Idol stets mit dem Gesicht dem Fluss zugewandt auf. Bis heute wird ihm beim „Fest für den ersten Fisch" gedankt, denn dieser konnte mit seiner Hilfe gefangen werden. Im Buchladen kann man Legenden der Itelmenen und die Romane von Georgi Porotow, ein zeitgenössischer Schriftsteller aus Milkowo, „Kamtschadalen" und „Am Rande der Rus" erwerben. An seinem Haus ist eine Gedenktafel angebracht.

Ich wohnte in einem Hotel am Leninplatz. Doch empfahl man mir, zum Mittagessen in das Café „Tajoschnoje" in der Kirowstraße zu gehen. Dort machen alle Fernfahrer, die durch Milkowo kommen, Halt. Die Lkw Fahrer kennen sich aus und wissen, wo man gut essen kann. Unbedingt sollte man sich ein Plätzchen für den Nachtisch lassen, der im Café „U Fontana" serviert wird: „Milkowskije Sliwki", das beste Sahneeis auf Kamtschatka!

Vor 20 Jahren kostete ich in einem Eiscafé in der Tornabuoni-Straße in Florenz eine Kugel Tomateneis. Dann probierte ich nach und nach alle 92 Eissorten in diesem Café. Es war fantastisch! Meine Freundin, eine große Verehrerin der Molekularküche, lobte ausdrücklich das „Heringseis". Ehrlich gesagt, wäre es mir nie in den Sinn gekommen, Eis mit Heringsgeschmack zu probieren. Aber keine Chance! Die Eissorten in Florenz liebte ich, weil sie alle Gaben der Natur enthalten, Beeren, Früchte, Gemüse. Und der Hering ist eine Gabe des Meeres. Um auf Kamtschatka zurückzukommen, das Sahneeis von Milkowo war unvergleichlich! Nicht einen Deut schlechter, als das Eis in Florenz!

Nach dem Besuch im Café „U Fontana" kann man bis zum Abendessen über den Markt schlendern. Überhaupt zieht es mich überall zuerst auf den Markt, weil man so viel erfahren kann: Was die Menschen essen, wie sie sich kleiden, worüber sie sprechen. Oder man schaut am Hockey-Platz vorbei und sieht einem Spiel zu. Dann sollte man unbedingt die Laso-Straße 37/1 aufsuchen. Hier befindet sich das Privatmuseum der Familie Sepko. Sie können sicher sein, man wird sich über Ihren Besuch freuen, und wenn Sie sich zuvor telefonisch anmelden, (Tel.: 4153-322684), dann ist dies ganz ausgezeichnet. In diesem Familienmuseum sind mehr als 100 Exponate zu bestaunen, die Zeugnis über

*Das Freilichtmuseum „Ostroschnaja stena" („Alte Festung") in Milkowo ist eine rekonstruierte Festung aus dem 17. Jahrhundert*

die indigenen Völker im Tal der Kamtschatka ablegen sowie vom Alltag der Völkerschaften und den Tieren, die im Tal heimisch sind, berichten.

Zu Abend speist man schick und gar nicht teuer im Café des Hotels „Wostok", wo leichte und schmackhafte Fischgerichte serviert werden.

Die Hauptattraktion in Milkowo ist das Kamtschatka-Museum in der Nabereschnaja-Straße. Hier lernen Sie alles über die Natur der Halbinsel kennen, machen sich mit der Besiedelung Kamtschatkas durch russische Siedler im 17. und 18. Jahrhundert und der Kultur der Itelmenen vertraut. Im Museumsladen kann man itelmenisches Kunsthandwerk erwerben: Schnitzereien aus Holz und Knochen, Bilder und Souvenirs. Auf meinem Schreibtisch zu Hause steht ein aus Holz gearbeiteter Rabe Kuchta.

In der Kooperatiwnaja-Straße gibt es ein originelles Kindermuseum. Dort sind alle Wissensgebiete auf kindgerechte Art dargestellt. In der Naturabteilung

bemerkte ich eine Besonderheit: Im Juli ist es im Gebiet Dolinowka bei Milkowo im Durchschnitt 16 Grad Celsius warm, während es in Milkowo selbst

kühler ist. Warum? Niemand konnte es mir erklären. Im Winter liegt die Durchschnittstemperatur bei minus 22 Grad Celsius.
Der Rayon Milkowo liegt in der Mitte der Halbinsel und erstreckt sich vom Oberlauf der Kamtschatka bis zur Mündung des Flusses Kosyrewka. Wegen der hohen Luftfeuchtigkeit wächst das Gras hier enorm hoch, ein erwachsener Mensch kann sich darin verstecken. Es ist mühsam, sich durch das hohe Gras fortzubewegen. Zwar gibt es Wildpfade, doch seien Sie vorsichtig, sie werden oft von Bären benutzt.

Die Kamtschatka ist fischreich. Sechs wertvolle Lachsarten kommen zum Laichen hierher. Wissen Sie, warum die Lachse ausgerechnet hier, in den Süßwasserflüssen Kamtschatkas zur Welt kommen, dann in den Ozean hinausschwimmen und nach genau drei Jahren wieder zum Laichen zurückkehren? Die Itelmenen erzählen darüber ein Märchen.

*Die Kamtschatka ist 758 Kilometer lang und der einzige schiffbare Fluss der Halbinsel. Bei Ust-Kamtschatsk in der Kamtschatka-Bucht mündet sie in den Pazifik*



Es geschah vor langer Zeit. In einem Flüsschen auf Kamtschatka kamen viele Fische zur Welt. Sie wuchsen heran, spielten und sprangen im Wasser hin und her. Ein Fischjunges war besonders wild und abenteuerlustig. Es versammelte alle Jungfische um sich und schlug vor, in ferne Meere und Ozeane zu schwimmen, drei Jahre später zurückzukehren und von der Reise zu erzählen. Gesagt, getan. Die Fischbrut aus anderen Flüssen und Bächen erfuhr von die-

sem grandiosen Plan und machte sich ebenfalls auf den Weg. Genau nach drei Jahren sammelten sich die Lachse an der Mündung der Flüsse, die in den Pazifik fließen, um an ihre Heimatorte zurückzukehren. Es waren keine ausgelassenen Jungfische mehr, sondern ausgewachsene große und schöne Lachse. Sie suchten sich vor der Rückkehr Partnerinnen und feierten große Hochzeiten. Doch gelang es nicht allen Fischen, in ihren Fluss zurückzukehren. Die einen wurden von Fischern gefangen, andere von Seelöwen gefressen, wieder andere zermalmten die Krabben mit ihren Scheren. Die Fischmamas, die ihren Heimatfluss erreicht hatten, laichten. Aus jedem Laichkörnchen entstand ein neuer Fisch. Als die Jungfische von den Abenteuern hörten, wollten auch sie auf Reisen gehen. Seitdem gibt es den Laichzug der Lachse.



Einmal luden mich meine Freunde zum Fischfang ein. Von Milkowo aus fuhren wir etwa zehn Kilometer zu einem Bach, wo man Buckellachse mit bloßen Händen fangen konnte. Das war ein Schauspiel! Der Bach war etwa 30 Zentimeter tief, und es wimmelte darin so von Fischen, dass man Mitleid bekam. Die Fische hatten es mit dem Laichen eilig, denn viele hatten sich an den scharfen Steinkanten im Bach verletzt.

Meine Freunde zeigten mir, wie man in fünf Minuten Kaviar zubereitet. Nicht viel, nur für ein Butterbrot, schließlich sind wir keine Wilderer. Aber frischer Kaviar ist ausgesprochen schmackhaft und passt besonders zu jungen gekochten Kartoffeln.

Raftingliebhaber schätzen die Tour auf der Kamtschatka von Milkowo nach Ust-Kamtschatsk. Man benötigt mit dem Schlauchboot sieben bis 12 Tage. Der Fluss friert im November zu, Ende April/Anfang Mai ist das Eis geschmolzen, und der Fluss ist frei für herrliche Touren.

Ich selbst habe die Kamtschatka nie mit einem Schlauchboot befahren, wohl aber die Awatscha. Das war ein Erlebnis! In Petropawlowsk-Kamtschatski buchte ich die Raftingtour. Es war übrigens meine erste derartige Erfahrung auf den Flüssen Kamtschatkas. Aus Petropawlowsk fuhren wir drei Stunden bis zur Rafting-Station, dort tranken wir Tee und vesperten, dann wurden wir eingewiesen. Dabei hörten wir von solch schrecklichen Gefahren, dass wir hinterher alle ziemlich kleinlaut waren; ich dachte sogar, ob ich auf dieses riskante Unternehmen nicht lieber ganz verzichten sollte.

Der Instrukteur verteilte Gummistiefel, Rettungswesten und wasserdichte Kleidung. Wir waren fünf Männer, drei Frauen und ein Kind, ein 12-jähriger Junge. Die Männer ruderten, die Frauen bewunderten die Natur. Sehr schön war es, und wenn es die Stromschnellen hinabging, war es einfach atemberaubend. Der Junge fotografierte die ganze Zeit, Wellen hin, Schaukelei her. Die

Fahrt ging viel zu schnell vorbei. Bald darauf saßen wir am Ufer und kochten Fischsuppe, deckten den Tisch und genossen den Nachklang. Wir stießen mit Wodka an, ein Sankt-Petersburger, eine Moskauerin, eine ukrainische Familie und ich. Dann hatten wir noch ein Paar aus Prag, und so hatten wir im Herzen von Kamtschatka das Gefühl einer gesamteuropäischen Begegnung.
Auf Kamtschatka gibt es 105 Flüsse, die länger als 100 Kilometer sind. Die Zahl der Flüsse mit weniger als zehn Kilometern Länge beträgt 14 100. Das muss man sich einmal vorstellen. Vierzehntausendeinhundert!

*Typisches Holzhaus in der Siedlung Kosyrewsk*



Die größten Flüsse sind neben der Kamtschatka die Awatscha, die Paratunka, die Schupanowa und die Bolschaja Chapitza. Die größten Flüsse im westlichen Teil der Halbinsel sind Tigil, Bolschaja, Itscha, Sopotschnaja, Palana, Moroschetschnaja und Lesnaja.
Auf historischen Karten ist zu sehen, dass die Flusstäler seit dem Altertum dicht besiedelt waren. Nach Berichten der Kosaken lagen allein am Fluss Jelowka auf einer Länge von 150 Kilometern bis zur Mündung ins Meer 16 Kosakenfestungen. In jeder lebten etwa 150 bis 200 Menschen. Sie wurden zu Siedlungen – Kljutschi, Kosyrewsk und Ust-Kamtschatsk – und Dörfern – Milkowo, Dolinowka, Schtschapino.
Unterhalb des Dorfes Puschtschino wird die Strömung allmählich ruhiger. Die Kamtschatka ist bei Milkowo 100 bis 150 Meter breit, je weiter es abwärts geht, desto wasserreicher wird der Fluss. Die weite Flussaue, durch die sich die Kamtschatka mit ihren Flussarmen und Altwasserseen schlängelt, ist von ei-

nem Teppich aus Gras bedeckt, dazwischen Wälder und Lichtungen. An vielen Stellen reicht der Wald bis ans Ufer und erscheint wie eine grüne Wand. Am Unterlauf verbreitert sich die Kamtschatka auf bis zu 600 Meter, die Tiefe schwankt zwischen einem und sechs Metern. Nach großen Hochwassern ändert sich die Fahrrinne, was die Schifffahrt erschwert.
Etwas südlich vom Vulkan Schiwelutsch liegen am linken Flussufer unweit von Kljutschi zwei erloschene Vulkane: Chartschinski (1 400 Meter) und Saretsch-

*Der 3 283 Meter hohe Schichtvulkan Schiwelutsch*

ni (754 Meter). Die Krater und Kraterränder sind mit üppiger Waldvegetation zugewachsen.
Die nächste große Siedlung am Fluss ist Kosyrewsk, die 1 640 Einwohner zählt. Die Siedlung wurde am 21. Februar 1958 am rechten Flussufer gegründet, unmittelbar am Fuß der Kljutschewski-Vulkangruppe. Ihren Namen bekam sie zu Ehren des Kosaken Kosyrewski, der 1711 die Kurileninseln entdeckte und 1726 die erste Karte von Kamtschatka zeichnete.
Man kann im Gästehaus Schewtschenko in der Sowjetskaja-Straße 65 übernachten. Hier stehen den Besuchern fünf Zweibetthütten und ein großes Haus mit Banja (Sauna) zur Verfügung. Sie können Vollpension buchen.
Für Russen ist der Banja-Besuch ein wichtiges Ritual. Auch auf Kamtschatka sind die Datschen auf dem Land mit einem Saunahäuschen ausgestattet, im

Blockhausstil und mit eigens getrockneten Birkenzweigen zum Abschlagen des ganzen Körpers, um die Blutzirkulation anzuregen. Man lädt Gäste ein, um gemeinsam den Dampf und die Hitze zu genießen.
Die Sauna erfreut sich auf Kamtschatka einer nie zuvor gesehenen Popularität. Es gibt Dutzende neue Saunarituale. Gemeinsam ist allen eines: Der Körper wird stark erhitzt, dann schockartig abgekühlt, es ist eine Tiefenreinigung des Körpers mit dem Ziel, sich abzuhärten, jung und gesund zu bleiben.
Die einen benutzen eine spezielle Heumatratze in der Banja. Andere reiben sich mit Birkenblättern, sibirischem Honig und Kräutern ein. Als Essenzen für den Aufguss werden Kräuter oder Auszüge aus dem Horn der Marale verwendet. Wieder andere schwören auf warme Kräuterbäder oder eiskalte Schneebäder zur Verstärkung des anregenden Effekts nach dem Schwitzen. Viele bevorzugen nach wie vor das traditionelle Traktieren des Körpers mit kleinen Birken-, Fichten- oder Eichenzweigbündeln, warme Kräuter- und kalte Beerentauchbäder. Eine Massage mit Zedernbutter und Tee mit Honig schließen das Ritual ab.



Nach dem Banja-Besuch sollte man ein wenig ruhen. In der zweiten Tageshälfte kann man die Seismologische Station besuchen. Hier lässt man sich, unterlegt von Filmsequenzen, das Phänomen des Vulkanismus erklären. Eine Gänsehaut ist garantiert, und zwar mehr als bei Thrillern mit raffiniertesten Spezialeffekten!
Am Tag darauf kann ein Besuch im Kljutschewski-Naturpark auf dem Tagesprogramm stehen. Die Genehmigung erhalten Sie in Kosyrewsk am Karl-Marx-Prospekt 29. Es lohnt sich, den Naturpark zu besuchen.
Die nächste Station am Fluss ist Kljutschi. Die Siedlung hat 6300 Einwohner und liegt am Fuß des Vulkans Kljutschewskaja Sopka. Nah der Siedlung fließt die Kljutschowka. Dieser Fluss ist für seine heißen Quellen bekannt und friert im Winter selbst bei härtestem Frost nicht zu. Kljutschi wurde 1740 von Kosaken aus dem Lena-Gebiet gegründet. Die Siedlung ist einer der Ausgangsorte für Vulkanbesteigungen. Am besten wohnt man im Hotel an der Station des Instituts für Vulkanologie und Seismologie. Sollte dort alles belegt sein, nimmt man ein Zimmer im Hotel „Swetlana" in der Kirowstraße 135. Dort ist es gemütlich, ein kleines Hotel mit sechs Zimmern, eines ist meistens frei.
Die nächste Siedlung an der Kamtschatka ist Nischekamtschatski Ostrog. Der Ostrog wurde in den Jahren 1704 bis 1706 von Kosaken angelegt. Hier startete im Jahr 1728 die Erste Kamtschatka-Expedition, und ab 1740 wurden hier Schiffe gebaut, mit denen die Russen auf die Aleuten und nach Alaska fuhren. Heute gibt es in der Siedlung ein Museum und eine Herberge.
Schaut man von oben auf das Mündungsdelta der Kamtschatka, so sieht man eine von Flussarmen zerteilte und von Seen und Buchten zerschnittene sumpfige Niederung. Kurz vor der Mündung in den Ozean fließt die Osjornaja in die Kamtschatka und verbindet sie mit dem Nerptschi-See.

Die letzte Siedlung am Fluss befindet sich im Mündungsdelta der Kamtschatka, es ist Ust-Kamtschatsk. Dort leben etwa 4 300 Menschen. Der Ort gehört nicht unbedingt zum Besuchsprogramm, doch verdient auch er Aufmerksamkeit.
Von Petropawlowsk-Kamtschatski nach Ust-Kamtschatsk sind es 750 Kilometer. Man kann den Bus 218 nehmen, der morgens um 8.00 Uhr den Busbahnhof verlässt. Der Hafen von Ust-Kamtschatsk ist der zweitgrößte der Halbinsel, außerdem gibt es einen Flughafen und einen Fischverarbeitungsbetrieb. Die Siedlung wurde 1731 unter dem Namen Ust-Primorsk gegründet und 1890 in Ust-Kamtschatsk umbenannt.
Die stürmische Erschließung der Pelzreichtümer der Aleuten und der Kommandeurinseln ließ an der Mündung der Kamtschatka einst den Schiffbau aufblühen. Gebaut wurden die kleinen, aber legendären Handelsschiffe, die „schitiki" („Näherei") genannt wurden, weil sie zum Teil mit Riemen zusammengehalten wurden. Für den Pelzhandel wurden Proviantdepots und Pelzlager, Geschäfte und Unterkünfte für Handwerker und Seeleute benötigt. Später entstanden ein großer Hafen und eine Werft, und im Jahr 1910 wurde am Ostufer der Kamtschatka eine Fischkonservenfabrik gebaut. Als leitender Ingenieur wurde ein Däne namens Braun eingeladen, zum Direktor wurde der Norweger Sagen, die Arbeiter kamen aus Japan. Bereits im ersten Jahr wurden 9 300 Kisten Fischkonserven produziert und bis zur Revolution 1917 wurde ein großer Teil der Produktion nach London geliefert. Die britischen Kunden schätzten die Lachskonserven von der fernen Nordpazifikküste.
Auch wir haben einst die Fischfabrik besichtigt. Nach der Besichtigung durften wir fernöstliche Sardinen im eigenen Saft, die in der Sowjetunion unter dem Namen „Iwasi" bekannt waren, verkosten. Nun, mir schmeckten sie nicht so gut, wie sie der Königin von England geschmeckt haben sollen. Vielleicht wurde die Rezeptur verändert?
Was mir jedoch lange in Erinnerung blieb, war der Besuch einer Fischereiwirtschaft. Wir fuhren mit einem Boot hinaus aufs Meer, um zuzuschauen, wie die prallen Fischernetze herausgezogen werden. Von unserer Aussichtsposition etwa 50 Meter vom Ufer entfernt bot sich unserem Auge eine gewaltig brodelnde Wasserfläche. Das waren die Buckellachse, die in den ausgelegten Netzen gefangen waren. Es gab sehr viel Fisch in jenem Jahr. Die Netze wurden von großen Trawlern in der Nähe der Küste ausgelegt. „Wir arbeiten in drei Schichten, um all den Fisch zu verarbeiten, bevor er verdirbt. Zumal bei dieser Hitze!", erklärte uns ein Fischer.
Eine lustige Episode ist mir von dieser Reise in Erinnerung geblieben. Das Boot schaukelte stark, und mein Nachbar, ein schmaler, sportlicher älterer Herr,

griff mir versehentlich an die Schulter. „Entschuldigen Sie", sagte ich, „könnten Sie sich vielleicht an etwas anderem festhalten?" Der Alte lächelte: „Junge Frau, ich bitte Sie, verführen Sie mich nicht!"
Das moderne Ust-Kamtschatsk gliedert sich in zwei Teile, das eigentliche Ust-Kamtschatsk, die alte Siedlung, und Kap Pogodni mit seinen Neubauvierteln aus mehrgeschossigen Häusern. Wer sich für Geschichte interessiert, fährt die 30 Kilometer zur ehemaligen Festung Nischekamtschatski Ostrog, die heute ein Museum ist. Die Festung gilt als Keimzelle der russischen Besiedelung, zudem sind Reste eines russischen Holzbaus aus der zweiten Hälfte des 18. Jahrhunderts, Gegenstände aus dem Alltag der russischen Siedler, alte Münzen und Schmuck zu bestaunen, auch die Kirche des Entschlafens der Heiligen Gottesmutter, die Anfang des 18. Jahrhunderts von Kosaken errichtet worden war und seit 300 Jahren an ihrem Ort steht, lohnt den Besuch. Sie ist das einzige Denkmal sakraler Holzarchitektur, das aus jener Zeit erhalten geblieben ist, und das älteste Beispiel für russische Holzbaukunst auf Kamtschatka.
Ich wohnte damals in einem einfachen Hotel mit dem Namen „Priboi" („Brandung"). Es gab eine Gemeinschaftsdusche am Ende des Korridors. Eigentlich esse ich gern etwas Gutes. Doch im hiesigen Café „Windrose" tröstete ich mich damit, dass Völlerei eine der sieben Todsünden ist. Gewiss die Sünde, die man am besten verstehen und am leichtesten vergeben kann. In Zeiten massenhafter Abnehmsucht können Etablissements wie die „Windrose" mit ihrer Küche viel dazu beitragen. Ich aß eine kalte Bohnensuppe und vertiefte mich in die Betrachtung, dass die Bohne im Laufe der Jahrhunderte zum Symbol der Demut geworden ist.
Ganz anders ist es, wenn man nach Hause eingeladen wird, und die gastfreundlichen Bewohner von Kap Pogodni laden gerne Fremde ein. Ich war bei einer Familie zu Tisch, die mich mit Leckereien bewirtete, die mir seit meiner Kindheit vertraut waren. Der Fisch war sehr schmackhaft. Bei Tisch sprachen wir darüber, dass sich in einem zentralisierten Staat mit riesigem Territorium leicht ein provinzieller Minderwertigkeitskomplex herausbilden kann. Daher kommt die große Sehnsucht der Tschechowschen Schwestern „Nach Moskau! Nach Moskau! Nach Moskau!" Es kann auch umgekehrt sein: Als Form der Kompensation für die Abgelegenheit entsteht ein mächtiger Mythos, und die einheimischen Dichter schreiben wunderbare kosmisch-abstrakte Gedichte.
Und die heutigen Probleme, nun, die wurden von der Presse lange totgeschwiegen. Doch vor einiger Zeit, am 18. August 2015, veröffentlichte die „Nowaja Gaseta" einen Beitrag darüber, wie die Wirtschaft der japanischen Insel Hokkaido vom Import russischer Meereserzeugnisse profitiert, wobei Schmuggelware einen immer größeren Anteil hat. Billige Krabben und Crevetten, Jakobsmuscheln und Seeigel werden auf Großmärkten angeboten, auf

denen die Ware an Händler und Restaurants veräußert wird. Reisebüros in ganz Japan bieten ihren Kunden Spezialtouren „Billig Krabben kaufen" nach Hokkaido an.
Russische Seeleute verkaufen die Meereserzeugnisse weit unter dem Weltmarktpreis. Die Japaner machen sich das zunutze und senken die Preise immer weiter. Jedes Jahr kommen mehr russische Schiffe in japanische Häfen, 80 Prozent der Schiffe mit Meereserzeugnissen, die Hokkaido anlaufen, kommen aus Russland. Oft sind die Seeleute monatelang auf See, ohne ihren Hei-

*Eisangeln ist überall auf Kamtschatka ein Wintervergnügen*

mathafen anzulaufen. Auf dem Tsukidzi-Markt in Tokio – es ist der größte Fischmarkt der Welt – werden die Stände in Hunderten Metern gemessen: 100 Meter Achtfüßer, 100 Meter Muscheln, 100 Meter Lachs. Um die Thunfischversteigerung zu erleben, muss man in aller Frühe kommen. Um 5.00 Uhr morgens sind auf dem Boden des gigantischen Pavillons silberne Thunfischleiber ausgelegt, die ein wenig an U-Boote erinnern. Ein Auktionator ruft von einer hölzernen Bühne die Preise aus, die Kunden antworten mit schrillen Schreien. Geschwind fahren Elektrokarren herbei und liefern die Fische in die Geschäfte und Restaurants. Fast das gesamte Angebot stammt aus Kamtschatka und dem Fernen Osten Russlands.
Überall auf dem Markt gibt es kleine japanische Imbisse. Da kann man sich niederlassen, zu sich kommen und bei einer Schale Sake und einigen Sushi ein wenig über das Thema nachsinnen ...

# Der Kurilensee – Kamtschatkas südlichster See

**Die Siedlung Osjornowski; der See Bannoje; der Vulkan Koschelewa; der See Kambalnoje; Geschichte mit Bärenjungen; die Thermalquellen von Pauschetka; die Siedlung Pauschetka; der Kurilensee; die Insel Alaids Herz; das Naturreservat „Südliches Kamtschatka"; Geschichte einer Flucht; das südlichste Kap „Lopatka", die Siedlung Saporoschje, Rezepte der Küche Kamtschatkas**

Aus Petropawlowsk-Kamtschatski fliegt eine kleine Jak-40 Flugnummer 165 in die Siedlung Osjornowski. Meine Sitznachbarin war eine junge Frau. Ausgesprochen hübsch, und irgendwie ähnelte sie der „Unbekannten" auf dem Porträt von Iwan Kramskoi. Lena hieß sie, und ihr Mann arbeitete im Geowärmekraftwerk. An den Berghängen des Kambalnoje-Bergrückens gibt es Bohrlöcher. Von hier kommen Wasser und Dampf zur Wasser- und Wärmeversorgung mehrerer Ortschaften. Das Paar lebte in einem Dorf mit dem Namen Saporoschje. Das ist der Name einer alten ukrainischen Stadt, und nach ihr benannten die Siedler, die 1907 aus der Ukraine nach Kamtschatka kamen, ihr Dorf. Lena hatte zwei Kinder. „Sind sie folgsam?", fragte ich. Lena lachte: „Sie folgen, solange sie quer ins Bett passen." So unterhielten wir uns über alles ein wenig, bis wir bei einem Thema anlangten, das uns beide interessierte: die Kochkunst. Lena erklärte mir, was es mit der Küche auf Kamtschatka für eine Bewandtnis hat, welchen Fisch man kochen muss, und welcher unbedingt nur gebraten werden darf. Welcher Fisch ist am schmackhaftesten? Lena meint, dass der Kischutsch die beste Lachsart im Pazifik ist. Übersetzt heißt das „Silberlachs", weil seine Schuppen kräftig silbern gefärbt sind.
Auf Kamtschatka vergeht kein Fest ohne Silberlachs. Im Unterschied zum europäischen Teil Russlands, wo der Fisch gern warm serviert wird, bevorzugen ihn die Menschen hier als kalte Vorspeise. Besonders gut gelingt er, wenn er über Erlenspänen geräuchert wird, denn die erzeugen keine Schadstoffe beim Verbrennen.
„Sie können geräucherten Silberlachs kosten, wenn Sie uns besuchen", lud Lena mich ein, „wir wohnen nicht weit von Osjornowski."
Als wir uns verabschiedeten, dachte ich: Es hat schon etwas für sich, dass die Einwohner von Lisieux König Richard Löwenherz am 12. Mai 1194 einen Lachs darbrachten. Mein „Königslachs" erwartet mich jetzt in Saporoschje.
Anmerken möchte ich, dass ich die wunderbaren Rezepte der Kamtschatka-Küche, die mir Lena gab, in mein Buch „Küche Sibiriens" aufgenommen habe. Der Zubereitung von Fisch sind darin viele Seiten gewidmet. Fisch ist tatsächlich die Grundlage einer guten Ernährung, und das erste Kochbuch der Geschichte, das Lehrpoem „Hedypatheia" („Leben im Luxus", manchmal auch

„Die Gastronomie des Archestratos" genannt), von Archestrato die Gela aus dem 4. Jahrhundert, handelt nicht zufällig zu drei Vierteln von Fisch.
Die Siedlung Osjornowski, mein Reiseziel, ist Ausgangspunkt für die Erkundung des südlichen Kamtschatkas. Die Siedlung zählt 2 500 Einwohner. Im Jahr 1910 entstand am linken Ufer des Osjornoje-Flusses eine russische Fischereiwirtschaft. Auf der anderen Seite des Flusses liegt das Dorf Saporoschje, in dem heute 726 Menschen leben. Bei gutem Wetter ist von den Hügeln bei Saporoschje der Koschelewa-Vulkan zu sehen.
Es gibt nur ein einziges Denkmal im Ort, tatsächlich ist es nur eine Gedenkplatte aus Gusseisen. In der Aufschrift heißt es, dass das Andenken an den

*Der Lachs im Kurilensee lockt Füchse, Fischotter, Hermeline und Bären*

Soldaten Birul bewahrt werde, der im Frühjahr 1904 im Kampf mit japanischen Soldaten ums Leben kam.
Es war die Zeit des russisch-japanischen Krieges und der russischen Niederlage. 24 russische Schiffe der in Zweiten Pazifikflotte umbenannten Ostseeflotte waren von der Ostsee aus zu ihrem Kampfeinsatz im Fernen Osten gestartet (mit über 18 000 Seemeilen der längste Weg zu einem Einsatzort, der je in der Militärgeschichte zurückgelegt wurde), um dann in der Tsushima-Bucht von der japanischen Flotte versenkt zu werden. An der Südspitze Kamtschatkas landeten japanische Soldaten. Sie sollten den Brückenkopf für die Eroberung der Halbinsel vorbereiten, doch Partisanen nahmen ihren Kommandeur gefangen und zwangen die Japaner, die Halbinsel zu verlassen.
Von Osjornowski aus führt eine unbefestigte Straße entlang der Küste des Ochotskischen Meeres. Alle Naturschönheiten des südlichen Teils der Halbin-

sel gehören zum Staatlichen Naturreservat „Südliches Kamtschatka". Der Kurilensee ist auf der Liste des Weltnaturerbes der UNESCO gelistet und übt mit seiner unberührten Schönheit seit jeher große Anziehungskraft auf Naturfreunde aus.

Auf dem Weg nach Süden fahren wir zunächst an uralten, erodierten Vulkankuppen vorbei: „Ded i Baba" („Großvater und Großmutter") und „Tretja retschka" („Dritter Fluss"). 18 Kilometer vor dem „Dritten Fluss" biegt die Straße unvermittelt ab, und man blickt auf eine surreale Landschaft, die sich schwer beschreiben lässt. Ich war mein ganzes Leben lang sicher, dass ich meine Eindrücke klar zu Papier bringen kann. Doch hier waren alle meine Versuche erfolglos, ich hörte den Leser bereits sagen: „Sie weiß selbst nicht, was sie sagen will." Wie kann ich beschreiben, was ich dort gesehen habe? Inmitten der schönen Kulisse der Vulkane, vor dem blauen Himmel, den Seen ist man plötzlich mit verrosteten Bohrtürmen, stählernen Bauteilen und Müll konfrontiert. Das alles wurde in den Jahren 1975 bis 1984 von Geologen zurückgelassen. Zwischen all der Verwüstung steigt Dampf auf, treten heiße Quellen aus der Erde hervor. Das Bild einer toten Landschaft mit Industriemüll mitten in der abgelegenen Weite Kamtschatkas ist für mich ein Beispiel für die Verrücktheit der Welt. Und auch oberhalb des Thermalfeldes am Bannoje-See, der für sein klares, warmes Wasser gerühmt wurde und an dem stets reger Badebetrieb herrschte, erstarrte ich förmlich: Der See war in eine Müllkippe verwandelt worden! Der ganze Grund war mit Industriemüll und Bauabfällen verschandelt, den die Bohrtrupps zurückgelassen hatten. Was nimmt das für ein Ende?



Nach einer Vorstellung ist Gaia oder Gäa (die Erde) ein einheitlicher lebendiger Organismus. Die Menschheit ist nur ein Geschwür auf ihrer „Haut": Die Erde leidet, „juckt sich" und bekommt Ausschlag vom Menschen. Und nicht ausgeschlossen, dass sie sich am Ende besinnt und den Menschen vernichtet, damit er ihr Leben nicht länger zerstört ...

Der Koschelewa-Vulkan liegt in der Nähe dieser Bohrtürme-Landschaft. Er erhielt seinen Namen zu Ehren des damaligen Gouverneurs von Kamtschatka, ausgesucht hatte ihn der berühmte russische Seefahrer und Entdecker Krusenstern im Jahre 1805. Der letzte Ausbruch des Vulkans wurde 1690 verzeichnet. Sein höchster Punkt liegt auf 1 812 Metern. Der Vulkan selbst besteht aus fünf kleineren Vulkanen.

Im Gebiet der Vulkane entspringen auf einer Höhe von 800 Metern in einem langgestreckten, 450 mal 100 Metern großen Kessel heiße Quellen. Überall brodeln Schlammquellen, aus den Vertiefungen dringen Dampfströme, kochende Pfützen und kleine Seen. Auf diesem Thermalfeld muss man extrem vorsichtig sein. Es gibt gefährliche Stellen, wo die Temperatur des Dampfes 130 Grad Celsius erreicht. In den siedenden Lehm zu fallen ist schrecklicher

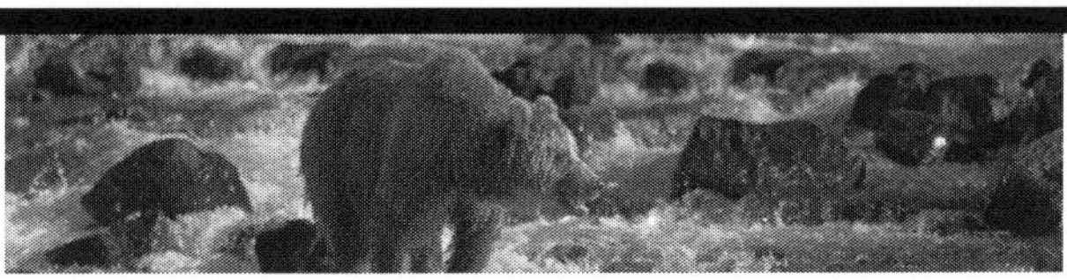



als sich mit Wasser zu verbrühen, denn der Lehm lässt sich schwer abwaschen. Und er trocknet langsam.

Weiter nach Süden führt der Weg zum südlichsten aller aktiven Vulkane der Halbinsel, dem Kambalnaja Sopka, 93 Kilometer von Osjornowski entfernt. Der Vulkan hat einen schönen, gleichmäßig geformten Kegel. Die letzte Eruption ereignete sich im Jahr 1769. Kambalnaja wurde dieser Vulkan von den ersten Siedlern genannt, weil es hier im Meer viele Schollen und Heilbutte, Kambala, gibt. Das Tal liegt geschützt vor Meereswinden, das Wetter ist stets ruhig und klar. Die Berghänge und hoch gelegenen Flussterrassen sind von Krüppelbirken bewachsen, die Flussauen von Wiesen mit hohem Gras.

Nicht weit entfernt liegt der Kambalnoje-See. Von Petropawlowsk aus ist er in 90 Minuten mit dem Hubschrauber zu erreichen. Hier erforschten die Kanadier Charlie Russell und Maureen Enns das Verhalten der Braunbären auf Kamtschatka. Seinen Bärenstudien widmete Russell übrigens mehr als 40 Jahre seines Lebens.

Die Kanadier zahlten dem Kronozki-Biosphärenreservat, unter dessen Verwaltung das Schutzgebiet „Südliches Kamtschatka" steht, für jeden Tag ihres Aufenthalts am See hohe Dollarbeträge. Auf eigene Kosten bauten die Wissenschaftler ein Blockhaus am See und ein weiteres an der Mündung der Kambalnaja, als Unterkunft für Ranger. Sie stellten 40 000 Dollar für die Entwicklung eines Wachdienstes bereit, und sie übernahmen die Gehaltszahlungen für vier fest angestellte Ranger, die Wilderer abschrecken sollten.

Außerdem flog Russell regelmäßig in seinem aus Kanada mitgebrachten einmotorigen Wasserflugzeug über das Reservat und meldete über Satellitentelefon Unregelmäßigkeiten an die Parkverwaltung. Einmal entdeckte er bei einem Flug ein Kettenfahrzeug. Kettenfahrzeuge sind in den Naturreservaten Kamtschatkas grundsätzlich verboten, weil sie den Boden der Beerentundra zerstören, den Lieblingsort von Bärenmüttern mit ihren Jungen. Eine Rangerbrigade stoppte das Kettenfahrzeug, in dem sieben Wilderer saßen.

Das wurde Russell nie verziehen. Vielen Leuten auf Kamtschatka war er ein Dorn im Auge. Er störte die Wilderer beim Lachsfang und beim Kaviardiebstahl, er störte die illegalen Jäger, denen es allein um Bärengalle ging, die in der Traditionellen Chinesischen Medizin Verwendung findet. Gehandelt wird Bärengalle für drei Dollar pro Gramm. Und er störte auch einen ansässigen Geschäftsmann, der sich auf Jagdtourismus spezialisiert hatte.

1997 nahmen Russell und Enns drei winzige Bärenjungen bei sich auf, deren Mutter von Jägern getötet worden war. Alle drei waren Weibchen. Natürlich erhielten sie Namen: Chica, Bisquit und Rosi. Chica war die größte und kräf-

tigste der drei, Bisquit die aufmerksamste und immer um ihre Schwestern besorgt, Rosi war die kleinste, etwas langsam, jedoch unglaublich neugierig. Nachdem Russell und Enns die Bären großgezogen hatten, entließen sie sie in die freie Wildbahn. Als es dann im Herbst kalt wurde, fanden die drei eine bequeme Vertiefung, die sie noch etwas ausgruben und legten sich aneinandergeschmiegt in den Winterschlaf. Im Frühjahr rannten die drei Bärenkinder so schnell sie konnten zu ihren „Eltern", purzelten fröhlich herum, rutschten rücklings die Hänge herab und versuchten, mit ihren Zähnen die Spitzen von Charlie Russells und Maureen Enns' Stiefeln zu zerzausen.
So verbrachten sie einen glücklichen Sommer und Herbst im Jahre 1998, trollten gemeinsam durch die Tundra, fingen Fische in den Flüssen und Seen. Die Bärenkinder waren bereits erwachsen und konnten einen Menschen durchaus verwunden und sogar töten. Doch es gab keine einzige Konfliktsituation. 1999 verschwand Rosi. Russell war der Meinung, dass sie Anfang des Frühjahrs von einem hungrigen Männchen getötet worden war, das kommt häufig in der Bärenwelt vor. Im Jahr darauf verschwand Chica, und die Wissenschaftler hofften, dass sie einfach ein Leben an einem anderen Ort begonnen hatte. Aber eines Tages fand Russell die an der Wand des Blockhauses festgenagelte Gallenblase eines Bären, das „Geschenk" eines Wilderers, das ihm bewies, dass „seine" Bären aus Rache getötet worden waren.
Wir nähern uns der Perle Kamtschatkas, dem Kurilensee. Man gelangt aus Petropawlowsk-Kamtschatski direkt mit dem Hubschrauber dorthin, der Flug dauert 90 Minuten. Auf dem Landweg erreicht man den See von den Siedlungen Pauschetka oder Osjornowski aus. In der Regel benutzen Besucher Motor- oder Ruderboote, um von der Quelle des Osjornoje aus an den legendären See zu gelangen.
„Kurzum, alle Wege führen an den Kurilensee", dachte ich, ehe ich feststellte, dass die meisten Menschen, die in den Süden Kamtschatkas reisten, nicht an den Kurilensee, sondern zu den Thermalquellen von Pauschetka wollten. Dort wurden Thermalwasser- und Dampfvorkommen erschlossen. Hier sprudelt warmes, energetisches Heilwasser, das heilsam ist und zur Behandlung von funktionalen Störungen des Nerven- und Herzkreislaufsystems genutzt wird, zudem hilft es bei Knochen-, Gelenk- und Muskelerkrankungen, bei Neuralgien, Hautkrankheiten und anderen Beschwerden. Die Bewohner von Kamtschatka berichten wahre Wunderdinge von der Wirkung des Wassers.
An den Thermalquellen von Pauschetka bin ich nicht gewesen, denn ich wollte an den Kurilensee.
Auf Kamtschatka gibt es 112 000 Seen, doch der Kurilensee ist der schönste. Ein einzigartiger See vulkanischen Ursprungs, und mit einer Tiefe von bis zu 306 Metern ist er der tiefste See der Halbinsel. Er ist 12,5 Kilometer lang und acht Kilometer breit, die mittlere Tiefe beträgt 176 Meter. Es gibt einige In-

seln im See: die Insel Serdze Alaida (Alaids Herz), die beiden Tschajan-Inseln und den aus vier Inseln bestehende Archipel Samang.
Wenn man sich mit dem Boot der Insel Alaids Herz nähert, sieht man auf den Felsvorsprüngen zwischen dem spärlichen Grün der Zwergzedernsträucher

Hunderte Vögel. Hier befindet sich eine der größten Süßwasserkolonien der Kamtschatkamöwe, eigentlich Pazifik-Möwe, die ausschließlich an der Küste der Beringsee vorkommt. Die Vögel fliegen auf und begleiten das Boot mit lautem Geschrei. Im Sturzflug, die Köpfe der Besucher fast berührend, gehen sie auf die Ankömmlinge nieder. Auf der Felseninsel Samang nisten auch seltene Raubvögel: Weißschultrige Seeadler, auch Riesenseeadler genannt, die größte Spezies aus der Familie der Seeadler. Ihre Flügelspannweite kann bis zu 2,80 Metern erreichen

Hören Sie nun eine der schönsten Legenden Kamtschatkas, die Legende über die Insel Alaids Herz in der Mitte des Kurilensees.

„Alaid, Sohn eines kurilischen Fürsten, und die Tochter eines kamtschadalischen Tojon (Stammeshäuptlings) waren ineinander verliebt. Für die Treffen wählten sie ein Tal nördlich vom Kap Lopatka. Der Berggeist dieses Ortes verliebte sich

*Der Kurilensee ist ein einzigartiger See vulkanischen Ursprungs, mit einer Tiefe von bis zu 306 Metern ist er der tiefste See der Halbinsel. Er ist 12,5 Kilometer lang und acht Kilometer breit, die mittlere Tiefe beträgt 176 Meter*



in die Schöne und dachte daran, Alaid zu töten. Bei einem Treffen der Liebenden befahl der Berggeist dem Vulkan auszubrechen, und die beiden mussten fliehen. Doch beim Abschied wurde Alaid, der gerade noch vermocht hatte, dem

Mädchen sein Herz zu schenken, vom Berggeist gepackt und in einen Felsen verwandelt. Die Liebende weinte bittere Tränen, als sie sah, dass sich ihr Geliebter in eine Felsklippe auf einer Insel im Meer verwandelt hatte. Ihre Tränen wurden zu einem See, der sie verschlang. Und nur Alaids Herz blieb, in Stein verwandelt, in der Mitte des Sees zurück, zur Erinnerung an die Liebenden."

Im Kurilensee liegt die Insel Samangi, dort wachsen die bizarren Erman- oder Steinbirken. Ihre Stämme und Äste sind so eigenartig gekrümmt, als seien sie in einem Hexentanz erstarrt. Man erzählt, hier hätten zwei Schamaninnen miteinander gewetteifert. Die eine befahl den Bäumen zu tanzen, die andere ließ sie in der Pose, in der sie sich gerade befanden, erstarren.

Manchmal landen Privathubschrauber am Ufer des Kurilensees. Sie bringen junge Geschäftsleute, die begierig auf die Jagd sind. Sie wollen Trophäen, vor allem Bärenfelle, und sie sind bereit, enorm viel Geld dafür auszugeben. Doch die Wildhüter des Kronozki-Naturparks und des Naturreservats „Südliches Kamtschatka" passen gut auf. Und zumeist fliegen die reichen Jäger mit nichts wieder von dannen.



Das System von Nationalparks und Schutzgebieten ist eine großartige Errungenschaft. Nur dort kann die Natur in ihrer ursprünglichen Form bewahrt werden. Dennoch ist es schwer, die Wilderer abzuwehren, die technisch, finanziell und zahlenmäßig überlegen sind. Sie legen zur Laichzeit Netze in die Flüsse, schneiden die Lachse auf, um den Kaviar zu entnehmen, und werfen die Fischkörper weg, fangen Bären in Bärenfallen, mit so genannten Schlingen. Oft finden die Ranger tote Bären in solch einer Schlinge ohne Gallenblase und ohne Krallenpfoten. Denn nur darum geht es den Wilderern, das sind die Produkte für die asiatischen Märkte. Den Kadaver lassen sie einfach liegen, er wird von Tieren gefressen. In jüngster Zeit wurde im Nationalpark eine Sondereinsatzgruppe für den Kampf gegen Wilderer geschaffen. Und glaubt man der Statistik, sind es tatsächlich weniger geworden.

Eine andere Attraktion am Kurilensee sind die Nistplätze der Riesenseeadler. Im Herbst ziehen sie weiter gen Süden, doch einige bleiben. Nach Angaben von Ornithologen überwintern rund 950 Vogelarten am Kurilensee. Der Seeadler ist eine der schönsten Vogelarten überhaupt, und es kommen viele Tierfotografen nach Kamtschatka, nur um ihn aufzunehmen. Diese gewaltigen, stolzen und schönen Vögel sind sehr scheu. Wenn ein brütender Vogel erschreckt wird, fliegt er vom Nest auf und kehrt erst viel später zurück. Oft so spät, dass die Eier bereits ausgekühlt sind.

Und noch eine interessante Beobachtung: Im Winter warten die Vögel direkt auf den Flüssen, die nicht ganz zufrieren, auf den Winterlaichzug der Rotlachse. Die Seeadler setzen sich an den Rand des Eises und mustern ihre Beute, ehe sie sie aus dem Wasser ziehen, wobei sie die Krallen eines Beines in den Fisch schlagen und auf dem anderen Bein hüpfend und mit den Flügeln balancierend auffliegen. Sie reißen den Fisch mit ihren krummen Schnäbeln in Stücke. Manchmal versucht ein anderes Seeadler-Paar dem erfolgreichen Jäger die Beute abzunehmen und es kommt zum Kampf. Seeadler fressen einen Fisch und sitzen dann zwei Tage reglos auf einer Birke am Ufer, um die kostbare Energie nicht zu vergeuden.

Der Kurilensee ist von allen Seiten von Vulkanen umgeben. Seine Ufer sind steil und felsig. Viele Bergflüsse und heiße Quellen fließen in den See, aber aus dem See fließt nur ein Fluss ab, die 62 Kilometer lange Osjornaja. Sie friert im Winter nur für kurze Zeit zu. An der Flussmündung befindet sich eine Ichtyologische Forschungsstation, hier werden seit über 40 Jahren die Lachspopulationen beobachtet. Immerhin ist der Kurilensee der größte Laichsee für den Rotlachs auf dem gesamten asiatischen Kontinent. Jedes Jahr wandern die Osjornaja zwischen zwei und fünf Millionen Lachse in den See hinauf.



Am See überwintern zahlreiche große Raubvogelarten, zudem Schwäne und Enten. Der Lachs lockt auch Füchse, Fischotter, Hermeline und Vielfraße an.

Am Ende des Sommers versammeln sich mehr als hundert Bären am See. Man kann stundenlang zusehen, wie sie Fische fangen: Die einen erspähen ihre Beute vom Ufer aus, andere lauern lange reglos in der Brandung, bis ein Fisch auf sie zugeschwommen kommt, die dritten jagen die Fische mit viel Lärm durchs flache Wasser. Dem Schauspiel kann man von Booten und besonderen Beobachtungspunkten aus zusehen, die am Ufer eingerichtet sind. Lizensierte Bootsführer übernehmen die Verantwortung für die Sicherheit ihrer Passagiere.

Wie viele Bärengeschichten man auf Kamtschatka zu hören bekommt! Eine erzählte mir ein Jäger, und ich prägte sie mir besonders ein.

Eines Tages kehrte der Jäger mit seinem Schneemobil von der Jagd in seine Blockhütte in der Taiga zurück, hängte seinen Karabiner an den Nagel an der Außenwand und wollte den Ofen anheizen. Und plötzlich: ohrenbetäubendes Hundegebell direkt vor der Tür. „Kein Mensch kommt hierher, das bedeutet, der Hund bellt ein Tier an, am ehesten wohl einen Bären", dachte der Jäger. Er stieß die Tür auf, und da stand ein gewaltiger Bär – ein so genannter Schatun – auf den Hinterbeinen und wehrte den Hund ab, der sich in seiner „Hose" festgebissen hatte. Anscheinend war das hungrige Tier der Spur des Schneemobils bis an die Hütte gefolgt. Eine riesige Gefahr! Und der Karabiner hing draußen, vor der Tür. „Ich kann mich nicht erinnern, wie ich an den Karabiner herangekommen bin, aber ich schoss auf den Bären und ging mit dem Gewehrlauf direkt auf ihn los. Der Bär stürzte mit den Vorderpfoten auf die Schwelle", erzählte der Jäger.

Unser Rastplatz am Fluss ist durch einen Zaun vor ungeladenen vierbeinigen Gästen geschützt. In der Mitte steht ein reich mit Schnitzereien verziertes Blockhaus. Hier begegnen sich die verschiedensten Menschen aus dem ganzen Land, und es ist ein echtes Vergnügen, sich an den Abenden miteinander zu unterhalten. Die Gespräche und Diskussionen, Erfahrungs- und Reiseberichte sind immer interessant.
Einer der Besucher erzählte: „Ich weiß nicht, ob es stimmt, aber hier, im Pazifik, soll im Jahre 1974 ein Mann von einem Kreuzfahrtschiff gesprungen und geflüchtet sein, er schwamm drei Tage im Meer und wurde gerettet!"
Ich saß da und schwieg. Ich kannte diesen Menschen persönlich, hatte ihn in den 1970-er Jahren während eines Sommerurlaubs auf der Krim kennengelernt. Die Geschichte mag unwahrscheinlich, sogar fantastisch klingen. Aber es hatte sich genau so zugetragen: Der Mann hatte ohne Essen und Schlaf drei Tage lang im Stillen Ozean überlebt. Er war damals 38 Jahre alt.
Ich erfuhr erst sehr viel später und durch einen Zufall, was am 13. Dezember 1974 geschehen war und wie sich das Leben von Slawa Kurilow, der an diesem Tag aus der UdSSR geflüchtet war, weiter gestaltete.
Von der 20-tägigen Kreuzfahrt auf dem Pazifik „Aus dem Winter in den Sommer!" hatte Kurilow aus der Zeitung erfahren. Das Schiff passierte den Äquator und kehrte zurück, ohne einen ausländischen Hafen anzulaufen. Die Seereisenden waren hocherfreut, ihre Pelzmäntel und Pelzmützen ablegen zu können und sich an Deck in der Sonne zu wärmen. Dem Anschein nach nahm Slawa an allen Veranstaltungen teil, doch vertiefte er sich in die Betrachtung des Ozeans, beobachtete den Stand der Sterne und studierte das Schiff. Und er verstand, dass er nur an einer Stelle vom Hauptdeck am Heck ins Wasser springen konnte.
Das Schiff schipperte aus Russlands Fernem Osten Richtung Philippinen. Erst am dritten Tag auf See fand Kurilow eine genaue Seekarte mit dem Kurs des Schiffes und traf seine Entscheidung. In der Nacht zum 13. Dezember, als sich alle Passagiere an der Bar vergnügten, nahm er seine Tasche mit Schwimmflossen, Taucherbrille und Schnorchel, bedeckte alles mit einem Handtuch und ging aufs Heck. „Ich bat Gott um Erfolg und tat den Sprung ins Unbekannte", schrieb er später in seinem Tagebuch. „Ich tauchte auf, wandte den Kopf und erstarrte: Direkt neben mir, eine Armlänge entfernt, befand sich die gigantische, sich drehende Schiffsschraube!"
Die erste Nacht schwamm er den Lichtern des entschwindenden Schiffs nach. Er haderte mit sich, dass er keinen Kompass mitgenommen hatte, in der Dunkelheit orientierte er sich an den Sternen, doch tagsüber kam er vom Kurs ab. Donner, Blitze, riesige Wellen, tropische Regengüsse, Panikattacken, vorbei-

schwimmende Haie und giftige Nesselquallen, die bei Berührung den Körper lähmen, das alles musste er überstehen.
Am zweiten Tag sah er eine Küste, doch die starke Strömung trug ihn vorbei, es schien, als gäbe es keine Aussicht auf Rettung. Doch er ließ sich nicht von Panik erfassen. Er hatte auch keine Angst. „Der Ozean atmete wie ein lebendiges, dem Menschen nahes, gutmütiges Wesen. Ich musste nur den Kopf zum Wasser wenden und sah eine fantastische, fluoreszierende Welt", schrieb er später. Doch er wurde schwächer. „Die Beine ließen sich nicht mehr bewegen. Gesicht, Hals und Brust, von der Sonne verbrannt, glühten. Ich hatte Schüttelfrost, und wie sehr wollte ich schlafen. Zeitweilig verlor ich das Bewusstsein." Kurilow schwamm eine Nacht, einen Tag, dann noch eine Nacht, noch einen Tag.

*Stundenlang kann man den Bären zusehen, wie sie Fische fangen: Die einen erspähen ihre Beute vom Ufer aus, andere lauern lange reglos in der Brandung, bis ein Fisch auf sie zugeschwommen kommt, die dritten jagen die Fische mit viel Lärm durchs flache Wasser*

Erst am dritten Tag, als er schon nicht mehr richtig bei Bewusstsein war, trug ihn eine große Welle an das Ufer einer philippinischen Insel, wo ihn ein Fischer fand.
„Warum?" – das war die erste Frage, die Kurilow in schlechtem Englisch von der Tochter des Fischers gestellt wurde. Sie konnte nicht verstehen, warum jemand von einem Schiff herabspringt, wenn man doch ein Ticket kaufen und hinfahren kann, wohin man möchte. Was sollte er ihr antworten? Dass das Land, in dem er lebte, ihn nicht herausließ?

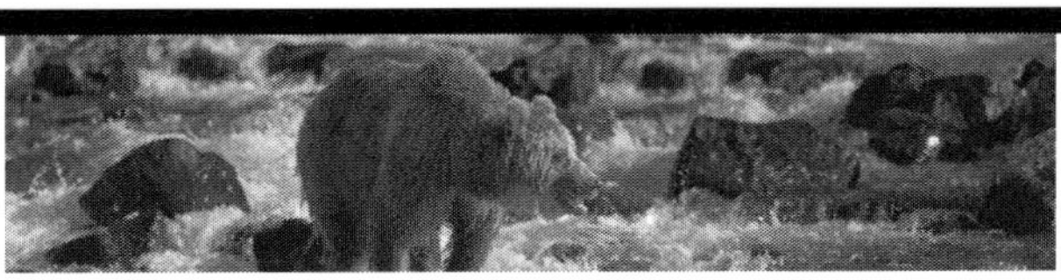

„Wir hatten einen Vertrag mit Jacques Cousteau über ein Forschungsprojekt in Tunis, das Projekt scheiterte. Auch meine Teilnahme an einer Expedition zu den Atollen des Pazifiks wurde abgesagt. Ein ganzes Jahr lang hatte ich den Taucherteil des Projekts vorbereitet. Und wieder erhielt ich kein Visum", schrieb Kurilow später. Der Grund: eine Verwandte im Ausland. Seine ältere Schwester hatte am Fremdspracheninstitut studiert, wo sie einen Inder kennengelernt hatte. Sie heirateten und zogen nach Kanada. „In meiner Akte stand ein Vermerk wie eine Verurteilung: Besuche in kapitalistischen Ländern sind nicht sinnvoll. Es war, als sei ich von einem Stachel vergiftet. Lebenslange Haft, ohne die leiseste Hoffnung auf Freiheit! Es gab nur einen Ausweg: die Flucht."
Von den Philippinen schlug er sich zu seiner Schwester nach Kanada durch und arbeitete als Ozeanograf bei Unternehmen in Kanada und in anderen Ländern. Im Frühjahr 1986 erhielt er eine Stelle als Ozeanograf an der Universität Haifa in Israel. Am 29. Januar 1998 war er mit Unterwasserarbeiten beschäftigt, als er sich in einem Netz verfing. Sein Tauchpartner zog ihn an die Oberfläche, doch es war zu spät. Kurilows Freunde sammelten seine Notizen und Tagebücher und veröffentlichten posthum sein Buch „Allein im Ozean".
Doch zurück zu unserem gastlichen Haus an der Station der Fischkundler, wo sich alle Gespräche um Kamtschatka drehen, weil sich die Halbinsel jedes Mal von einer neuen Seite zeigt und der Blick schärfer wird. „Die Umwelt ist besser zu sehen, und Sehen zu lernen, ist es nie zu spät", so drückte es ein Fotograf aus, der viele Jahre lang zum Arbeiten nach Kamtschatka gekommen ist. Er versprach, uns am folgenden Tag den Punkt zu zeigen, von dem aus man die schönsten Fotos vom Kurilensee machen könne.
Das ist das Plateau Iljinskoje, das 300 Meter über dem See liegt. Von hier aus eröffnet sich ein unglaubliches Panorama über den von Vulkanen umgebenen See mit seiner makellosen, wie gemalten Uferlinie, und unwillkürlich denkst du: Hier sind auf erstaunliche Weise Schönheit, Harmonie und Chaos zusammengepresst.
Man kann nicht im Süden der Halbinsel gewesen sein, ohne den südlichsten Punkt Kamtschatkas, das Kap Lopatka, gesehen zu haben. Auf Kamtschatka gibt es kaum Straßen. Zu den interessantesten Orten gelangt man nur mit dem Hubschrauber. Aber vielleicht hat das auch sein Gutes? Wer weiß, ob der Naturreichtum erhalten geblieben wäre, wäre alles leicht zugänglich. Flüge haben jedoch einen großen Manko. Das Wetter auf Kamtschatka ist überaus launisch. Auf dem Kap Lopatka, der Südspitze der Halbinsel, warteten wir einige Tage auf gutes Flugwetter. Die Zahl der Schlechtwettertage auf Lopatka übertrifft sogar die auf Kap Horn. Doch was war der Hubschrauberflug erst für ein Abenteuer!

Solche Winde, solch ein Geschaukel! Und plötzlicher Nebel! Und der Platzregen! Es kommt immer wieder vor, daß ein Hubschrauber aufgrund des Wetters wieder umkehren muss.
Die Pazifik-Küste des südöstlichen Kamtschatkas ist stark zerklüftet. Gewaltige felsige Halbinseln ragen weit in den Ozean hinein und bilden große Buchten. Längs der Südküste Kamtschatkas und der Kurileninseln erstreckt sich eine der tiefsten Gräben der Weltozeane, der Kurilengraben, mit einer Tiefe von bis zu 10 539 Metern.
Noch etwas zum Ochotskischen Meer: Die Kommission der Vereinten Nationen zur Begrenzung des Kontinentalschelfs hat das Ochotskische Meer als

*Der Kurilensee ist der größte Laichsee für den Rotlachs auf dem asiatischen Kontinent. Jedes Jahr wandern die Osjornaja bis zu fünf Millionen Fische in den See hinauf*



russisches Binnenmeer anerkannt. Am 15. März 2014 wurde das Recht Russlands auf eine Exklave von 52 000 Quadratkilometern inmitten des Ochotskischen Meeres anerkannt. Mit dieser Entscheidung gehört Russland jetzt das gesamte Ochotskische Meer mit all seinen Reichtümern.
Die erste Kurilenmeerenge, die das Ochotskische Meer vom Pazifik abgrenzt, umspült auch das Kap Lopatka. Wenn man aufmerksam hinschaut, kann man die verschiedenen Farbtöne des Wassers und die Trennlinie selbst erkennen. In der Meerenge, die Kamtschatka und die Kurileninseln trennt (die nächstgelegene Insel ist Schumschu, auf der sich früher ein japanischer Militärflughafen befand), tummeln sich große Herden von Meeressäugetieren – Wale und Delfine, Bärenrobben. Schneegänse überwintern an den Küsten Südkamtschatkas.

Das Landschaftsbild dieses Teils Kamtschatkas gleicht eher der Subarktis als der gemäßigten Klimazone bei 51 Grad nördlicher Breite. Hier brüten hypoarktische Vogelarten. Zum Höhepunkt des herbstlichen Vogelzugs fliegen hier in der hellen Tageszeit über 100 000 Vögel vorbei.

Ich träumte davon, im Ochotskischen Meer zu baden. Doch vor Ort wurde mir klar, dass das ein zu mutiges Unterfangen war. Das Wasser war schauderhaft kalt. Ich ging nur bis zu den Knien ins Wasser, spritzte mich ein wenig nass und rannte so schnell wie möglich ans Ufer zurück. Das Ufer war abschüssig, voll von feinem Kies und zahlreichen Muscheln. Ich fand fünf Seesterne und einen toten Seeigel. Den Seeigel begrub ich sofort und schrieb ihm sogar auf einem kleinen Kartonschnipsel ein Epitaph: „Hier liegt der unbekannte Seeigel, ein Freund der Menschheit."



Auf Kamtschatka gibt es einen Brauch, um etwas über die eigene Zukunft zu erfahren. Man flicht einen Kranz aus Zweigen und wirft ihn vom Kap aus in die Brandung. Wenn der Ozean den Kranz annimmt, so ist dir bestimmt, noch einmal hierher zurückzukehren. Wenn er ihn jedoch ans Ufer spült, kommst du nicht wieder zurück. Wir waren zu Dritt und bereits die erste Brandungswelle warf unsere Kränze ans Ufer. Unwillkürlich stießen wir einen Klagelaut aus.

Zu Lena in Saporoschje gelangte ich kurz vor meiner Abreise. An diesem Tag hatte sie eine Fischpirogge, Salat Olivier nach Kamtschatka-Art und gegrillten Oktopus zubereitet. Sie stellte eine Karaffe Samogon auf den Tisch, einen selbstgebrannten Wodka, den sie auf ukrainisch „Gorilka" nannt. Er war mit Zedernnüssen angesetzt und erinnerte im Geschmack an Pinienkerne.

Beim Essen drehten sich die Gespräche um Kinder und Politik. Lena erzählte begeistert, was man früher tun musste, um bei der örtlichen Verwaltung zu bekommen, was man wollte. „Mein Mann hat mit zwei Flaschen meines allerbesten Selbstgebrannten in der Hand die Tür zu jedem Büroraum mit dem Fuß geöffnet." Dann stutzte sie kurz und fügte fröhlich hinzu: „Heute macht er das auch noch so!" Wir aßen Pirogge, stießen auf die Gesundheit der Gäste und der Gastgeber an, und dann zeigte uns Lena ihr altes Familienalbum.

Ihre Großeltern wechselten, ohne ein einziges Mal ihr Haus in den Karpaten zu verlassen, ein halbes Dutzend mal ihre Staatsangehörigkeit: Österreich-ungarisch, Ungarisch, Tschechoslowakisch, Karpatenukrainisch, Sowjetisch und Ukrainisch. Es wäre eine Sünde gewesen, keinen Selbstgebrannten zu trinken zur Feier der Tatsache, dass wir uns im Süden Kamtschatkas in einer Familie echter Ukrainer befanden, noch dazu in einem Dorf namens Saporoschje.

Hier ist das Rezept für die Fischpirogge nach Kamtschatka-Art, mit der Lena uns verwöhnte.

### Pirogge mit Stör

**Zutaten:** *Für den Teig: 30 Gramm frische Hefe, 400 Milliliter Milch, 3 Eigelb, 1 Esslöffel Zucker, 1 Teelöffel Salz, 700 Gramm Mehl, 1 Esslöffel Sonnenblumenöl, 100 Gramm Butter (flüssig gerührt), 1 Ei zum Bestreichen, Butter zum Begießen*
*Für die Füllung: 100 Gramm Langkornreis, 800 Gramm Störfilet, 1 Stange Lauch, 5 kleine Zwiebeln, 6 Esslöffel Sonnenblumenöl, Pfeffer und Salz*

**Zubereitung:** *Hefe in warmer Milch auflösen und zusammen mit Eigelb, Zucker, Salz, Mehl, Öl und der zerlassenen Butter zu einem geschmeidigen Teig kneten. Zugedeckt an einem warmen Ort ruhen lassen. Reis 1 Stunde in Salzwasser einweichen, abspülen, mit kaltem Wasser aufsetzen, zum Kochen bringen, auf kleinster Flamme quellen lassen, bis er gar ist, abkühlen lassen.*

*Lauch längs halbieren, waschen und in Salzwasser blanchieren, gut abtropfen lassen. Zwiebeln in Ringe schneiden und in Öl goldbraun braten. Alles mit dem Reis vermischen und mit Salz und Pfeffer abschmecken. Fisch in 1 Zentimeter dicke Stücke schneiden, salzen und 20 Minuten ziehen lassen. Den Hefeteig teilen, beide Hälften ausrollen.*

*Auf die eine Hälfte des Teiges zuerst Reis mit Gemüse, dann Lachsstücke, dann wieder Reis geben, dann schichtmäßig immer so weiter. Die andere Teighälfte darüber legen, die Ränder mit Ei bestreichen, fest zusammendrücken, 20 Minuten ruhen lassen, eventuell mit Teigresten verzieren. Dann mit dem restlichen Ei bepinseln und bei 180 Grad Celsius im vorgeheizten Ofen 50 Minuten backen. Mit Butter begießen und mit einem Tuch bedeckt vor dem Servieren 10 Minuten ruhen lassen.*

### Salat Olivier nach Kamtschatka-Art

**Zutaten:** *300 Gramm gekochte Kartoffeln, 200 Gramm gekochte Möhren, 200 Gramm grüne Erbsen aus der Konservendose, 5 gekochte Eier, 200 Gramm frische Gurke, 200 Gramm Tomaten, (Stielansatz herausschneiden), 200 Gramm leicht gesalzenen Lachs, Zwiebellauch, Petersilie, Mayonnaise oder Smetana*

**Zubereitung:** *Alle Zutaten fein schneiden, salzen, nach Geschmack pfeffern, mit Mayonnaise oder Smetana übergießen und sorgfältig unterheben.*

**Gegrillter Oktopus**

**Zutaten:** *1 Oktopus (etwa 1,3 Kilogramm) frisch oder tiefgefroren und aufgetaut, 2 Lorbeerblätter, 10 Pfefferkörner, 120 Milliliter Essig, 240 Milliliter Wasser, Olivenöl, Saft von 1 Zitrone, gemahlener Pfeffer*

**Zubereitung:** *Den Oktopus gründlich abspülen. Mit einem scharfen Messer den Körperbeutel knapp unterhalb der Augen abschneiden und die Kauwerkzeuge abtrennen. Den Oktopus erneut abspülen, dann in einen großen Topf geben. Lorbeerblätter und Pfefferkörner, sowie Essig und Wasser hinzufügen. Deckel auflegen und auf mittlerer Stufe 35 Minuten weich köcheln. Einen Gas- oder Holzkohlengrill auf mittlere bis hohe Stufe vorheizen. Die Fangarme des Oktopus direkt am Ansatz abtrennen, längs einschneiden und aufklappen, mit Olivenöl bestreichen und von beiden Seiten je bis 3 Minuten grillen, in sehr dünne Scheiben schneiden, mit etwas Olivenöl und Zitronensaft beträufeln, mit Pfeffer bestreuen und servieren.*



Noch ein paar Worte über den Lieblingssalat aller Russen, den Salat Olivier. Als der Koch Lucien Olivier (1838 bis 1883) vor 150 Jahren im Moskauer Restaurant „Ermitage" wieder einmal einen neuen Salat für die Moskauer Oberschicht kreierte, konnte er nicht ahnen, dass dieser Salat zu den beliebtesten Gerichten der russischen Küche werden würde. Auch auf Kamtschatka gibt es natürlich eine Variante dieses Salats, und sie wird unbedingt mit Lachs zubereitet.

Meistens wird Gästen auf Kamtschatka zur Hauptmahlzeit Lachs serviert. In Saporoschje kostete ich zum ersten Mal einen schmackhaften Oktopus, und eine interessante Lachsgeschichte erzählte mir der Gastgeber.

Ein Propellerflugzeug flog in niedriger Höhe, auf einmal fiel von oben ein Lachs herab. Es stellte sich heraus, dass ein Seeadler den großen Fisch, den er beim Lachszug an der Schupanowa erbeutet hatte, hatte fallenlassen. Vor Schreck? Weil er unaufmerksam war? Übrigens der Riesenseeadler auf Kamtschatka ist größer als sein amerikanischer Artgenosse, der Weißkopfseeadler auf Alaska, der zum Symbol der USA wurde. Wir mussten lachen, als wir uns vorstellten, wie der Fisch auf das Flugzeug fällt.

# Der Norden Kamtschatkas

**Die Siedlung Tigil; Stepan Krascheninnikow und seine „Beschreibung des Landes Kamtschatka"; korjakische Rentierzüchter; das Fest der Itelmenen „Alchalalai"; die Siedlung Palana; der Ethnograf Wladimir Jochelson; korjakische Märchen; die Siedlung Ossora; die Insel Karaginski; das Dorf Tilitschiki; die Geologensiedlung Korf**

Tigil ist das Verwaltungszentrum des gleichnamigen Rayons auf Kamtschatka, von Petropawlowsk-Kamtschatski sind es 515 Kilometer. Es leben etwa 1 600 Menschen dort.

Im Mai 2016 schaffte es Tigil auf die Titelseiten russischer Zeitungen. Gewaltige Waldbrände drohten den Ort zu vernichten, doch alle Einwohner kämpften gemeinsam gegen das Feuer: Sie legten Schutzwälle und Gräben an, schafften Wasser herbei. Waldbrände sind in Russland nicht selten, doch warum wurde gerade Tigil so viel Aufmerksamkeit geschenkt? Nun, dafür gibt es eine einfache Erklärung: Am 27. Mai 2016, kurz vor Ausbruch des Waldbrandes, hatte auf Kamtschatka eine große Übung des Ministeriums für Katastrophenschutz stattgefunden. Danach hieß es, dass sich die Rettungskräfte und die Verwaltung auszeichneten. So schrieb der Gouverneur in seinem Bericht: „Professionelle Arbeit aller Strukturen, sie sind in der Lage, im Katastrophenfall zu kooperieren!"



Aber die Realität ist eine andere: Mit einem Fest wurden die so erfolgreichen Übungen abgeschlossen, aber dann brach im entfernten Tigil ein Waldbrand aus. Angesichts dieser nicht inszenierten Katastrophe erwiesen sich die Verwaltungsbeamten als bei weitem nicht so kompetent, und in Tigil selbst waren nicht genügend „Brandmeister" vorhanden. Ein Haus am Ortsrand, der alte Friedhof und einige Wirtschaftsgebäude brannten ab, doch alles andere konnten die Einwohner retten.

In der „Nowaja Gaseta" hieß es am 14. Juni 2016: „Für die Löscharbeiten des sich schnell ausweitenden Waldbrandes stand nicht genug schwere Technik zur Verfügung. Nur drei Hubschrauber waren im Einsatz. Der Unmut der Einwohner von Tigil ist nachvollziehbar. Denn während den wichtigen Personen des Landes, die anlässlich der Übungen nach Kamtschatka gekommen waren, ausreichend ‚Fluggeräte' für ihre Picknicks in der Natur zur Verfügung gestellt wurden, mussten die Menschen in Tigil selber sehen, wie sie klarkamen." Und in den sozialen Medien wurde die Frage diskutiert: „Wie schwer ist es, in Russland 85 vernünftige und ehrliche Gouverneure zu finden, wenn nicht einmal elf gute Fußballspieler im Land aufzutreiben sind?"

Ich reiste seinerzeit nach Tigil, um Material für meine Diplomarbeit an der Moskauer Filmhochschule zu sammeln. Thema der Arbeit war das Drehbuch

für den Dokumentarfilm „Nomaden. Ende des 20. Jahrhunderts". Ich liebte alles, was mit der Welt der indigenen Völker Sibiriens und Kamtschatkas zu tun hatte. Geplant war, das Drehbuch zu schreiben und dann den Film über die tapferen und freiheitsliebenden Itelmenen, Korjaken und Tschuktschen, die auf Kamtschatka in Einklang mit der Natur leben, und sich kein sesshaftes Le-

*Dörrfisch vor Jarangas, der traditionellen Behausung der Korjaken*



ben wünschen, zu drehen. Vorausgreifend möchte ich sagen, dass ich für meine Diplomarbeit an der Fakultät für Drehbuch der Filmhochschule die Note „Ausgezeichnet" erhielt, den Film allerdings konnte ich nicht realisieren, denn eine Filmexpedition nach Kamtschatka wäre zu teuer geworden.

Doch damals, als ich am Drehbuch arbeitete, wollte ich die Romantik des Nomadendaseins spüren und mir selbst diese besondere Lebensweise in der Tundra erschließen. Ich wollte die jahrhundertealte Weisheit der Nomaden des Nordens verstehen. Ich wollte alles wissen: Wie lange die Zeit der Winterstürme auf Kamtschatka dauert, wie die Rentierzüchter während des Nomadenzuges ihr Frühstück zubereiten, wie die Kinder erzogen werden.

Das wichtigste Buch, das mich auf dieser Reise begleitete, war „Die Beschreibung des Landes Kamtschatka", geschrieben vor 300 Jahren von Stepan Krascheninnikow (1711 bis 1755). Er kam als Student mit einer Forschungsexpedition aus Sankt-Petersburg nach Kamtschatka. Erst zehn Jahre später kehrte er zurück an die Newa, und zwölf Jahre lang, bis zu seinem Tod, arbeitete er an seinem Buch. Es gilt als die erste russische wissenschaftliche Monografie und galt lange als Standardwerk über Kamtschatka. Und es wurde ein internationaler Bestseller, der in alle europäischen Sprachen übersetzt wurde.

Für mich war es besonders interessant, alles zu vergleichen: Wie hatte Krascheninnikow den Alltag beschrieben, die Wohnungen und den Hausrat, die Kleidung der Nomaden, den Aufbau ihrer Jarangas, ihre Traditionen und Glaubensvorstellungen, und wie stellte es sich in der Gegenwart dar? Ich reiste also durch Kamtschatka auf den Spuren eines Buches, und 300 Jahre später schien alles gleich geblieben zu sein.

Schaut man sich zum Beispiel an, wie die Jarangas gebaut werden. Das ist die alte Kunst der Korjaken. Wissenschaftler studieren bis heute das Gerüst dieses „mobilen Heims". Die kuppelförmige Behausung wird aus einer streng definierten Anzahl von Holzteilen mit exakten Abmessungen errichtet. Sie ist zwischen 3,5 und 4,7 Meter hoch, und hat einen Durchmesser von 5,7 bis 7,8 Metern. Alles ist aufs Feinste aufeinander abgestimmt. Außen herrschen Temperaturen bis minus 45 Grad Celsius, in der Jaranga ist es angenehme 20 Grad warm! Der Polog ist ein rechteckiger, von Fellen begrenzter Raum von zwei Metern Länge und 1,5 Metern Höhe im Inneren der Jaranga. Das ist der Schlafplatz. Der Innenraum, die Schlaflager, die Wände der Jaranga und ihre obere Abdeckung bestehen aus Rentierfellen. Für eine Jaranga durchschnittlicher Größe braucht man für die Außenverkleidung rund 50 Rentierfelle. Es gibt sonst kein Naturmaterial auf der Welt, das so langlebig und preiswert ist. Rentierfelle werden seit Jahrtausenden genutzt, und es ist noch nichts Besseres erfunden worden!

Mich interessierte damals besonders der Arbeitsalltag der Rentierzüchter. Sie schlossen sich zu Brigaden von 13 bis 15 Leuten zusammen. Es stellte sich heraus, dass die Hälfte einer Brigade aus ständigen Mitgliedern bestand, die jahrzehntelang Hand in Hand arbeiteten, die übrigen wechselten häufig. Nicht jeder Mensch vermag es, sein Leben von den Wegen der Rentierherden bestimmen zu lassen. Die Rentierzüchter müssen besondere körperliche, seelische und emotionale Voraussetzungen mitbringen, um den harten Alltag zu bewältigen.

Die Rentiere auf Kamtschatka unterscheiden sich von den sibirischen Rentieren, sie wurden von den Ewenen und Korjaken als Reittiere gezüchtet. Die Rasse wird Lamut-Rentier genannt. Lamut-Rentiere sind größer von Wuchs als sibirische Rentiere, kräftiger gebaut und sehr ausdauernd.

Ich erinnere mich, dass mich die Augen der Rentiere verblüfften. Sie ändern ihre Farbe mit den Jahreszeiten. Ich fragte viele Menschen, warum das so ist. Aber niemand konnte es mir damals vernünftig erklären. Es ist eine einzigartige Naturerscheinung und hat mit einem besonderen Gewebe, dem Tapetum lucidum, zu tun, das sich hinter der Netzhaut befindet und ein lichtreflektie-

rendes Pigment enthält. Wie ein Team von Wissenschaftlern um Glen Jeffrey von der University College London herausfand, reflektiert das Tapetum lucidum im Sommer, wenn das Rentier eine goldbraune Augenfarbe hat, 95 Prozent der Sonnenstrahlen, die auf die Netzhaut fallen. So werden die Rentiere bei der Lichtflut des polaren Tages nicht geblendet. Im Winter haben die Rentiere eine tiefblaue Augenfarbe, und lediglich 40 Prozent der Lichtstrahlen werden reflektiert. Die Empfindlichkeit der Iris für ultraviolette Strahlen steigt, das hilft den Rentieren, sich in der dunklen Winterzeit besser zu orientieren.



Was blieb mir am meisten vom Aufenthalt in der Tundra in Erinnerung? Der Winter, die Jarangas, der warme Polog, das Fest der jungen Rentiere. Und der Geschmack von Rentiermilch. Bei den Muttertieren vergrößert sich das Euter einige Tage nach dem Wurf des Jungtieres. Die Rentierzüchter melken die Rentierkuh nur ein einziges Mal. Und die Milch gilt als Delikatesse. Der Geschmack ist schwer zu beschreiben. Er ist sehr zart, fettig und leicht bitter.

Im Rayon Tigil erlebte Stepan Krascheninnikow zum ersten Mal das Fest der Itelmenen „Alchalalai" im Dorf Kowran. Dieses Fest hat sich bis heute erhalten und wird am letzten Sonntag im September gefeiert. Übersetzt wird es mit „Danksagung".

So erklärte ein Itelmene das Wesen dieses alten Festes: „Wir alle helfen einander. Es kann sein, dass wir deshalb einen sechsten Sinn für Dankbarkeit haben. Wir Itelmenen glauben, dass Dankbarkeit das wichtigste Gefühl ist, das ein Mensch haben soll. Man muss im Leben die Möglichkeit finden, denjenigen zu danken, die geholfen haben und helfen. Die Anerkennung ist nicht nur für den von Wert, dem sie erwiesen wird, sondern auch für den, der sie erweist. Doch wie schwierig scheint es für viele Menschen, aufrichtig dankbar zu sein? Hat dies mit unserer nationalen Besonderheit zu tun? Ich weiß nicht. Doch unser Fest, das ist ein Fest der Dankbarkeit – gegenüber den Eltern, den Freunden, allen, die uns nahe sind, und dann auch gegenüber Chantai, dem Gott der Lachsfische, und gegenüber allen anderen guten Göttern. Beim Feiern erkennen wir an, dass unser Leben ohne ihre Anteilnahme ärmer wäre. Und dass wir geworden sind, was wir sind, weil sie da waren."

Das Fest beginnt mit der Errichtung einer aus einem Baumstamm geschnitzten Opferfigur des Gottes Chantai. Die Itelmenen rufen ihn mit folgenden Worten an: „Uns wurde von den hohen Mächten befohlen, dir einmal im Jahr ein Dankesopfer zu bringen, was wir auch tun, und wir bitten dich, dass du uns behütest und verzeihst und uns keine Not und keinen Kummer zufügst. Wir danken dir für alles! Alchalalai!"

Dann beginnt das Fest. Ausgetragen werden Fratzenwettbewerbe (die Theaterkunst der Itelmenen lebt von Fratzen und Grimassen), der Wettbewerb in der Darstellung des itelmenischen Volksliedes, doch am sehenswertesten ist der Wettbewerb „Mimech". Es ist eine Art Dreikampf, bei dem die Teilnehmerinnen in den Disziplinen itelmenischer Volkstanz, Volkslied in itelmenischer Sprache und Zubereitung eines itelmenischen Gerichts antreten.
Weiter geht es mit dem berühmten Volkstanzmarathon, bei dem die ausdauerndsten Tänzer 15 Stunden lang tanzen. Wer an diesem Fest teilhaben will, muss entweder nach Kowran fahren oder „Pimtschach" besuchen, das sich 40 Kilometer von Petropawlowsk-Kamtschatski in der Nähe des Dorfes Sosnow-

*Die Rentiere auf Kamtschatka sind größer von Wuchs als die sibirischen Rentiere, kräftiger gebaut und sehr ausdauernd*



ka befindet. Dort wird nicht nur das Danksagungs-Fest zelebriert, sondern der Besucher hat auch die Möglichkeit, schamanischen Ritualen beizuwohnen.
Einmal hatte ich das Glück, die Zeremonie „Reinigung" mitzuerleben und konnte dem Schamanen am Ende noch die Frage stellen: „Wie kann man einem nahen Menschen helfen? Er ist sehr krank ..." Der Schamane antwortete: „Die beste Medizin für den Menschen sind Liebe und Fürsorge." Ich hakte nach: „Und wenn alle Liebe und Fürsorge nicht hilft?" Der Schamane antwortet: „Dann erhöhen Sie die Dosis!"
Hier eine Beschreibung der Tänze beim „Alchalalai"-Fest von Stepan Krascheninnikow: „Die Frauen drehten sich tollkühn, sangen, schrien gellend, krümmten sich, schüttelten sich mit dem ganzen Körper und fielen auf die

Knie, und dann auf ihr Gesicht." Sie schrien und klagten mit solcher Kraft, dass es durch Mark und Bein ging und dem Studenten aus Sankt-Petersburg

jedes Mal das Herz stehen bleiben wollte. Ihn verblüffte die leeren, ins Nichts gerichteten Blicke. Dann tauchten Tänzerinnen auf, die nur noch krampfhaft zuckten, andere sangen, klagten und heulten nicht mehr, sondern gaben nur noch ein mitleiderregendes Winseln von sich. Doch in diesem wilden Spektakel gab es, wie Krascheninnikow vermerkte, nichts Krankhaftes, Gekünsteltes oder Unnatürliches. In dieser archaischen Welt wurde die Katharsis mit einfachen Mitteln erreicht. Europäern ist es offensichtlich nicht gegeben, sich diesem Fest der Dankbarkeit vollständig zu öffnen, dafür sind wir zu rational. Und weiter beschreibt Krascheninnikow, dass zu den Tänzerinnen, die das Bewusstsein verloren hatten, ein alter Heiler trat, der jeder etwas zuflüsterte und magische Bewegungen mit den Händen ausführte, was sie wieder zur Besinnung brachte. Alle kamen schnell wieder zu Bewusstsein, außer einem jun-

*Ein traditionelles korjakisches Sommerhaus*

gen Mädchen, um das sich der Heiler lange bemühte. Und als sie ihr Bewusstsein zurückerlangt hatte, schrie sie mit ungewöhnlicher Stimme, dass ihr übel von ihren Sünden und von ihrer Undankbarkeit ist.

Ähnliche Tänze habe ich einmal an einem letzten Sonntag im September in Pimtschach selbst erlebt, doch damals hatte das Fest „Alchalalai" noch keinen offiziellen Status. Heute sind die Tänze und Rituale, die mit dem Dank an

die Natur verbunden sind, anständiger, fröhlicher und ohne „Katharsis", doch trotzdem sehr schön. Der Tanzmarathon dauert immer noch 15 Stunden.
Im Norden Kamtschatkas liegt die Siedlung städtischen Typs Palana, in der 3 134 Menschen leben.
„Am Fluss Palana leben die Korjaken, die den Jassak (Tribut an den Zaren) willig zahlen", so lautet die erste urkundliche Erwähnung der Siedlung. Berühmt

*Die Korjaken lebten einst am Fluss Palana*



sind die Stromschnellen der Palana, der Fisch, die Angelmöglichkeiten und die Thermalquellen. Wer aktive Erholung in der Natur liebt, kommt hierher.
Die Russen tauchten 1697 an den Ufern der Palana auf, sie kamen mit einer Expedition unter Führung des bereits erwähnten Wladimir Atlassow. Die russischen Kosaken errichteten eine Siedlung anstelle des korjakischen Lagers Angawit.
Palana war Verwaltungs- und Wirtschaftszentrum des Korjakischen Autonomen Kreises, der im Jahre 2007 mit dem Gebiet Kamtschatka zum Kamtschatski Krai (Region) vereinigt wurde. Heute leben hier vornehmlich Korjaken, Itelmenen und Kamtschadalen. Kamtschadalen werden die Nachkommen aus gemischten Ehen zwischen Russen und Indigenen genannt, die traditionell leben, jagen und fischen.
Die Siedlung Palana liegt am Fluss Palana, wenige Kilometer vor dessen Mündung ins Ochotskische Meer. Es ist ein malerischer Fluss, steil abschießend,

voller Stromschnellen und Wasserfällen am Oberlauf und launisch mäandernd in der Ebene. Das korjakische, schwer auszusprechende Wort „pyljyljyn", von dem Palana abgeleitet wurde, bedeutet schlicht „Stromschnelle".

Palana und Umgebung sind ideal zum Angeln, im Fluss sind verschiedene Lachsarten anzutreffen. Doch die Ortsansässigen gehen zum Angeln auch gerne ans Meer. Kabeljau, Scholle, Pazifischer Pollack, Heilbutt – im Museum von Palana sind Fotos von Fischtrophäen mit einem Gewicht von bis zu 56 Kilogramm zu bestaunen.

In Palana gibt es einen Seehafen und einen Militärflugplatz. Den Hafen laufen Frachtschiffe aus Petropawlowsk-Kamtschatski, Wladiwostok, Nachodka und Magadan an. Die Schifffahrtssaison währt von Mai bis Oktober.

Sollten Sie nach Palana kommen, schauen Sie im Heimatkundemuseum in der Porotow-Straße vorbei, das eine reiche Sammlung archäologischer und ethnografischer Materialien zeigt. Besonders bemerkenswert ist eine Kollektion alten Harpunen. Auch das dokumentarische Material ist einzigartig: Fotos und Filmaufnahmen aus dem Leben der Korjaken und Itelmenen, der Ewenen und Tschuktschen. Ein großes Diorama stellt den Alltag und die traditionelle Beschäftigung der Korjaken am Westufer des Ochotskischen Meeres dar.



Museen, die über Altertumsabteilungen verfügen, zeigen oft ähnliche Exponate: Mammutknochen, Schädel, Pfeilspitzen. An die unzähligen Einzelstücke erinnert man sich später im Detail kaum noch, doch manche Exponate bleiben unauslöschlich im Gedächtnis. Im Museum für die Kultur der Nomaden in Moskau ist das beispielsweise ein riesiger ausgehöhlter Eichenstamm, der als Einbaum verwendet wurde. Er lag über 100 Jahre im Wasser eines sibirischen Flusses und sieht doch aus, als sei er eben erst fertig gestellt worden.

Im korjakischen Museum in Palana blieb mir das Foto einer Person in Erinnerung, die einige Bücher über die Geschichte und Kultur der Korjaken und Jukagiren veröffentlicht hat. Das war Wladimir (Waldemar) Jochelson (1855 bis 1937), und seine Biografie ist außergewöhnlich.

Jochelson hatte sich als Student der revolutionären Gruppe von Aaron Sundelwitsch angeschlossen, die 1881 verantwortlich war für das Attentat auf Zar Alexander II., und war Mitglied der „Nardonaja Wolja" („Volkswille"). 1884 hatte ihn die zaristische Regierung nach Sibirien verbannt – und dort wurde er zum genialen Ethnografen und Sprachforscher. Er zeichnete die Überlieferungen, Legenden und Märchen der Völker des Nordens auf. Viel können wir daraus über ihre Traditionen und ihre Kultur erfahren. Er zog mit den Nomaden, fror und hungerte, aber er setzte seine Arbeit unermüdlich fort.

Ich betrachte lange das Porträt dieses fast vergessenen Wissenschaftlers. In ihm liegt nichts Fanatisches oder Asketisches. Er hat weiche Gesichtszüge, einen offenen Blick und scheint ein freundlicher, charmanter und intelligenter Mann zu sein. Vermutlich war es ihm nicht in die Wiege gelegt worden, zum

Nomaden-Forscher zu werden, der unter den extremen Bedingungen des Hohen Nordens zu den entlegendsten Völkern einen Zugang fand. Es war eher eine Anstrengung des Willens und des Geistes.

Mehr als zwei Jahre verbrachte Jochelson bei den Jukagiren und Ewenen. Er erlernte die jukagirische Sprache und sammelte wertvolles Material über die Jukagiren, ein Volk, das damals als ausgestorben galt. Seine Beobachtungen zeichnet er in zwei großen wissenschaftlichen Studien auf: „Die Skopzen von Oljomkinsk" und „Anmerkungen über die Bevölkerung des Jakutischen Landkreises aus historisch-ethnografischer Sicht". Letztere Studie wurde mit dem Preis der Kaiserlichen Geografischen Gesellschaft ausgezeichnet.

1894 bis 1897 nahm Jochelson gemeinsam mit Wladimir Bogoras (Pseudonym: Tan), einem ebenfalls verbannten russischen Revolutionär, der später ein berühmter Ethnograf, Sprachwissenschaftler und Kenner der paläoasiatischen Völker wurde, an einer sibirischen Expedition teil. 1898 kehrte er nach Sankt-Petersburg zurück. Doch schon bald zog es Jochelson wieder nach Sibirien und vor allem nach Kamtschatka, wo er weitere ethnografische und sprachkundliche Materialien sammeln wollte. Auf der Basis seiner Feldforschungen stellte er ein russisch-jukagirisches Wörterbuch zusammen. Er sammelte und bewahrte Schriftstücke auf Birkenrinde auf und trug Material zu Folklore, Sprachwissenschaft, Anthropologie, Familienbeziehungen, Religion, Brauchtum, Kunst, Kultur und Wirtschaft der Jukagiren und Korjaken zusammen, die er später in seinem Buch „Die Jukagiren" veröffentlichte.

Von 1908 bis 1912 nahm Wladimir Jochelson an einer weiteren Expedition nach Kamtschatka und zur Inselgruppe der Aleuten teil. Er sammelte umfangreiches Material über die regionale Folklore und zog interessante Parallelen zwischen der Mythologie der Tschuktschen, Ewenen und Itelmenen und den nordamerikanischen Indianern. Er erstellte ein Wörterbuch des Wortschatzes der Aleuten und übersetzte ihre Märchen, Legenden und Überlieferungen, insgesamt 150, ins Russische – eine einzigartige Leistung, die bis heute von unschätzbarem Wert ist.

Nach der russischen Revolution emigrierte Jochelson in die USA, wo er einen Teil seiner wissenschaftlichen Arbeiten auf Englisch veröffentlichte. In seiner Heimat jedoch wurden seine Arbeiten für ihre fehlende marxistische Methodik angeprangert. Dennoch hinterließ er sein gesamtes Archiv testamentarisch dem russischen Staat. Auf Basis seiner Texte stellte 1957 Johannes Anger ein jukagirisch-deutsches Wörterbuch zusammen.

Hier ist das korjakisches Märchen „Der eiserne Vogel". Wladimir Jochelson hat es auf Kamtschatka aufgezeichnet:

In einem Nomadenlager lebten einst ein Mann und eine Frau. Sie lebten schon lange zusammen, aber Kinder hatten sie keine. Sie wünschten sich sehr einen Sohn oder eine Tochter, und sie baten die Geister, ihnen zu ihrer Freude ein Kind zu schicken. Es verging einige Zeit, da spürte die Frau, dass sie bald Mutter würde. Bald gebar sie einen Sohn, und der Sohn begann sogleich zu wachsen. Die Mutter freute sich und rief dem Mann aus dem Zelt heraus zu: „Ein Sohn ist geboren. Er wächst ganz schnell, er wird bald groß sein!"
Der Mann glaubte ihr nicht und sagte: „Wenn das wahr ist, soll mein Sohn aufstehen und ein Mäuschen fangen." Der Sohn hörte, was der Vater sagte, sprang aus den Armen der Mutter und fing ein Mäuschen.

*Das Fest der Itelmenen „Alchalalai" hat sich bis heute erhalten*



„Der Sohn hat ein Mäuschen gefangen", rief die Frau dem Mann aus dem Zelt zu, „erkennst du jetzt, dass er dein Sohn ist?"
„Nein", antwortete der Mann, „wenn er mein Sohn ist, soll er in die Taiga gehen, eine Falle aufstellen und einen Zobel fangen!" Der Sohn hörte die Worte des Vaters, ging in die Taiga, stellte eine Falle auf und fing einen Zobel. Er brachte ihn der Mutter.
Und die Mutter rief ihrem Mann aus dem Geburtszelt zu: „Dein Sohn hat einen Zobel aus der Taiga gebracht, erkennst du jetzt, dass er dein Sohn ist?"
„Nein", antwortete der Mann, „wenn er mein Sohn ist, soll er dahin gehen, wo die Sonne untergeht. Er soll vier Berge überwinden, vier Flüsse durchschwimmen und den Berg finden, auf dem der eiserne Vogel lebt, der Menschen frisst. Er soll ihn fesseln und zu mir bringen. Dann werde ich ihn als meinen Sohn erkennen!" Der Sohn hörte den Auftrag des Vaters und sagte: „Ich tue, wie du befiehlst, Vater. Mach für mich sieben eiserne Hüte und flicht mir einen Gürtel, der so lang ist, wie die sieben höchsten Bäume der Taiga."

Der Vater schmiedete sieben eiserne Hüte und flocht einen Gürtel aus weichem, festem Gras, so lang, wie die sieben höchsten Bäume der Taiga. Der Sohn setzte sich alle sieben Hüte auf, gürtete den langen Gürtel um und machte sich auf den Weg, den eisernen Vogel zu finden, der Menschen frisst. Lange ging er umher, und er wuchs mit jedem Schritt. Nicht in Tagen, sondern in Stunden. Als er vier Berge überquert und vier Flüsse durchschwommen hatte, war aus ihm ein erwachsener und hübscher junger Mann geworden. Endlich kam er zu einem hohen Berg aus menschlichen Knochen. Auf der Spitze stand ein alter, vertrockneter Baum, und auf einem seiner kahlen Zweige saß ein Vogel. Dieser fragte: „Weshalb bist du gekommen?"
„Ich möchte dich fangen", antwortete der Junge, „und dich zu meinem Vater bringen, dann erkennt er, dass ich sein Sohn bin."



„Schau dich um, dann siehst du, was von denen übriggeblieben ist, die mich fangen wollten. Das wird dir auch passieren, deshalb verschwinde so schnell wie möglich!"
„Ich habe keine Angst vor dir", antwortet der Junge, „lass uns kämpfen. Wenn du mich besiegst, frisst du mich, siege ich, bringe ich dich zum Vater."
„Gut", sagte der eiserne Vogel, „mach dich bereit, gefressen zu werden."
Der eiserne Vogel flog von seinem hohen Baum herab, fiel wie ein Stein auf den Jungen und hackte mit seinem scharfen Schnabel auf seinen Kopf ein. Doch auf dem Kopf trug der Junge sieben eiserne Mützen. Der Tag neigte sich dem Ende zu, die Nacht kam, und der eiserne Vogel hatte erst einen eisernen Hut zerhackt. Der Junge verlor indes ebenfalls keine Zeit. Er band das Ende seines Gürtels an die Beine des Vogels und umkreiste ihn, und während der Vogel mit dem Schnabel auf seinen Kopf einhackte, umwickelte er ihn mit dem grasgeflochtenen Gürtel. Es vergingen sechs Tage und sechs Nächte. Der Vogel hatte sechs eiserne Mützen auf dem Kopf des Jungen zerhackt, nur eine war übrig. Doch der Junge hatte in dieser Zeit den Vogel so fest mit seinem Gürtel umwickelt, dass nur noch der Kopf und der Hals zu sehen waren. Der siebte Tag brach an, der eiserne Vogel reckte den Hals, um die letzte Mütze auf dem Kopf des Jungen zu zerhacken. Der Junge nahm das Ende des Gürtels und legte es dem Vogel so um den Hals, dass der Vogel seinen Hals nicht mehr bewegen und seinen Schnabel kaum mehr öffnen konnte.
„Nun", fragte der Junge, „wer hat gewonnen? Du oder ich?"
„Du hast mich besiegt, großer Mergen, bring mich zu deinem Vater. Mag er dich als seinen Sohn anerkennen." Der eiserne Vogel versprach, die Menschen in Zukunft in Ruhe zu lassen und kein Menschenfleisch mehr zu fressen. Da nahm der Junge den abgestorbenen Baum, setzte den eisernen Vogel darauf

und machte sich auf den Heimweg. Er brachte den Vogel ins Haus seines Vaters und fragte: „Erkennst du jetzt, dass ich dein Sohn bin, Vater?"
„Jetzt erkenne ich, dass du mein Sohn bist, Mergen", antwortete der Vater. Er wollte den eisernen Vogel mit den Händen berühren, doch als er sich ihm näherte, funkelte der Vogel furchtbar mit den Augen und schrie mit schrecklicher Stimme! Der Vater erschrak und wies den Sohn an, den Vogel aus dem Haus zu bringen oder ihn zu töten. Der Junge hatte Mitleid mit dem eisernen

*„Alchalalai" wird im Dorf Kowran am letzten Sonntag im September gefeiert*

Vogel und tötete ihn nicht. Er trug ihn an den Waldrand, setzte ihn auf einen hohen Baum und versprach, ihn jeden Tag zu besuchen und ihm Futter zu bringen. Der eiserne Vogel brauchte viel Nahrung. Der eiserne Vogel hatte sich an den Jungen gewöhnt, und er war zutraulich geworden! Einmal sagte er: „Dein Vater wird bald von dir verlangen, dass du mich tötest. Aber lass mich davon fliegen. Ich werde sehr weit weg fliegen und künftig keine Menschen mehr anrühren. Wenn wir uns verabschieden, gebe ich dir eine Feder aus meinem Gefieder. Du darfst sie nicht verlieren. Wenn du auf die Jagd gehst, wirf die Feder hoch und schau, wohin ihre Spitze zeigt. In diese Richtung musst du gehen, und du wirst erfolgreich sein bei der Jagd und dein Glück finden!"
Als der Sohn nach Hause kam, trug ihm der Vater auf, den eisernen Vogel zu töten. Aber der Sohn konnte den Vogel nicht töten und ließ ihn frei, wofür der Vogel ihm die versprochene Feder schenkte. Wann immer der Sohn auf die Jagd ging, kehrte er mit reicher Beute zurück. Vater und Mutter lebten

gut unter der Fürsorge ihres gutmütigen Sohnes! Der kräftige, hübsche Junge wurde von allen Mergen genannt. Für ihn nahte die Zeit zu heiraten, und die Eltern wollten ihm eine Braut auswählen. Aber es gab keine schöne Braut, die seiner würdig gewesen wäre. Mergen beschloss, sich selbst eine Braut zu suchen. Er nahm seinen Bogen, Pfeile und Wegzehrung, verabschiedete sich von Vater und Mutter, warf die Feder des eisernen Vogels empor und ging in die Richtung, die die Spitze der Feder zeigte. Er ging und ging lange, doch traf er keine Menschenseele. Mergen bekam Hunger und schrie laut:

„Du hast mich betrogen, eiserner Vogel! Wo ist das Glück, dass du mir versprochen hast? Ich habe dir vertraut, bin dem Weg gefolgt, den deine Feder zeigte, doch ich habe weder ein Tier noch einen Vogel getroffen und muss jetzt vor Hunger sterben!"



Kaum hatte er das letzte Wort gesagt, als über seinem Kopf ein kleiner Vogel flatterte. Er packte den Bogen, aber das Vögelchen sagte:

„Töte mich nicht, Mergen, komm mit mir!" Mergen folgte dem Vogel. Er ging und ging und war ganz schwach vor Hunger. Er stolperte und ihm war schwarz vor Augen! Gleich wird er fallen! Er hatte keine Kraft mehr und konnte nicht mehr laufen. Plötzlich hörte er eine zarte Stimme:

„Hier ist der Weg zu Ende! Mergen, Kopf hoch, schau nach vorn!"

Mergen hob den Kopf. Vor ihm erstreckt sich eine Lichtung, und auf der Lichtung steht ein Haus, ganz und gar hell. Ihm entgegen kommt ein Mädchen, so schön, wie er noch keines gesehen hatte! Schwarze Zöpfe fallen bis zur Erde, ihr Seidenkittel ist mit ungewöhnlichen Mustern in verschiedenen Farben bestickt, sie fließen wie die Blumen auf der Lichtung eine in die andere, und die glitzernden Verzierungen am Saum klingen wie silberne Glöckchen!

„Guten Tag, Mergen. Ich warte schon lange auf dich!"

Da verstand Mergen, dass ihn der eiserne Vogel nicht betrogen hatte. Er hatte sein Glück gefunden. Bald machten sie sich auf den Weg zum Haus von Mergens Vater und Mutter. Die Hochzeit wurde gefeiert und Mergen und seine schöne Frau lebten glücklich zusammen. Sie lebten lange. Sie hatten viele Kinder, alle waren sehr hübsch. Die Mädchen lernten von ihrer Mutter, schöne Kleider zu nähen und kunstfertige Handarbeiten anzufertigen. Die Jungen wurden wie der Vater tapfere und flinke Jäger. Und sie lernten von ihrem Vater, verschiedene Dinge aus Holz mit ungewöhnlichen Schnitzmustern zu verzieren. Sie lebten glücklich! Und vielleicht leben sie noch heute und fertigen solche Schatullen an, wie diese?

Doch zurück nach Palana, in das Heimatmuseum, in dem wir das Foto des berühmten Ethnografen Jochelson entdeckten, der seinen Lebensweg 1937 in

New York beendete. Und wir erinnern uns, dass jede Stadt ihren guten Geist, ihren „genius loci" hat.
In Palana ist der gute Geist Nadeschda Chelol. Sie ist der Stolz des Ortes, und alle Besucher werden gern in das Privatmuseum der Familie Chelol geführt. Nadeschda Chelol ist eine Meisterin des regionalen Kunsthandwerks. Es scheint, dass sie alles kann: nähen und sticken, mit Stoff, Fell, Leder und Glasperlen arbeiten, sie ist bewandert in Porträt- und Landschaftsmalerei. Das Museum stellt ihre Arbeiten und die ihrer Schüler – und das ist das halbe Dorf – aus.
In Palana findet sich zwischen der Gil-Straße und der Proletarski-Gasse die Kirche des wundertätigen Nikolai. Der hübscher Holzbau mit einer Kuppel ist die nördlichste Kirche Russlands.
Am 21. Januar 2014, dem Geburtstag des korjakischen Schriftstellers und Publizisten Wladimir Kojanto, wurde am Haus Nr. 5 in der Tschubarow-Straße in Palana eine Gedenktafel für ihn angebracht. Wladimir Kojanto ist der erste professionelle korjakische Schriftsteller und Mitbegründer des Schriftstellerverbandes von Kamtschatka.



Ich weiß nicht mehr, wie das Buch hieß und wer es geschrieben hat, das ich in einem Hotel in Italien fand. Jemand hatte es dort zurückgelassen. Ich war für einige Tage des „dolce far niente" (des süßen Nichtstuns) nach Italien gekommen, und dort las ich einen Roman über Kamtschatka, der mich nicht losließ. Die Hauptheldin blieb als Waise zurück. Ihre Eltern starben im Spätherbst in der Taiga.
„Sie hatten sich in der Taiga ein wenig voneinander entfernt. Da kam das Tier. Es war wahrscheinlich kein Bär, sondern ein böser Geist! Wie ein Gespenst tauchte er plötzlich aus einem halb vermoderten Baum auf, direkt neben meiner Mutter, und mit dem ersten furchtbaren Schlag seiner Tatze riss er ihr die Haut vom Gesicht, sie war augenblicklich blind.
‚Hilfe', schrie sie mit der Stimme eines Menschen in Todesangst. Ihr Mann hörte sie und eilte herbei, um seine Frau zu retten. Ihre Hände ertasteten den Hals und die Brust des Mannes. Er hielt sie mit dem linken Arm umschlungen, denn sie war für ihn das teuerste Wesen auf der Welt, und wehrte sich mit dem rechten Arm gegen den Geisterbären. Er stach mit seinem Messer auf ihn ein, ohne die Zähne und Krallen des Tiers zu spüren, bis sie ein blutüberströmtes Knäuel bildeten, das über den Boden rollte. Die schreckliche Schwere des verendenden Tieres zerdrückte krachend die Brust des Vaters. Drei Wesen starben fast gleichzeitig. Doch selbst in der letzten Minute fand der Vater die Kraft, die kleine Hand der Mutter zu drücken."
In dieser Nacht konnte ich nicht schlafen. Mal war es der Schrei eines Nachtvogels, der mich störte, mal belebten sich seltsame Bilder eines nächtlichen Waldes, in dem die großen Tiere die kleinen bedrohen und ein endloser Kampf herrscht. Und zwischen allem schimmerten im Halbschlaf zwei aneinander

geschmiegte Schatten, Mann und Frau, durch, die nichts anderes wollten, als zusammen zu sein.

Nachdem wir an der Gedenktafel für den Schriftsteller Kojanto kurz verweilten, spazieren wir weiter durch Palana oder fahren zu den Thermalquellen am Oberlauf der Palana. Dort kann man gemütlich baden. Die Quellen sind überdacht, und es gibt mehrere Badebecken.

*Der Korjakische Autonome Kreis wurde im Jahre 2007 mit dem Gebiet Kamtschatka zu Kamtschatski Krai vereinigt. Heute leben hier Korjaken, Kamtschadalen und Itelmenen*

Das regionale Tourismusbüro kann sich vor Nachfragen nach Schlauchbootfahrten über die donnernden Stromschnellen der Palana kaum retten. Der Blick auf die Seen und der Besuch der heiligen Stätten der Korjaken „Waschparra", „Worantana", „Togatka" und „Jekut" ist im Preis inbegriffen. Die Bewohner der Gegend kommen häufig hierher: Sie sind der Meinung, dass jeder Baum, jeder Grashalm, jeder Fleck Erde eine Seele hat, und sie verneigen sich vor diesen alten Naturschauplätzen, an denen ihre Vorfahren lebten.

Palana ist einer der besten Orte, um den Alltag der indigenen Völker Kamtschatkas zu erleben. Etwa 30 Kilometer von der Siedlung entfernt befindet sich das Korjaken-Lager „Jajana", „Jajana" ist die korjakische Bezeichnung für das Gerüst einer tragbaren Jaranga. Hier kann man sich mit den Wohn- und Haushaltsgegenstände der Korjaken vertraut machen und am traditionellen Fischfang teilnehmen. Ein Konzert des nationalen Folkloreensembles „Wejem" erlebt man im Ethnokulturellen Zentrum „Kachtana".

Die nächste Siedlung heißt Ossora und hat 2 111 Einwohner. Sie wurde im Jahre 1937 gegründet und liegt an der Bucht der Karaginsker Meerenge an der Beringsee und am Ossorskoje See. „Haus des Buckellachses", so wird der Name aus dem Korjakischen übersetzt. Von alters her zieht der Buckellachs wie auch der Rotlachs, der Silberlachs und der Ketalachs zum Laichen in den tiefen, strömungsstarken See.

Die Siedlung liegt auf einer vier Kilometer langen Plateau. Hinter dem See erstrecken sich Birkenwälder. Auf dem Plateau wachsen Hagebutten und Heckenkirschen, Ebereschen, Rauschebeeren und Preiselbeeren, Wacholder, Himbeeren und Rote Johannisbeeren. Am Horizont sind die Berge mit ihren silbernen „Mützen" zu sehen.



Sechs Straßen und genau so viele Gassen gibt es, in Ossora kann man sich nicht verlaufen. Die Straßennamen sprechen für sich: in der Spitalstraße befindet sich das Krankenhaus, in der Schulstraße die Schule, in der Fabrikstraße die Fischkonservenfabrik. Wer eine Postkarte nach Hause schicken will, geht in die Poststraße.

In Ossora gibt es das seltsamste Flughafengebäude auf ganz Kamtschatka. Jeder, der es zum ersten Mal sieht, muss lächeln. Es ist ein sorgfältig gezimmertes Holzhaus, blau angestrichen, mit weißen Fensterrahmen, und auf dem Flugfeld steht ein großes Metallschild mit der Aufschrift „Es ist verboten, Kartoffeln zu setzen!"

Der Mittelpunkt des Lebens in Ossora ist der Hafen. Es gibt zwar keine Passagierverbindungen, doch Fischerei- und Frachtschiffe nutzen ihn.

Die Sowjetskaja Straße kann man als das kulturelle Zentrum des Ortes bezeichnen. Hier befindet sich auch das Lieblingscafé der Einheimischen, es trägt den Namen „Lakomka" („Leckermaul").

Der „genius loci" Ossoras ist Wladimir Lasarew. Er hat das hiesige Heimatmuseum gegründet, ist ein berühmter Künstler und ein berühmter Hundeschlittenführer. Er war einer der ersten „Beringija"-Teilnehmer.

Fragt man die Dorfbewohner, was man sich in der Umgebung ansehen soll, so empfehlen sie einen Aufstieg auf den Berg Koldunja, den „Hexenberg", der sich etwa acht Kilometer südlich der Siedlung befindet. Von hier aus hat man einen wunderbaren Blick über den Ort und die Bucht. An Mystik Interessierten erzählen die Ortsansässigen gern Geschichten über den ungewöhnlichen Berg mit seinen archaischen Megalithsteinen. Die Bedeutung dieser Steinblöcke ist nicht entschlüsselt, doch es ist klar, dass sie keinen praktischen Nutzen hatten, sie wurden für religiöse Kulte hier herauf gebracht. Hier, auf dem

Berg Koldunja, spürt man wie nirgendwo sonst die Kontinuität der Zeit: Wie nahe sind wir dem, was sich hinter dem Kürzel v.u.Z. verbirgt.
Bei Ossora befindet sich ein heiliger Ort mit dem ungewöhnlichen Namen „Perwaja Koschka" („Erste Katze"). Es ist ein altes Korjakenlager, dessen Bewohner bis heute mit Fischfang und der Jagd von Meeressäugetieren beschäftigt sind. Das Gebiet befindet sich unter dem Patronat der korjakischen Stammesgruppe Jutschgiw.
Die Küste des Ochotskischen Meeres ist vom Fluss Schamanka aus sehenswert. Hier befinden sich große Robbenkolonien. Die Flüsse sind fischreich, und an ihren Ufern befanden sich einst uralte Nomadenlager der Rentierzüchter.
In Ossora leben die Angehörigen der indigenen Völker auch heute noch entsprechend ihrer Traditionen.



Unweit von Ossora liegt in der Beringsee die Insel Karaginski, man erkennt sie an ihren bewaldeten Bergrücken. Sie ist 101 Kilometer lang und bis zu 27 Kilometer breit. Am Westufer der Insel liegt die Bucht „Loschnich Westei" („Falsche Nachrichten"). So wurde sie vom russischen Seefahrer Fjodor Litke genannt, weil er hier keine geeignete Stelle fand, den Anker zu werfen. Die Meerenge, die die Insel Karaginski vom Festland trennt, trägt den Namen Litkes.
Die Uferlinie der Insel ist zerklüftet. Im Südosten bilden die nah ans Ufer heranreichenden Berge große Felsvorsprünge. In der Mitte liegt der 920 Meter hohe Berg Wysokaja. Drei Flüsse entspringen auf der Insel: Gnunwajam, Mamikinwajam und Markelowskaja.
Die Insel Karaginski ist ein wahres Naturparadies. Es ist ein wichtiges Durchgangs- und Brutgebiet für Wasservögel und daher eines der Ramsar-Gebiete Russlands. Hier leben bedrohte Vogelarten, darunter Steinadler, Riesenseeadler, Gerfalke, Wanderfalke, Rosenmöwe und Aleutenseeschwalbe. Im Wasser rings um die Insel leben Seehunde und Wale: Sie werden oft ans Ufer geworfen und verenden elendiglich. An der Küste der Insel findet man viele Tierknochen, die in der Vergangenheit von Walfängern hinterlassen wurden.
Eine Besonderheit der Insel Karaginski ist ihre üppige Vegetation. Hier wachsen Birken, Ebereschen, Erlen und Zwergzedern. An Beeren sind Rauschebeeren, Krähenbeeren und Preiselbeeren vertreten, sowie eine Beerenart, die die Deutschen Kamtschatka-Heckenkirsche (Lonicera kamtschatica), Sibirische Blaubeere oder Maibeere nennen, auf russisch heißt sie Gimolost. Die saftig-süßen Früchte können frisch verzehrt oder zu Marmelade, Kompott oder Saft verarbeitet werden.
Ich erinnere mich, dass unsere kleine Touristengruppe mit den Einheimischen über eine Bootsfahrt verhandelte. Sie waren bereit, uns mit Motorbooten von

Ossora aus zur Insel Karaginski zu bringen. Wir träumten davon, diese legendäre Insel zu besuchen, der Ort, wo am häufigsten auf Kamtschatka Wale stranden. Doch aus der Reise wurde nichts. Das Meer bot einen furchterregenden Anblick, es kochte und brüllte. Meterhoch türmten sich die Wellen, die Gischt spritzte 30 Meter ins Land hinein. Ein Sturm zog auf.
Freunde, die auf dieser Insel waren, erzählten, dass man dort viele Walknochen finden kann. Der junge Gelehrte Krascheninnikow fügte in sein Kam-

*Das Flughafengebäude von Ossora*



tschatka-Buch eine Zeichnung von Walen ein, die auf der Insel Karaginski gestrandet waren. Sie lagen einer über dem anderen an der Küste.
Es gibt drei Walarten vor Kamtschatka. Der Nördliche Blauwal kann eine Länge von bis zu 33 Metern und ein Gewicht von 150 Tonnen erreichen. Der Grönlandwal ist ein Polarwal, der in der Beringsee überwintert, er erreicht eine Länge von 14 bis 18 Metern und ein Gewicht von 60 bis 100 Tonnen. Der Grauwal wird 12 bis 15 Meter lang und 20 bis 35 Tonnen schwer. Mich fasziniert der Aufbau der Walherzen. Diese wundersame Pumpe wiegt eine Tonne und jagt drei Mal pro Minute das mit Sauerstoff angereicherte Blut durch einen Kreislauf, der 4 500 Mal größer ist als der des Menschen. Das Herz des Wales gehört zu den 100 klügsten Erfindungen der Natur, so steht es jedenfalls auf einer Liste, die im Jahre 2008 von den Vereinten Nationen zu Fragen der Umwelt und des Internationalen Naturschutzes zusammengestellt wurde.
Was hat es mit dem rätselhaften Walsterben, dem „Suizid" der Wale auf sich? Die Frage ist bisher nicht beantwortet, obwohl seit Plutarchs Zeiten nach Erklärungen für dieses Phänomen gesucht wird, das auch damals schon be-

schrieben wurde. Es ist ein überaus komplexes Problem, und mit der Zeit wurden unterschiedliche Erklärungen von Wissenschaftlern angeboten. So heißt es, es gebe versteckte Fallen, die sich an der Küste durch Sandauswaschungen bilden und die Tiere vom Meer trennen, andere führen psychische Störungen des Leittieres an, der die Herde in die Irre leitet, wieder andere nennen es eine Massenpanik der Herde, andere verweisen auf Parasiten, die den Hörsinn

*Die kleine Insel Mantschur in der Karaginsker Meerenge der Beringsee ist Lebensraum von Meeressäugetieren – Walross, Seelöwe, Robbe und Seehund*

der Tiere beeinträchtigen ... Einmal sah ich einen Dokumentarfilm über Wale. Die riesigen Meeressäuger schwammen an die Felsküste von Kamtschatka, rieben sich an den Felsen, um Muscheln und andere Parasiten, die an ihrer Haut klebten, abzustreifen. Vielleicht ist eine leidvolle Krankheit der Grund für ihren Selbstmord? Die aktuellste Erklärung ist, dass Wale Massenselbstmord begehen, weil ihr Echolotsystem aufgrund des Unterwasserlärms und anderer Faktoren wie dem Schiffslärm gestört wird. So jedenfalls hieß es nach dem Walsterben in der Golden Bay in Neuseeland am 10. Februar 2017.
Auf Kamtschatka erzählte mir ein alter tschuktischer Waljäger seine Version: „Ich habe oft beobachtet, wie eine Herde Schwertwale einen Wal jagte und

ihn ans Ufer trieb. Der Wal brüllte so laut, dass es kilometerweit zu hören war! Schwertwale fressen keine Wale, sie handeln aus natürlicher Bosheit. Nicht umsonst erzählt man eine böse Anekdote über Schwertwale: Die Schwertwale wollten dem Wal eine Geburtstagskarte schicken, doch überlegten sie lange, wie sie unterschreiben sollten. Sollten sie als ‚Herde von Schwertwalen" oder als ‚Gruppe von Genossen' unterzeichnen? Sie unterschrieben mit ‚Herde von Genossen'.

Und noch etwas. Mein Großvater erzählte mir, dass die Tschuktschen früher bei der Waljagd Giftpfeile einsetzten. Zunächst spürte der riesige Meeressäuger keine Verletzung, doch nach einiger Zeit führt das Gift zu unerträgliche Schmerzen und später zu schweren Krankheiten. Die Tschuktschen sind das einzige Volk des Nordens, das keine ans Ufer gespülte tote Wale verzehrt. Wir nehmen nur das Fett, das wir zur Beleuchtung unserer Jarangas nutzen.

Nach meiner Beobachtung sind Wale ganz besondere Lebewesen. Sie sind verletzlich, ängstlich, nervös und mit sich selbst beschäftigt. Sie sind sehr sensibel. Unsere Legenden überliefern, dass die Wale in uralten Zeiten auf dem Festland lebten. Doch Vulkanausbrüche und Überschwemmungen trieben sie ins Meer. Vielleicht ist es ja ihr Urgedächtnis, dass sie zurückruft und dazu zwingt, an Land zu verenden?"



An der nordöstlichen Küste der Insel Karaginski erstreckt sich das Naturreservat „Laguna kasarok" („Lagune der Meergänse"). Was unterscheidet ein Naturreservat von einem Naturschutzpark? Es sind die Jagdbeschränkungen. Im Naturreservat „Laguna kasarok" ist die Jagd auf alle Vogelarten verboten, doch Pelz- und Rentiere dürfen gejagt werden und auch das Angeln ist erlaubt. In einem Naturschutzpark ist das strikt verboten.

Die Fläche des Reservats, das 1983 als Vogelschutzreservat gegründet wurde, beträgt 170 Quadratkilometer. Es schließt die Lagune, das anliegende Uferterrain, die Insel Mantschur und einen Teil der Wasserfläche der Utkinski-Bucht ein. Es ist das einzige Gebiet auf Kamtschatka, das von Amerikanischen Meergänsen (Schwarze Meergänse) als Rastplatz gewählt wird. Auch andere seltene Enten- und Gänsearten sind hier heimisch. Die kleine Insel Mantschur in der Karaginsker Meerenge der Beringsee ist Lebensraum von Meeressäugetieren – Walross, Seelöwe, Robbe und Seehund. Die Insel wurde zu Ehren eines Kanonenbootes der Sibirischen Kriegsflotte benannt. Das Kanonenboot „Mantschur" war in einer Werft in Kopenhagen gebaut und am 22. Oktober 1886 zu Wasser gelassen worden.

Das Dorf Tilitschiki hat 1 744 Einwohner und gilt als Tor zum Korjakischen Staatlichen Naturschutzpark. Hier befindet sich die Parkverwaltung, in der Sie sich für eine Tour registrieren lassen müssen. Das Dorf liegt im nordöstlichen Teil der Halbinsel an der Küste der Beringsee. Die Einwohner leben vom Fischfang und von der Jagd.

Seine Entstehung verdankt das Dorf einem Mönch namens Nestor, der als Missionar nach Kamtschatka kam, um die Bewohner der Halbinsel zum Christentum zu bekehren. „Auf dem ebenen, verschneiten Platz von Tilitschiki waren acht korjakische Jurten aufgeschlagen. Mit ihren Öffnungen in der Mitte sahen sie aus wie kleine aktive Vulkane", schrieb er über seine Reise. Kirche, Schule und Krankenstation wurden 1912 gebaut, und dieses Jahr gilt auch als Gründungsjahr des Ortes, obwohl er offiziell 1892 gegründet wurde. Die Bewohner des Ortes errichteten eine Gedenktafel für Nestor, „den Begründer von Tilitschiki und einer neuen historischen Epoche für die Korjaken von Oljutor". Auf einer Anhöhe oberhalb des Dorfes steht ein Kreuz, das einem anderen Missionar gewidmet ist, Innokenti, dem Metropoliten von Moskau.

Auch eine orthodoxe Kirche der Heiligen Apostel Kyrill und Method gibt es in Tilitschiki. Kuppel und Kreuz wurden auf dem Seeweg aus Moskau geliefert und im November 2013 aufgesetzt.
Und Tilitschiki hat ein Heimatkundemuseum, das 1992 gegründet wurde. Zu den Exponaten gehören Kultgegenstände der indigenen Völker Kamtschatkas.
Der nördlichste Teil Kamtschatkas gilt als Revier der Geologen. Einige Generationen von ihnen sind in der Siedlung Korf an der Küste der gleichnamigen Meerenge aufgewachsen. Heute ist dieser Ort praktisch verschwunden, ein Erdbeben hat ihn im Jahr 2006 zerstört, und die Bewohner wurden nach Tilitschiki und Ossora umgesiedelt. Doch jeder Geologe im Fernen Osten wird sagen: „Korf war die geologische Hauptstadt Kamtschatkas!" Im Jahr 1969 war Korf zur Basisstation der geologischen Erkundung Nordkamtschatkas gemacht worden. In jedem Frühjahr brachen Trupps zur Erkundung der Bodenschätze auf. Die Geologen stießen auf Lagerstätten von Zinn, Gold, Schwefel und Kohle. Ende des 20. Jahrhunderts tauchte ein weiterer Reichtum Kamtschatkas auf: Platin. Und diese Vorkommen zählen zu den größten der Welt.
Nach Korf brachte mich seinerzeit die Neugier. Ich wollte Geologen kennenlernen. Früher dachte ich, dass Kamtschatka keine Reichtümer birgt, nur das heiße Wasser aus der Erde und die Fische im Ozean. In Korf lernte ich einen Geologen kennen, der mich über die Naturreichtümer Kamtschatkas aufklärte. Ein dunkelhaariger Mann, der einem Moldawier ähnelte. Ich fragte ihn, welcher Nationalität er sei, und er antwortete: Kamtschatker. Eine solche Nationalität gebe es nicht, widersprach ich. Doch, es gibt sie, hielt er entgegen und verwies auf ein Eigenverständnis, das nicht durch Blut, sondern durch das Bewusstsein gespeist wird.
Den Abend verbrachte ich in der Gesellschaft der Geologen. Was verlangt der Beruf des Geologen? Es ist ein Beruf für Mutige, für Männer, die in der Lage

sind, jahrelang in den entlegendsten Gegenden zu leben, jeden Tag 30 Kilo schwere Rucksäcke mit sich herumzuschleppen, in Blockhütten zu wohnen, die im Winter vom Schnee zugeweht werden, ihre Lebensmittel einmal im Monat vom Hubschrauber abgeworfen zu bekommen und ihre Frau einmal pro Jahr im Urlaub zu sehen.
Wir tranken ein wenig Rotwein und aßen Käse mit Zedernüssen nach. Dann sagte jemand: „Ja, Kamtschatka formt einen besonderen Charakter. Nicht umsonst hat gerade hier, auf Kamtschatka, der Weg des Fjodor Konjuchow begonnen, des berühmtesten russischen Reisenden der Gegenwart. Er hat mehrfach den Nordpol bezwungen, sogar im Alleingang, umsegelte die Welt Nonstop mit seiner Jacht, legte 12 000 Kilometer bei der transkontinentalen Velotour ‚Von Ozean zu Ozean' zurück und flog in Rekordzeit mit einem Ballon um die ganze Welt." Sein Charakter bildete sich auf Kamtschatka aus. Ein Jugendfreund, Michail Poborontschuk, erinnert sich:
„Das ist lange her und scheint doch erst kürzlich gewesen zu sein – im Jahr 1981. Wir bereiteten eine Jachtüberfahrt von Petropawlowsk-Kamtschatski zu den Kommandeurinseln vor. Mir wurde ein neues Mannschaftsmitglied vorgestellt. Ein schmächtiger Bursche mit spärlichem Bartwuchs streckte mir seine schmale knochige Hand hin und murmelte hastig: ‚Fjodor Konjuchow.' Ein unauffälliges Gesicht, wäre da nicht der rötliche Schimmer des Bartes gewesen und ein ausgeblichenes Barett, das er meist trug.
Fjodor und ich waren zur Nachtwache auf der Jacht ‚Tschukotka' eingeteilt. Es blendet, wenn man nachts die Kompassbeleuchtung anmacht. Wenn man den Kurs mit einer Taschenlampe prüft, blendet es auch. Nach der Dunkelheit ins Licht und umgekehrt. Da dachten wir uns: Wählen wir einen Stern, der weit weg vor der Nase der Jacht liegt und richten wir das Schiff danach aus. In der Endlosigkeit des Meeres, umgeben vom Rauschen der Wellen und den schweren Atemstößen der Schwertwale, die immer wieder zum Luftholen auftauchten, lernte ich Fjodor richtig kennen.
Bei der Beringinsel gerieten wir in einen Sturm der Stärke Acht. Die ‚Tschukotka' wurde auf den höchsten Kamm einer Welle gehoben, und wir sahen zehn Meilen im Umkreis den wütend brodelnden Ozean, dann stürzte sie heftig, wie ein Flugzeug in einem Luftloch, herab. Wir mussten die Segel einholen und gegen ein Sturmsegel tauschen, aber oh weh: Das Großsegel hatte sich ganz oben an dem 16 Meter hohen Mast verklemmt. Jede Sekunde konnte es zerfetzt werden, oder, was schlimmer gewesen wäre, der Mast brechen.
Kapitän Leonid Lyssenko hatte die Frage, wer hoch steigt, noch nicht beendet, als Fjodor schon am Mast stand. Guter Gott, schon nach oben zur Spitze des Mastes zu schauen war schrecklich, so stark schwankte er, neigte sich zur einen, dann zur anderen Seite.

Wir befestigten schnell einen Sitz am Tross. Als Fjodor oben angelangt war und es ihn von einer auf die andere Seite warf, in die Wanten und an den Mast schlug, hatte ich mich in Gedanken bereits von ihm verabschiedet. Es schien nur noch ein Augenblick, bis der entfesselte Wind ihn greifen und weit hinaus in die tödlichen Wellen schleudern würde. Doch Fjodor war es in einer halben Minute gelungen, das Großsegel freizubekommen, und er rettete uns damit allen das Leben."

*Kamtschadalen werden die Nachkommen aus gemischten Ehen zwischen Russen und Indigenen genannt, die ihre traditionelle Lebensweise führen, jagen und fischen*

Ich entsinne mich, dass wir durch die leeren nächtlich Straßen von Korf schlenderten, die Stille mit unserem Lachen durchbrachen, die Geologen uns zu unserem Häuschen begleiteten, das wir für einige Tage bezogen hatten, wir lange an der Schwelle standen und uns immer noch etwas zu erzählen hatten, wir dann sagten, dass nun wir sie nach Hause begleiten wollten. Wir brachten die Geologen bis zu ihrem Haus und konnten uns wieder lange nicht trennen, bis sie sagten: Und nun aber begleiten wir euch nach Hause.
Es war eine wunderbare Zeit, die Jugendzeit ist voller Zärtlichkeit und süßer Erwartung und Glück, das überall zu Hause ist.

# Die geschlossene Stadt Wiljutschinsk

**Sehenswürdigkeiten; Geschichte des berühmten Atom-U-Boots K-19; ein Spionageskandal**

Der Bus braucht von Petropawlowsk-Kamtschatski nach Wiljutschinsk rund 80 Minuten. Doch um die geschlossene Stadt zu besuchen, benötigt man nach wie vor die Genehmigung des Föderalen Sicherheitsdienstes. Früher durfte die Stadt mit keinem Wort erwähnt werden. Heute ist der Reiz der „geschlossenen Städte" verflogen, und nur von Zeit zu Zeit tauchen Meldungen in der russischen Presse auf. Der Autor eines kleinen russischen Reiseführers „Kamtschatka", der 2014 erschienen ist, ist sogar so weit gegangen, dass er, als er Wiljutschinsk beschrieb, technische Angaben zu allen russischen U-Booten, die im Atom-U-Boot-Stützpunkt stationiert sind, machte.
Mit russischen U-Boot-Matrosen ist eine Tragödie verbunden, die Grundlage für eine Hollywood-Verfilmung war. Im Film „K-19: The Widowmaker" (der deutsche Filmtitel lautet „K-19 – Showdown in der Tiefe") wird der russische Fregattenkapitän von Harrison Ford gespielt. Doch davon später.
Zunächst wollen wir durch die Stadt bummeln, die in den Jahren des Kalten Krieges von der NATO „Wespennest" genannt wurde. Hier befindet sich das gesamte Arsenal der Unterwasser-Raketenträger auf Kamtschatka. Um zu verstehen, wie treffend das Wort „Wespennest" war, muss man sich die heutigen U-Boote anschauen. Sie können bis auf eine Tiefe von 520 Metern tauchen und erreichen Geschwindigkeiten von bis zu 33 Knoten. Die Mannschaft besteht aus bis zu 130 Personen. Die U-Boote sind in ihrem Betrieb autonom und können 120 Tage unter Wasser bleiben. Es heißt, diese Art von U-Booten könne völlig unbemerkt die ganze Welt umrunden.
Auf den ersten Blick ist Wiljutschinsk eine Stadt wie jede andere. Spazierwege führen hinunter in die Bucht, die den Blick auf den hier smaragdgrünen Ozean öffnet. Das Wasser wirkt wie eine Oase der Ruhe.
Wiljutschinsk erstreckt sich über 341 Quadratkilometer und zählt 21 763 Einwohner. Ihren Namen erhielt die Stadt 1994 nach dem Wiljutschinski-Vulkan. Von 1970 bis 1994 hieß sie Petropawlowsk-Kamtschatski-50.
Die Krascheninnikow-Bucht, an deren Küste Wiljutschinsk liegt, befindet sich im südlichen Awatscha-Meerbusen. Die Bucht trägt den Namen des Geografen und Erforschers Kamtschatkas Stepan Krascheninnikow. Er machte hier im Jahre 1739 Halt und gab der schönen Bucht den Namen Tarjinskaja, weil sich ganz in der Nähe der erloschene Tarja-Vulkan befindet. Später wurde sie ihm zu Ehren umbenannt.
Wiljutschinsk besteht aus zwei großen Neubaugebieten: in Rybatschi ist das Atom-U-Boot-Geschwader stationiert und leben die U-Boot-Mannschaften mit ihren Familien, in Primorski wohnen Werftarbeiter und Marineoffiziere.

Eine Stadterkundung kann beim Heimatkundemuseum beginnen, dort erfährt man eine Menge über die Geschichte der Flottenstationierung im Nordpazifik und auf Kamtschatka. Ich erinnere mich daran, dass in Petropawlowsk-Kamtschatski einmal ein U-Boot wie ein Denkmal im Hafen lag, und alle kamen herbei und ließen sich mit dem U-Boot fotografieren. Ich dachte: Vor dir haben sich Tausende hier fotografiert, also muss etwas dran sein. Lass ein Foto machen und schick es gnadenlos an alle.
In Wiljutschinsk kann man die Kirche des Heiligen Seraphim von Sarow und die Kirche des Heiligen Apostels Andrej des Erstberufenen unmöglich übersehen. Beide Kirchen wurden 1990 errichtet. Die Kirche des Apostels Andrej ist die Garnisonskirche im Fernen Osten.
Als ich erfuhr, dass die Kirche in Wiljutschinsk dem Heiligen Seraphim von Sarow geweiht werden sollte, dachte ich: Was hat dieser Heilige nur für ein Pech mit geschlossenen Städten! Zuerst wurde seine Heimatstadt Sarow, in dessen Klosterkirche er 1833 bestattet worden war, zu einer geschlossenen Stadt erklärt. Sarow galt in der Sowjetzeit als das geheimste und bestbehütete Objekt und hieß Arsamas-16. Dort wurden Atomwaffen hergestellt. Das Kloster war nach der Revolution geschlossen worden, die Reliquien des Heiligen waren verschwunden. Später hieß es, die Reliquien seien in Leningrad aufgetaucht. 1990 wurden sie feierlich in das Frauenkloster Diwejewo im Gebiet Nischni Nowgorod überführt, weil es in Sarow keine einzige Kirche mehr gab. Nun trägt die Kirche in der geschlossenen Stadt Wiljutschinsk den Namen des Heiligen. Ist das nicht eigenartig? Ich sah Fotos dieser Kirche und darunter auch eine große, wunderbar gemalte Ikone des Heiligen Seraphim von Sarow. Das Antlitz eines alten Weisen, voller Güte und Warmherzigkeit, man kann den Blick gar nicht losreißen. Über Seraphim von Sarow und die Nonnen des Klosters Diwejewo schrieb der Klostervorsteher Tichon das Buch „Die unheiligen Heiligen". Tichon trug einst den weltlichen Namen Georgi Schewkunow und hat die gleiche Fakultät für Drehbuch der Moskauer Filmhochschule absolviert wie ich. Er ist jetzt Abt des Sretenski-Klosters in Moskau und soll der Beichtvater Wladimir Putins sein.
Doch jetzt zur Geschichte des U-Boots K-19.
Am 4. Juli 1961 ereignete sich auf dem sowjetischen Atom-U-Boot K-19 ein Reaktorunfall. Doch eine atomare Katastrophe im Nordpazifik konnte gegen einen hohen Preis verhindert werden. Sieben Mannschaftsmitglieder arbeiteten unter Leitung von Leutnant Boris Kortschilow fast zwei Stunden in dem kontaminierten Reaktorraum, um ein Notkühlungssystem zu installieren. Alle Überlebenden wurden zum Stillschweigen über den Unfall verpflichtet, aus

Sicherheitsgründen wurden später bei den Besatzungsmitgliedern keine Strahlenkrankheiten, sondern andere Erkrankungen diagnostiziert.
Der Kommandeur Nikolai Satejew wusste, dass die Männer, die an der Installation des Notkühlsystems arbeiteten, zum Tod verurteilt waren. Seine Aufgabe als Kommandeur war die Rettung der übrigen Besatzungsmitglieder. Die Radioaktivität auf dem Schiff nahm jede Minute zu, und bis zum Stützpunkt in Seweromorsk waren noch gut 1 500 Meilen zurückzulegen, das Schiff wäre bei einer Geschwindigkeit von zehn Knoten sechs bis sieben Tage unterwegs gewesen. Dabei konnte Satejew nicht einmal Verbindung mit der Küste aufnehmen, um Hilfe anzufordern. Die Antenne des Hauptfunkgeräts war beschädigt. Mitten im Ozean, ohne Funkverbindung, Hunderte Kilometer vom Heimatstützpunkt entfernt, an Bord eines Schiffes, auf dem die Radioaktivität stündlich steigt und alles vergiftet, einschließlich der Nahrungsmittel und des Trinkwassers, konnte die Situation hoffnungsloser nicht sein. Und da blitzte etwas in Satajews Gedächtnis auf, scharf wie ein Foto stand ihm eine Karte vor Augen, die er einmal im Flottenhauptkommando gesehen hatte. Südlich der Position des K-19 lagen Manövergebiete konventioneller U-Boote. „Die Chancen standen eins zu einer Million, aber eine andere Möglichkeit gibt es nicht", entschied Satejew. K-19 wandte sich nach Süden, und der Funker sandte auf einem Ersatzfunkgerät mit einem Empfangsradius von 50 Meilen Notrufe aus. Zehn Stunden lang. Zwei U-Boote meldeten sich. Es war eine selbstlose Tat ihrer Kommandeure, denn ein Verstoß gegen das Reglement konnte sie die Karriere kosten. Von einem der U-Boote aus meldete Satejew die Lage an die Kommandozentrale der Kriegsmarine und bat um Erlaubnis, die Mannschaft zu evakuieren. Fünf Stunden Grabesstille. Satejew übernahm schließlich die Verantwortung und evakuierte die Besatzung ohne Befehl. Er verließ als letzter das Schiff. K-19 wurde ins Schlepptau genommen und in den U-Boot-Hafen Seweromorsk gebracht, wo die Mannschaft noch im Krankenhaus verhört wurde. Die Offiziere wurden für schuldig an der Havarie befunden. Doch vor dem Tribunal rettete sie Akademiemitglied Anatoli Alexandrow (1903 bis 1994), der das Atom-U-Boot-Bauprojekt leitete. Er berichtete Nikita Chruschtschow über die wahre Sachlage, nämlich, dass die Besatzung eine Heldentat vollbracht hatte, indem sie das U-Boot vor der Kernschmelze bewahrte.
Man muss wissen, dass K-19 ballistische Raketen vom Typ R-13 an Bord hatte, die mit 1,4-Megatonnen-Sprengköpfen ausgerüstet waren. Jeder dieser Sprengköpfe hätte eine Stadt in Schutt und Asche legen können. Die Vorstellung, was geschehen wäre, wenn es nicht gelungen wäre, die Havarie unter Kontrolle zu bringen, ist furchtbar.
Viele Jahre lang wurde von den Behörden nicht zugegeben, dass die Havarie durch einen Konstruktionsfehler ausgelöst worden war und dass das K-19 auf-

grund der zu früh eingesetzten Technik 1961 noch gar nicht betriebsbereit war und niemals hätte in See stechen dürfen. K-19 war die sowjetische Antwort auf den ersten U-Boot-Raketenträger der USA „George Washington".

Nach dem Reaktorunfall sollte das Boot außer Dienst gestellt werden, doch auf Initiative der Besatzung wurde es dekontaminiert und von radioaktivem Niederschlag gereinigt. Das Atom-U-Boot lief wieder aus, auch wenn es nicht ohne Vorkommnisse abging: Am 15. November 1969 stieß es mit einem US-amerikanischen U-Boot zusammen, und am 24. Februar 1972 kostete ein Brand an Bord 28 Mannschaftsmitgliedern das Leben. Insgesamt legte das U-Boot 332 000 Seemeilen zurück, das ist mehr als die Entfernung von der Erde bis

zum Mond. Das U-Boot wurde 2003 verschrottet. Enthusiasten retteten den Korpus in der Hoffnung, dass eines Tages ein K-19-Museum entsteht.
Kamtschatka gelangt selten in die Schlagzeilen, schon gar nicht im Zusammenhang mit Spionageskandalen. Ein Spionagefall war allerdings aufsehenerregend. Wie in der russischen Zeitung „Geheime Materialien" Nr. 9 (Ausgabe 339 des Jahres 2012) berichtet wurde, stand ein Amerikaner viele Jahre im

*Blick auf Wiljutschinsk mit dem U-Boothafen im Hintergrund*



Dienst der sowjetischen Spionage. Dank ihm konnte Einblick in sensible Bereiche der US-amerikanischen Nachrichtendienste gewonnen werden.
Der US-Bürger hieß Ronald Pelton. Er hatte seinen Dienst in der Nationalen Sicherheitsbehörde (NSA), dem größten Auslandsgeheimdienst der USA, in der er 14 Jahre lang gearbeitet hatte, quittiert. Erst dann bot er dem KGB seine Dienste an, indem er sich in der Botschaft der UdSSR in Washington vorstell-

te. Sein Haupttrumpf war sein phänomenales Gedächtnis. Er erinnerte sich wortwörtlich nicht nur an den Inhalt aller Dokumente, die durch seine Hände gegangen waren, sondern auch an Aktennummern, Daten und die Namen und Dienstgrade aller Personen, die in die Vorgänge involviert waren.
In den sechs Jahren seiner Zusammenarbeit mit dem KGB übergab Pelton, der unter dem Pseudonym „Long" agierte, eine gigantische Menge an Informationen. Unter anderem berichtete er über die hochgeheime Operation mit dem poetischen Namen „Ivy Bells", die die NSA im August 1972 gestartet hatte. Zwischen dem Atom-U-Boot-Stützpunkt auf Kamtschatka und dem Stabquartier der sowjetischen Pazifikflotte in Wladiwostok verlief ein geheimes sowjetisches Unterwasserkabel. Die Amerikaner hatten darauf eine speziell entwickelte Abhöreinrichtung, einen Kokon, installiert, die diesen Nachrichtenkanal rund um die Uhr abhörte, ohne dass die äußere Hülle beschädigt wurde.



Nachdem die sowjetische Seite von Pelton den Hinweis erhalten hatte, führte sie im Ochotskischen Meer ein grandioses Spektakel auf, bei dem die Sache so dargestellt wurde, als hätte ein Fischkutter mit seinem Schleppnetz das Kabel am „Kokon" zerstört. Taucher, die das Kabel reparieren sollten, entdeckten rein zufällig die „Überraschung". Auf „Long" fiel kein Verdacht.
Dennoch wurde Pelton am 24. November 1985 vom FBI zum Verhör geladen. Gegen ihn gab es keinen konkreten Beweis, doch die FBI-Agenten stellten ihm eine psychologische Falle und Pelton legte ein Geständnis ab. Im Juni 1986 wurde er zu drei Mal lebenslänglich verurteilt. Am 24. November 2015 wurde er freigelassen.
Ich selbst war nie in Wiljutschinsk, mich interessieren weder die hochmodernen U-Boote K-295 „Samara" oder „Alexander Newski" noch die Atmosphäre der geschlossenen Stadt. Aber gäbe es in Wiljutschinsk ein Denkmal für den Erfinder des U-Boots, dann würde ich hinfahren. Er hieß Narcís Monturiol und war Spanier, er stammte aus der Stadt Figueres, in der auch Salvador Dalí geboren wurde, starb und begraben ist. Dalí hatte eine russische Frau, Gala (Jelena Djakonowa). Man könnte für den U-Boot-Erfinder im geschlossenen Wiljutschinsk ein Denkmal im Stil Salvador Dalís aufstellen. Nach der Methode, die Dali „Kritische Paranoia" nannte: eine systematische Geistestätigkeit, die es darauf abgesehen hat, Wünsche, Sehnsüchte und Begierden des Menschen und alle Wünsche, Sehnsüchte und Begierden aller Menschen in skandalöser Weise in die Welt einzuschleusen, hineinzuschmuggeln und aufzudrängen. An diesem Denkmal würde ich das russische Sprichwort anbringen: „Weniger wissen heißt fester schlafen."

# Die Siedlung Oktjabrski

**Reise zu einer Märchenerzählerin; vier Klimazonen; „vernünftige Optimisten"; die Geschichte des „russischen Robinson"**

In der Regionalzeitung von Kamtschatka las ich einen Bericht über eine alte Märchenerzählerin, die in der Siedlung Oktjabrski lebt und viele Märchen und Legenden kennt. Sofort verspürte ich den Wunsch, diese Frau zu besuchen. Ich schaute auf die Karte, die Siedlung befindet sich auf der Petropawlowsk gegenüberliegenden Seite der Halbinsel, ich musste also mit dem Bus einmal quer über die Insel fahren.

Kurz entschlossen erstand ich ein Busticket und sprang in den Bus Nr. 208. Als ich glücklich saß, erinnerte ich mich an eine Geschichte, die mir einige Tage zuvor passiert war. Ich hatte den Bus nach Termalni verpasst. Da stand ich an der Straße, wollte per Anhalter fahren, von Petropawlowsk-Kamtschatski braucht man etwa 50 Minuten. Neben mir hielt ein Auto. Der junge Fahrer fragte: „Wohin willst du?" „Nach Termalni, der Bus ist gerade weg." „Ich kann dir helfen. Ich muss aber noch auf den Markt, warte bei mir Zuhause, der Schlüssel liegt unter der Fußmatte. Meine Frau ist zu ihren Eltern nach Irkutsk gefahren, und mach schon mal ein bisschen in der Wohnung sauber." „Ich muss nach Termalni." „Mach dir keine Sorgen. Wir sind schnell da. Wo genau musst du hin? In den ‚Bärenwinkel'? Ich kenne das Hotel, es liegt am Rand von Termalni." „Gut, ich mach ein bisschen sauber", sagte ich und dachte: „Nein, mein Freund, ich bin nicht hergekommen, um meine Zeit zu vergeuden." Und ich hatte Glück, kurz darauf bremste ein Tankwagen, und der Fahrer ließ mich einsteigen. Geld fürs Mitnehmen zu verlangen, ist auf Kamtschatka nicht üblich.

Ich saß neben dem älteren schweigsamen Fahrer des Tanklasters und dachte an meinen Don Juan von Kamtschatka: „Der Schlüssel liegt unter der Fußmatte!" Dieser Kamtschatka-Bewohner war ein begeisterter Dilettant, Don Juan dagegen war ein professioneller Liebhaber. Und seine Buchhaltung hielt er tadellos in Ordnung: 640 Italienerinnen, 231 Deutsche, 100 Französinnen, 91 Türkinnen und „mille tres" – 1 003 – Spanierinnen. Insgesamt 2 065 Frauen. Männer, die diese Zahlen lesen, dürfen neidvoll zweifeln.

Ich fieberte der Begegnung mit einer echten Märchenerzählerin entgegen. Wenn es mir gelänge, mit ihr Freundschaft zu schließen, dann könnte ich noch ein weiteres Mal zu ihr fahren. Und es war gar nicht schlimm, dass ich nicht gefrühstückt und nicht einmal eine Pirogge mit auf den Weg genommen hatte, meine Stimmung war trotzdem ganz ausgezeichnet.

Ich hatte bereits eine Märchenerzählerin im Gebiet Wologda kennengelernt und einen Dokumentarfilm über sie gemacht, „Die Märchen der Tarnoga". Ich erinnere mich, dass sie Brot in ihren Wodka krümmelte und das Teufelsge-

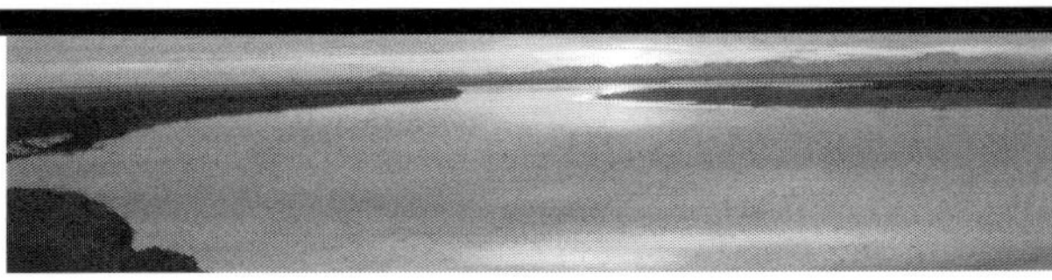

tränk schlürfte. Sie schloss die Augen, und dann, sich im Rhythmus ihrer Erzählung hin und her wiegend, erschuf sie eine Welt von solcher Kraft und poetischer Schönheit, dass ich Gänsehaut bekam. Ja, es gab mir unbekannte Worte und regionale Ausdrücke, doch die Alte, die einer Hexe nicht unähnlich war, steigerte sich in eine Erzählleidenschaft, die einfach wundervoll war. Ja, ich fieberte der Begegnung mit der Märchenerzählerin entgegen.

*Das Ochotskische Meer ist ein Randmeer des Pazifischen Ozeans*

Nachdem wir Jelisowo passiert hatten, machte der Weg einen weiten Bogen nach Westen und führte hinter der Siedlung Korjaki durch eine Gegend, die den Ebenen in Mittelrussland stark ähnelt. Wären nicht in der Ferne die Vulkane, so würde ich glatt denken, ich befände mich im europäischen Teil Russlands. Aus dem Autobusfenster sah ich Laubbäume, dann Ebenen, schöne Lichtungen und kleine Hügel.

Nach einem Anstieg des Geländes bot sich ein gänzlich anderes Landschafts- und Naturbild. Als sei ich in die Subtropen geraten: hohe Bäume, dichtes Grün, Bäche mit kleinen Wasserfällen, Blumen. Die Blumen auf Kamtschatka duften übrigens nicht. Und Vögel sind hier eine Seltenheit. Aber jetzt fühlte ich mich wie in den Subtropen am Meer.

Exakt nach 90 Minuten Fahrt veränderte sich das Landschaftsbild einmal mehr. Die üppige Vegetation verschwand, und es begann die Waldtundra, die später in Sumpftundra überging. Je näher wir dem Ochotskischen Meer kamen, um so stärker veränderte sich die Landschaft. Überall blühten Puschiza – Woll-

gräser. So wird hier das typische Tundra-Gewächs genannt, dessen Blüten auf hohen Stängeln sitzen und sich später in flauschige Kugeln verwandeln.
Und wieder veränderte sich alles. Als sich der Bus der Küste näherte, verschwammen Wasser und Erde ineinander. Und ich dachte: In sechs Stunden hast du vier Landschaftszonen durchquert – Ebene, Subtropen, Waldtundra und Tundra. Die Kontraste tragen eine Schönheit in sich, die starke Gefühle weckt, und der Eindruck von Wildheit und Unruhe ist außergewöhnlich. Du befindest dich am Rande der Welt.
Als wir in Oktjabrski ankamen, überraschte mich die Totenstille. Stille hatte mich den ganzen Weg über begleitet, doch es war eine lebendige Stille: das Plätschern der Wellen, das Rauschen des Windes in den Baumwipfeln, das Flügelschlagen eines einzelnen Vogels. Und hier in Oktjabrski nun Totenstille, die Siedlung wirkte wie ausgestorben.
Direkt am Wasser stand ein leerer Getreidespeicher, die leeren Fensteröffnungen gingen aufs Meer. Geborstene Wände, das Holz selbst war alt und morsch. Oktjabrski – das sind etwa 30 aus Balken und Brettern zusammengezimmerte Hütten. Bei manchen Häusern waren die Fenster mit Brettern vernagelt, und die Nägel hatten Rost angesetzt. Es war klar, diese Häuser waren für immer verlassen worden. Es schien, als seien die Menschen weggegangen, ohne sich umzuschauen, mit dem untrüglichen Gefühl, dass man diesen schlechten Ort aufgeben muss. Ich fand nicht einmal ein Geschäft.
Mich wunderte, dass die Häuser am Ufer wie achtlos durcheinander geworfen wirkten. Zwischen den Häusern lagen Bretter als Fußsteige. Und noch eine Besonderheit fiel mir auf: Zwischen Pfählen waren Leinen gespannt, auf denen Wäsche und Lachs gemeinsam in der Sonne trockneten. Balyk ist gesalzener und luftgetrockneter Fischrücken, die großen Rücken der Edelfische werden so haltbar gemacht. An den Leinen waren sie mit Wäscheklammern befestigt und schaukelten wie die Wäsche im kräftigen Wind. Ein so ungewöhnliches Schauspiel, dass ich mich neugierig näherte, um diese exotische Nachbarschaft genauer in Augenschein zu nehmen. Hier leben Russen. Sie bieten Trockenfisch an und auch Lachskaviar, aber ich kaufte nichts.
Der Bus wartet in Oktjabrski etwa eine Stunde, bevor er nach Petropawlowsk zurückkehrt, und ich beeilte mich, das Haus der Märchenerzählerin zu finden. Mir begegnete ein sympathischer, verstrubbelter junger Mann mit dicker Brille. Es war Sommer und kalt, die Temperatur betrug plus vier Grad Celsius.
„Können Sie mir sagen, wie ich zu der alten Märchenerzählerin komme?" „Zu welcher Märchenerzählerin?", fragte der junge Mann zurück und schaute mich zerstreut an. „Bei uns gibt es keine Märchenerzählerin, und die einzige alte Frau hier wohnt in diesem Häuschen."
Ich stieg die Stufen des morschen Aufgangs hinauf, klopfte an, passierte einen winzigen Korridor und trat in die Stube, nachdem ich achtungsvoll „Gu-

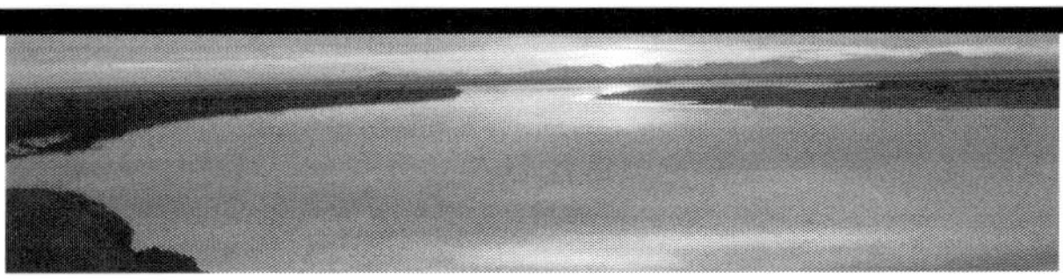

ten Tag" gewünscht hatte. Die Alte saß am Fenster, von wo aus sie die Straße überblicken konnte. Ich hatte das Gefühl, dass die alte Frau mit ihrem schwarzen Kopftuch schon seit Jahren an diesem Fenster saß und jemanden erwartet. Das Zimmer war ärmlich, aber sauber.
Ich stand in der Hütte und dachte: Wieso bin ich mit leeren Händen hergekommen? Vielleicht hätte ich Wodka oder Pralinen mitbringen sollen. Die Al-

te schwieg, schaute mich ohne Neugier an. „Großmütterchen, ich habe über Sie gelesen, dass Sie viele Märchen kennen. Wollen Sie mir einige erzählen?" Aus der Ecke, in der die Alte saß, blickte mit strengen Augen Nikolai Ugodnik (Nikolai der Wundertäter) von einer Ikone auf mich herab. An der Wand hingen verschiedene Fotos einer einstmals großen Familie, kleine Fotos, wie für einen Pass, und größere mit mehreren Personen. Die Greisin erhob sich schließlich mit Mühe und kam auf mich zu: „Ich kenne keine Märchen, meine Liebe, und ich habe nie jemandem welche erzählt, wo hast du das her?"

Ich glaubte ihr sofort, ich spürte, dass die alte Frau die Wahrheit sagte. Woher die Information in der Zeitung stammte, konnte ich mir leicht zusammenreimen: Journalisten denken sich gerne etwas aus.
Ich kehrte zur Bushaltestelle zurück und dachte, dass ich kritischer mit all diesen Zeitungsnachrichten über Märchenerzählerinnen, über Schamanen, Heiler und andere Kenner der regionalen Bräuche umgehen müsse. Wie oft habe ich mich davon überzeugt, dass da viel Sensationslust ist, Vermutungen oder eine zufällige Anhäufung von Phänomenen, die vielleicht zutreffen, jedoch nicht die Realität abbilden.

*Die Siedlung Oktjabrski liegt am Ochotskischen Meer*



Vom Haus der alten Frau bis zum Bus begleitete mich ein Rudel Hunde, doch auch sie waren irgendwie still und schweigsam. Leise, unterwürfig und geduldig rannten sie mir nach, als würden sie etwas von mir erwarten, ohne einen Laut von sich zu geben. Und ich bedauerte wieder, dass ich nichts mit auf den Weg genommen hatte, nicht einmal ein Stück Brot.
Mit diesen Gedanken setzte ich mich in den Bus nach Petropawlowsk und war dem Schicksal dankbar, dass ich im Laufe eines Tages hin und zurück gelan-

gen konnte. Ich saß neben dem jungen Mann, der mir das Haus der Märchenerzählerin gezeigt hatte, und wir kamen ins Gespräch.
Ich fragte ihn, was die Menschen dazu bringt, in Oktjabrski zu leben, einem Ort, über dem der Schatten von Vergessenheit und Verwahrlosung liegt, einem Ort armseliger, schlecht gebauter Häuser, einem Ort, der unter extremen Naturbedingungen bestehen muss. Was treibt die Menschen an, ihre Häuser nach einer großen Sturmflut wieder an diesem gefährlichen Ort aufzubauen? Der Durst nach Freiheit? Das anarchische Gefühl, fern von allem Stress und allen Zwängen zu leben?
„Ja", sagte er, „mein Leben ist nichts und niemandem untergeordnet, so wie es gewöhnlich der Vernunft, der Pflicht, der Familie, der Zeit, dem Alter untergeordnet ist ... Wissen Sie, wie wir unsere Gemeinschaft in Oktjabrski scherzhaft nennen? Eine Gemeinschaft ‚vernünftiger Optimisten'! Was bedeutet ‚vernünftiger Optimismus'? Er bedeutet, dass man die Realität akzeptieren muss, ohne sich Illusionen zu machen. Wir haben Regeln für uns aufgestellt. Erstens, wir müssen in unsere positiven Gedanken Elemente des Pessimismus einflechten, damit wir die Schwierigkeiten nicht unterschätzen. Zweitens, wir müssen in Übereinstimmung mit der Wirklichkeit handeln und Probleme annehmen, wie sie sind – dabei gibt es solche, die lösbar sind, und solche, für die wir keine Lösung finden können. Und die letzte Regel: Wir müssen das Leben genießen und uns auf kleine Siege stützen."
So umständlich erklärte mir mein Reisegefährte, der sein Studium an der Petropawlowsker Universität abgebrochen hatte, sich aber für Philosophie, Psychologie und die Geschichte der Region Kamtschatka interessierte, das Leben in Oktjabrski. Von ihm hörte ich auch die Geschichte vom „russischen Robinson".
Im Jahr 1882 erschien in der Zeitschrift „Russkaja starina" ein Bericht des Schriftstellers Alexander Sibirjakow über einen „russischen Robinson". Vorbild war ein gewisser Sergej Petrowitsch Lisizyn, Erbadliger, Absolvent der Physikalisch-mathematischen Fakultät der Zaristischen Petersburger Universität und Kornett der Leibgarde des Husarenregiments.
Der Offizierssohn hatte die Universität als Doktor der Mathematik abgeschlossen, jedoch kein Verlangen nach einer Hochschulkarriere. So war er in das Leibgarderegiment der Husaren eingetreten.
Sein glanzvolles Leben als Leibgardist in der Hauptstadt wurde durch ein Duell mit dem Regimentsadjutanten zerstört. Zum Glück blieben beide am Leben, doch der Duellant musste seine reich verzierte Husarenuniform gegen einen tristen Beamtenrock tauschen. Sollte der entlassene Husar tatsächlich zu einem der zahllosen Sankt-Petersburger Schreiber werden? Der Gedanke

war ihm unerträglich! An einem Tag des Jahres 1847 betrat der 24-jährige Stutzer das Deck eines Schiffes, das unter der Andrejew-Flagge segelte.
Der Kornett im Ruhestand Lisizyn wurde in der Offiziersmesse aufgenommen, eine sehr freundliche Gesellschaft. Doch Husar bleibt Husar. Einmal äußerte der angetrunkene Gast Frechheiten gegenüber dem Kapitän und wurde unter Arrest gestellt. Da wollte er aus seiner Kajüte heraus die Wachen zur Meuterei anstiften. Der Kapitän ordnete an, ihn zu fesseln, ihm die Augen zu verbinden und ihn so am öden Ufer auszusetzen.
Nachdem sich der Ausgesetzte von seinen Fesseln befreit und die Augenbinde abgenommen hatte, sah er am Horizont das sich entfernende Schiff. Doch der großmütige Kapitän hatte ihm nicht nur die Koffer mit seinen Sachen zurückgelassen, sondern auch drei Paar Stiefel, zudem einen Kurzpelz, (ja, das Ochotskische Meer ist kein tropischer Ozean), ein Paar Pistolen, einen Säbel, einen Dolch, einen Vorrat an Zucker und Tee, eine goldene Taschenuhr, ein aufklappbares Messer, ein Pud Zwieback, zwei Phiolen mit Wodka, Schreibutensilien und Schreibpapier, Notizbücher, Rasierzeug und ein Teeservice, Feuerzeug, Streichhölzer, Bleistifte, Farben, Papier zum Zeichnen und sogar 200 kubanische Zigarren.
Als Draufgabe noch ein ausgezeichnetes Gewehr mit 26 Schuss Munition sowie eine Nachricht des Kapitäns: „Geschätzter Sergej Petrowitsch! Laut Seerecht hätte ich Sie zum Tode verurteilen müssen. Doch in Anbetracht Ihrer Jugend und Ihrer ausgezeichneten Veranlagungen, besonders aber aufgrund Ihrer Herzensgüte schenke ich Ihnen das Leben ... Ich wünsche von ganzem Herzen, dass die Einsamkeit und die Not dazu beitragen, Ihren unglücklichen Charakter zu verbessern. Die Zeit und das Nachdenken werden Sie lehren, meine Nachsicht zu würdigen, und falls uns das Schicksal eines Tages wieder zusammen bringt, was ich von ganzem Herzen wünsche, werden wir uns nicht als Feinde begegnen."
Der Erbadlige Lisizyn hatte noch nie etwas mit eigenen Händen getan. Er war stets von Dienern umsorgt worden, und beim Militär war ein Bursche für ihn da. Im Wissen, dass das Schiff im Ochotskischen Meer unterwegs war, hoffte er, dass er auf einem Stück Festland der Aleuten oder auf den Kurileninseln ausgesetzt worden war. Doch bald hatte er sich davon überzeugt, dass seine Lage aussichtsloser nicht sein konnte. Er war von zwei Meeren in die Zange genommen. Vor ihm plätscherte kalt das Ochotskische Meer, und hinter seinem Rücken rauschte dunkel das „grüne Meer der Taiga". Und in der Taiga lauerten Bären, Wölfe, Luchse ...
Im Laufe einer Woche zimmerte sich der „russische Robinson" ein Haus mit Ofen, schreinerte sich Möbel, schnitzte Pfeil und Bogen. Das war vernünftig, die Gewehrpatronen wollte er für den Notfall aufsparen. Und tatsächlich, im Winter wurde sein Haus von einem hungrigen Wolfsrudel angegriffen, und er tötete acht Raubtiere mit dem Gewehr. Zuvor hatte er einen Bären erlegt, was ihm ein wärmendes Fell und einen Vorrat an Bärenfleisch einbrachte. Er fing Fische, sammelte Pilze und trocknete sie.

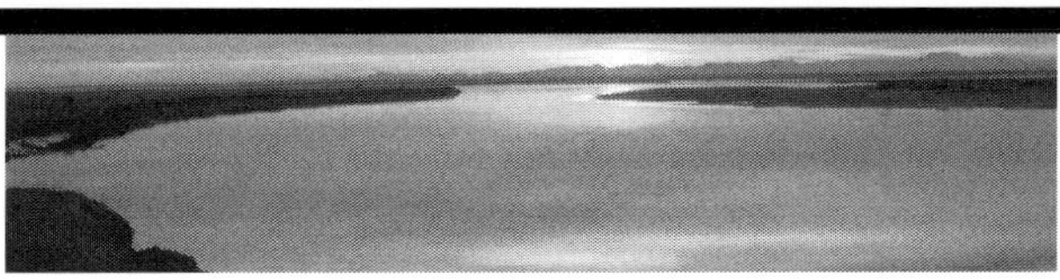

Aber was ist ein Robinson ohne Freitag? Am 12. April spazierte Sergej Lisizyn am Ufer entlang und begutachtete, was die Winterstürme zerstört hatten. Da sah er einen Menschen bäuchlings auf der Erde liegen. Bewusstlos und ohne Kraft. Es stellte sich heraus, dass das Schiff Wassilis, so hieß der Unglückliche, Leck geschlagen war. Alle waren in den Rettungsbooten geflüchtet, doch er und sein Sohn waren vergessen worden.
Das Schiffswrack fanden sie in der Nähe. Außer dem 16-jährigen Sohn befanden sich zwei Schäferhunde, mehrere Katzen, acht Cholmogorer Kühe, ein Stier, 16 Büffel, 26 Schafe, Lebensmittelvorräte, nautische Instrumente, Gersten- und Roggensamen, Gewehre, ein Teleskop, zwei Ferngläser, ein Samowar, Werkzeuge und Gartengeräte auf dem Schiff.

Sieben Monate Einsamkeit hatten allen aristokratischen Dünkel aus Lisizyns Kopf geblasen. Mit dieser Ausstattung konnten sie über den Sommer nicht nur das Haus und das Badehäuschen erneuern, sondern sie lernten auch Butter, Sahne, Käse und Quark zuzubereiten. Sie pflügten das Feld und ernteten Gerste und Roggen. Sie konnten fischen, sammelten und verarbeiteten Pilze, Beeren und Wildkräuter. Mit einem Wort, sie lebten wie in einer Arbeitskommune.
Im Jahr 1857 traf der Schriftsteller Alexander Sibirjakow den gastfreundlichen Besitzer der Kupfer- und Goldlagerstätten am Amur Sergej Lisizyn, eben jenen „russischen Robinson", der schließlich doch von einem russischen Schiff gerettet worden war. Wassili „Freitag" war bei ihm. Sein Sohn studierte an der Moskauer Universität. Und an der Sankt-Petersburger Universität studierten auf Lisizyns Kosten die beiden Söhne des Schiffskapitäns, der den Meuterer-Husaren seinerzeit am öden Gestade ausgesetzt hatte. Als er reich geworden war, machte Lisizyn den alten Kapitän ausfindig, begleitete ihn auf seinem letzten Weg und übernahm die Sorge für die Ausbildung seiner Kinder. Die Geschichte des „russischen Robinsons" endete besser als die des literarischen. Und menschlicher.
So verging mit Gesprächen, dass die Welt eher besser als schlechter ist und die Menschen eher gut als böse sind, die Zeit. Wir erreichten Petropawlowsk. Zum Abschied machte mir mein Begleiter ein Kompliment, das ich nie vergessen werde: „Wissen Sie, dass laut Statistik nur zwei Prozent der Weltbevölkerung grünäugig sind? Sie haben grüne Augen. Das ist sehr selten und sehr schön. Alle unsere Vorfahren hatten braune Augen. Vor 6 000 Jahren geschah etwas auf dem Gebiet des heutigen Europas, was den Wissenschaftlern ein Rätsel ist, eine Aufhellung der Iris. So wurde der erste blauäugige Mensch geboren. Die Gene, die die Augenfarbe beeinflussen, bilden manchmal grüne Schattierungen aus. Aber das ist eine große Seltenheit."

Wir tauschten unsere Adressen und Telefonnummern. Ich wusste damals noch nicht, dass ich für meine Reisen durch Kamtschatka einen passenden Führer gefunden hatte, der mir die Halbinsel auf wunderbare Weise erfahrbar machen sollte. Der einzige Punkt, bei dem unsere Meinungen auseinandergingen, war der Aufstieg auf die Vulkane.
„Warum muss der Mensch eigentlich ständig seinen Adrenalinspiegel steigern? Was genügt ihm eigentlich nicht?", ereiferte sich der „vernünftige Optimist". „Unser ganzes Leben ist doch eine Abfolge von Höhen und Tiefen, und sich dann noch künstlich aufzuputschen, ist doch ein Zeichen seelischer Unreife. Ich reise gern, aber ohne extreme Aufstiege. Und auch dir empfehle ich sie nicht."

*Das Ochotskische Meer liegt zwischen Ostsibirien im Nordwesten, Kamtschatka im Nordosten, den Kurilen im Südosten, der Insel Hokkaido im Süden sowie Sachalin im Südwesten*



Am nächsten Tag machte ich mich auf den Weg in die Zeitungsredaktion und von dort zum „Haus der Volkskunst". Der Direktor, ein Mann kurz vor seiner Pensionierung, hatte den Bericht über die Märchenerzählerin in Oktjabrski verfasst.
Der ältere Herr begrüßte mich freudig:
„Sie kommen aus Moskau? Liebe Güte!" Dabei rieb er seine dicken Handflächen.
„Ich komme gerade aus Oktjabrski, wo ich die Märchenerzählerin besucht habe, über die Sie so lebendig geschrieben haben."
Das Gesicht des Direktors wurde traurig.

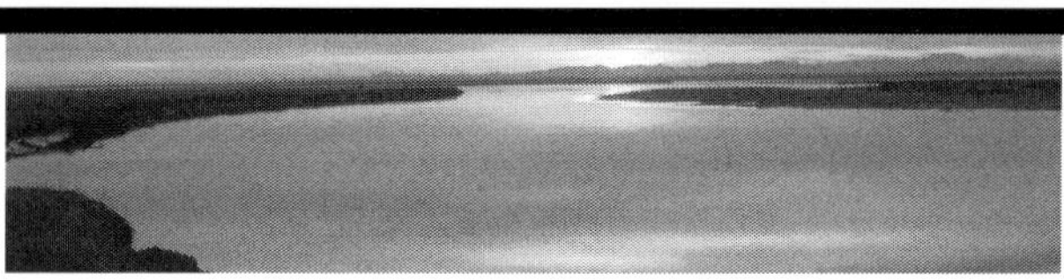



Ich fuhr fort: „Sie kennt überhaupt keine Märchen und Legenden. Warum haben Sie sich das ausgedacht?"
Der Alte setzte zur Verteidigung an: „Woher wollen Sie denn wissen, was sie mir erzählt hat und was nicht?"
„Ja, daher. Ich bat sie, mir etwas zu erzählen. Aber sie weiß nicht einmal, wovon die Rede ist. Der Beruf der Märchenerzählerin beinhaltet nun einmal die Wiederholung, das Darbieten des Textes aus dem Gedächtnis und seine mündliche Wiedergabe. Das ist die Besonderheit der Volkskunst."
„Da haben Sie einfach nicht den richtigen Zugang zu ihr gefunden, keine gemeinsame Sprache. Sie kennt Sie nicht, Sie sind einfach ein dahergelaufener Mensch, Sie sind ja nicht einmal so angezogen wie wir hier."
Da verlor ich die Geduld und hielt ihm einen ganzen Vortrag über Märchenerzähler. Nicht umsonst hatte an meiner Moskauer Filmhochschule ein berühmter Professor die Vorlesungen über mündliches Volksschaffen gehalten. Und es geschah Unerwartetes:
„Also hören Sie, mein Täubchen. Wie schön Sie reden, über alles Bescheid wissen. In unserer Abteilung brauchen wir einen Menschen wie Sie, gebildet, fleißig, wir suchen schon lange so jemanden. Kommen Sie zu uns, Sie können nach Herzenslust Dienstreisen durch ganz Kamtschatka unternehmen. Sie bekommen ein Tonbandgerät und werden alle Märchen aufnehmen und dann verschriftlichen."
„Was für eine seltsame Idee", konnte ich vor Verwunderung nur antworten.
Der Alte erhob sich und gab damit zu verstehen, dass das Gespräch beendet war.
Einige Wochen später, ich musste nach Moskau fliegen, blickte ich aus der Höhe auf Petropawlowsk herab und sah die Stadt wie auf der Handfläche liegen. Der Ozean glitzerte hell, die Fassaden der Häuser funkelten in der Sonne, die Seen waren leuchtende Flecken in der Landschaft, die Vulkane rauchten, und es tat mir so leid, dass ich mich von Kamtschatka trennen musste, von einem Ort, wo ich glücklich und auch unglücklich war, dem Ort meiner Freude und meiner Entdeckungen. Ich drückte mein Gesicht an die kalte Scheibe, so dass sie von meinem Atem beschlug, und Tränen liefen mir aus den Augenwinkeln. In diesem Moment liebte ich alle, die unten zurückgeblieben waren, meine Touristen-Freunde, die Vulkanforscher, die Geologen, die ich kennengelernt hatte, den „vernünftigen Optimisten", die Itelmenen, die dicke freundliche Barista und den Alten, der sich die Märchenerzählerin ausgedacht hatte, und viele, viele andere Menschen, die mir auf Kamtschatka begegnet waren. Ich flog davon aus dieser Stadt am Ozean und hatte nichts zurückgelassen als meine Seele.

# Die Kommandeurinseln

**Die Beringinsel; die Siedlung Nikolskoje; auf den Spuren von Vitus Bering; Museum; die Stellersche Seekuh; Vogelinsel; Kap Bujan; Aleuten**

Zu Russland gehört der westliche Teil einer Inselgruppe, die verloren zwischen Asien und Nordamerika in den unendlichen Weiten des Pazifiks liegt. Kommandeurinseln wurden sie zu Ehren des berühmten Kapitän-Kommandeurs Vitus Bering genannt. Das Staatliche Biosphärenreservat „Komandorski" ist das größte Meeres-Naturreservat Russlands.

Die wichtigste Kommandeurinsel ist die Beringinsel. Vitus Bering, der die Zweite Kamtschatka-Expedition leitete, entdeckte sie 1741 und erlitt im gleichen Jahr nahe der Insel Schiffbruch. Viele Expeditionsmitglieder, darunter Bering selbst, starben auf der Insel an Skorbut.

Die 90 Kilometer lange und durchschnittlich 18 Kilometer breite Beringinsel liegt an der Grenze zwischen Beringmeer und Pazifik, 500 Kilometer nordöstlich von Petropawlowsk-Kamtschatski.



Für einen Besuch der Beringinsel benötigt man keine Sondererlaubnis, doch für die übrigen 14 Kommandeurinseln muss man vorab in Petropawlowsk-Kamtschatski eine Genehmigung beantragen.

Die Beringstraße, eine Meerenge zwischen Nordamerika und Russland, ist rund 85 Kilometer breit. So nah also kommen sich die beiden Supermächte geografisch gesehen. Genau genommen beträgt die Distanz zwischen den beiden an der engsten Stelle sogar nur knapp vier Kilometer. Denn in der Mitte der Beringstraße liegen die Diomedes-Inseln. Die Kleine Diomedes-Insel markiert den westlichsten Punkt Nordamerikas. Die Ratmanow-Insel markiert den östlichsten Punkt Russlands. Als Zar Alexander II. Alaska 1867 an die USA verkaufte, wurde die Staatsgrenze zwischen diesen Inseln gezogen. Von jeder Seite aus ist die andere bei klarem Wetter gut zu erkennen.

Einmal passierte ich die Meerenge der Dardanellen. Beim Städtchen Lapseki, wo die Meerenge beginnt, hörten wie die Legende von Leander und Hero. Da Leander seine Geliebte Hero nur heimlich besuchen konnte, durchschwamm er allnächtlich den Hellespont, so der Name der Dardanellen im Altertum. Eine Öllampe wies ihm den Weg. Einmal verirrte er sich jedoch bei einem Sturm, der das Licht auslöschte, und ertrank. Damit war das Hin- und Herschwimmen zwischen Asien und Europa beendet. Doch nicht ganz. Der englische Dichter Lord Byron wiederholte Leanders Tat und war stolz darauf. Doch läßt es sich nicht vergleichen, Leander schwamm jede Nacht, Lord Byron nur einmal. Wenn es nicht Grenzgebiet wäre und man die wenigen Kilometer zwischen Kamtschatka und Alaska ungehindert zurücklegen könnte, würde sich gewiss ein russischer Byron finden, der sie aus sportlichem Ehrgeiz zurücklegt.

Jährlich kommen etwa zehn Kreuzfahrtschiffe mit ausländischen Touristen an Bord an der Küste Kamtschatkas vorbei. Eine Exkursion bringt die Besucher auf die Beringinsel. Am häufigsten sind dort Japaner, US-Amerikaner und Deutsche anzutreffen. Für sie ist es einfacher, auf die Insel zu gelangen, als für mich. Zwischen Frühlingsende und Herbstbeginn fliegt jeweils montags und freitags ein kleines Propellerflugzeug mit Platz für 14 Personen. Der Flug dauert vier Stunden und startet nur bei gutem Flugwetter.

*Denkmal für Vitus Bering auf der Beringinsel*

Auf der Beringinsel wollte ich dem Grab Vitus Berings einen Besuch abstatten und mich verneigen, ein wenig auf seinen Spuren wandeln, das Volk und die Landschaft kennenlernen, mit den Aleuten sprechen, die in der Siedlung Nikolskoje leben, die Reste der Stellerschen Seekuh im Museum mit eigenen Augen betrachten, mit einem Boot auf den Pazifik hinaus fahren, Seerobben an der Küste und Wale im Ozean sichten.
Ich hätte es vielleicht nicht riskiert, mich allein dorthin auf den Weg zu machen, aber Freunde in Petropawlowsk-Kamtschatski gaben mir eine Adresse, wo ich übernachten konnte. Im Lebensmittelladen der Siedlung Nikolskoje arbeitete eine Verkäuferin, die mir zu einem sehr günstigen Preis zwei Zimmer in ihrem Haus Nr. 22 in der Straße des 50. Jahrestags der Oktoberrevolution

überließ. Dort gab es eine Küche mit Kühlschrank, Badewanne und Toilette. Meine Wirtin erzählte mir, dass die Aleuten ihr Land vor langer Zeit „Insel der guten Geister" genannt hatten. Meine Gesprächspartnerin hatte noch nie einen dieser Geister gesehen, aber sie kannte viele Menschen, die vermeintlich einen gesehen hatten. Genau das war die Erfahrung aller anderen 667 Bewohner von Nikolskoje, einschließlich der 300 Aleuten. Auf ganz Kamtschatka gibt es nur noch 401 Aleuten. Das sind nach den Angaben der letzten Gesamtrussischen Volkszählung von 2010, 0,12 Prozent der Bevölkerung Kamtschatkas.

Die Aleuten und Itelmenen gelten als die ersten Bewohner Kamtschatkas. Sie hatten eine animistische Weltsicht und stellten sich die Seele als eine Lebenskraft vor, die alle Naturerscheinungen verband. Der Natur wohnen gute und böse Geister inne, die Anteil am Leben der Menschen nehmen. Die Seelen der verstorbenen Vorfahren werden verehrt und aus Knochen, Stein, Holz und Vogelfedern nachgebildet. Ihre Schutzgeister stellen die Aleuten als hölzerne Masken dar, die sie bei den rituellen Tänzen tragen. Schamanentum, Beschwörungen zum Anlocken von Tieren vor der Jagd und besondere Jagd-Tabus bestimmten den Glauben. Schutz vor bösen Geistern boten Amulette, die von Generation zu Generation vererbt wurden.



Die Siedlung Nikolskoje besteht aus vier Teilen. Sie wurde 1826 im Norden der Beringinsel gegründet. In der „Untersiedlung", so heißt der alte Teil von Nikolskoje, sind einige große Holzhäuser aus der Zeit der Erstbesiedelung erhalten. In einem dieser Häuser, das 1905 als ehemalige Kreisverwaltung gebaut wurde, befindet sich das Heimatkundemuseum der Aleuten. Anfänglich war die Ausstellung den Beringschen Kamtschatka-Expeditionen und der Kultur der Aleuten gewidmet. Heute aber sind hier einzigartige Exponate zu sehen, darunter Kopfbedeckungen, Amulette, Schamanengerätschaften und Masken der Aleuten. Seit 1992 hängt hier auch ein Porträt Vitus Berings, dessen Gesichtszüge anhand von Funden bei seiner Umbettung im Jahre 1992 rekonstruiert werden konnten.

Die Insel, auf der Bering starb und bestattet ist, erhielt 1995 von Dänemark ein Geschenk. Zwei Windräder wurden zum Gedenken an den „dänischen Marineoffizier in russischen Diensten" errichtet. Während der Arbeiten stand der „bus" über der Insel, eine Wettererscheinung, die schon kein Nebel mehr ist, aber noch kein Regen. Die Luft war schwer wie eine nasse Windel.

Ich verhalte mich sehr ernsthaft zum Reisen. Für mich gibt es nichts Interessanteres, als neue Länder zu sehen, neue Bekanntschaften zu schließen, fremde Traditionen kennenzulernen. Ich besuche die kleinen Heimatkundemuseen meiner Reiseorte und verweile dort stets lange. Museen wecken meine ganz private Entdeckerfreude. Im Museum in Nikolskoje faszinierte mich die Dokumentation über die Besiedelung der Insel. Ein unfassbares und geradezu

tragikomisches Dokument, auf das ich dabei stieß, handelte von der „Umsiedlung der Silberfüchse" im Jahre 1956. Wer weiß, was der Begriff „Umsiedlung" in der Geschichte des 20. Jahrhunderts bedeutet, wird einen bitteren Beigeschmack haben.

Am 26. Mai 1956 beschloss die Inselverwaltung, die Silberfüchse, die ihre Fuchsbauten unter den Wohnhäusern angelegt hatten, umzusiedeln. Sie sollten zurück in die Tundra. Doch die Silberfüchse wollten sich nicht freiwillig umsiedeln lassen, und die Inselverwaltung hatte keinerlei Handhabe, sie zur Ausführung dieses Dekrets zu zwingen. So verlegte man die Umsiedlung der Pelztiere auf den Sommer.



Nachdem ich dieses Dokument aufgestöbert hatte, war ich neugierig, wie die Geschichte der Umsiedlung ausgegangen war. Leider waren schon viele Jahre seit dem Kampf mit den Füchsen vergangen. Jedenfalls traf ich keine Silberfüchse in der Inselhauptstadt. Doch in den Weiten der Beringinsel liefen die sympathischen Geschöpfe in großer Zahl umher.

Die „Wanki", wie die Inselbewohner die Silberfüchse aus irgendeinem Grunde nennen, verstanden vermutlich, dass im Sommer niemand ihr dünnes Fell haben wollte, weshalb sie ohne jeden Gedanken an Gefahr an die abendlichen Feuer der Fischer oder Touristen kamen, um Essbares zu stibitzen. In Erwartung der Beute saßen sie die halbe Nacht wenige Meter vom Feuer entfernt und in ihren listigen Augen blitzten die Flammen. Wenn dann mit Einbruch der Kälte die Zeit kam, sich in ein üppiges Winterfell zu kleiden, hielten sie sich in gebührender Entfernung von ihren zweibeinigen Nachbarn. In einen Kragen oder einen Pelzmantel wollten sie doch nicht verwandelt werden.

Doch zurück zum Museum in Nikolskoje.

Das außergewöhnlichste Exponat ist das riesige Skelett der letzten Stellerschen Seekuh. Georg Steller war Arzt, Geologe und Naturforscher. 1740 traf er als Teilnehmer der Bering-Expedition auf Kamtschatka ein und beschrieb alle Ereignisse detailliert in seinem Tagebuch. Und er entdeckte ein Meeressäugetier aus der Ordnung der Seekühe (Sirenia), das seinen Namen erhielt.

Die Körperlänge der Stellerschen Seekuh betrug knapp acht Meter, sie wog bis zu drei Tonnen. In ihrem Lebensraum bei den Kommandeurinseln hielt sie sich in Herden auf und weidete den weichen Seetang ab. Sie wurde wegen ihres Fleisches und ihres Fetts gejagt. Im Ergebnis wurde das Tier innerhalb erstaunlich kurzer Zeit vollständig ausgerottet. Bereits 27 Jahre nach ihrer Entdeckung wurde die letzte Seekuh getötet.

In seinem Tagebuch notierte Steller: „Das gefangene Lebewesen widersetzt sich so heftig, dass große Hautstücke von seinen Flossen abreißen. Außerdem

atmet es schwer und stöhnt, und aus der Wunde am Rücken strömt in einer Fontäne das Blut. Wenn das verwundete Tier stark um sich schlägt, versuchen die nächsten Tiere aus der Herde, sich ihm zu nähern und das Boot umzuwerfen, andere legen sich auf die Fangleine und schlagen mit ihren Schwänzen darauf. Einige Männchen verlassen tagelang nicht den Ort, an dem ihre Gefährtin gestorben ist." Auf der Beringinsel werden bis heute Knochen von Seekühen gefunden. Es ist verboten, sie von der Insel abzutransportieren.
Es existieren wenige Skelette dieses ausgerotteten Meeressäugetieres. Keines davon ist vollständig. Das einzige fast vollständige Exemplar der Stellerschen Seekuh befindet sich in Wien. Es zählt zu den 100 schönsten und bedeutendsten Objekten im Naturhistorischen Museum. Das Wiener Museum ist eines der größten und ältesten Naturkundemuseen der Welt. Als ich in den ersten Stock kam, traute ich meinen Augen nicht! Neben dem größten Elefanten der Welt stand, versehen mit der Nummer 87, eine Stellersche Seekuh, und sie war nicht weniger monumental und solide. Ich konnte mich an ihr nicht sattsehen. Vor dem Exponat hängt ein Täfelchen: 1741-1768. Das Jahr ihrer Entdeckung und das Jahr ihrer Ausrottung. Eine Erinnerung an die Grausamkeit des Menschen. Daneben der folgende Text: „Der deutsche Arzt und Naturwissenschaftler Georg Wilhelm Steller war der erste und einzige Wissenschaftler, der die nach ihm benannten Seekühe jemals lebend zu Gesicht bekam. Er beobachtete die riesigen Tiere nahe der Beringinsel vor Kamtschatka, wo er 1741 mit einem russischen Expeditionsschiff gestrandet war. Seine Veröffentlichungen trugen dazu bei, russische Pelztierjäger auf die wohlschmeckende Nahrungsquelle aufmerksam zu machen. Und so wurden die Seekühe, deren bevorzugte Weideplätze im seichten Wasser bald bekannt waren, intensiv gejagt. Die Kolosse zu harpunieren und an Seilen an Land zu ziehen, erforderte mindestens zehn Männer. Da die Tiere äußerst zutraulich waren, außerdem nicht tief tauchen konnten und nicht ins offene Meer flüchteten, konnten sie mit verhältnismäßig geringem Aufwand überwältigt werden."
Dramatisch und rätselhaft war auch das Schicksal des Buches „Beschreibung des Landes Kamtschatka" von Georg Wilhelm Steller (1709 bis 1746). Nach seinem Tod in Tjumen gelangten seine Aufzeichnungen in die Sankt-Petersburger Akademie der Wissenschaften, deren Mitglied er war. Dort wurden sie als geheim eingestuft. Später erhielt der Freund und Kollege Stellers, Stepan Krascheninnikow, den Auftrag, die Aufzeichnungen zu vollenden, zu systematisieren und herauszugeben. Krascheninnikow hatte selbst viele Jahre auf Kamtschatka geforscht und geschrieben. Im Jahr 1755 erschien sein Buch unter dem gleichen Titel „Beschreibung des Landes Kamtschatka". Bald wurden Gerüchte laut, der Anteil Krascheninnikows an diesem Werk sei übertrieben worden, während Stellers Anteil ungerechterweise wenig gewürdigt sei. Die Aufzeichnungen Stellers wurden dann 1774 in Frankfurt am Main und in Lei-

pzig herausgegeben. In Russland erschien dieses Werk erst mehr als 200 Jahre später, und zwar bei einem Verlag auf Kamtschatka. In beiden Büchern, dem deutschen und dem russischen, stößt man tatsächlich auf viele Gemein-

samkeiten. Doch Gemeinsamkeiten verbinden auch das Schicksal der Autoren. Beide sind sehr jung gestorben, nachdem sie ihr Leben der wissenschaftlichen Erkundung Kamtschatkas gewidmet hatten. Steller war 37 Jahre, Krascheninnikow 44 Jahre alt. Beide scheuten weder Strapazen noch Gefahren. Beide hinterließen packende, genaue Beschreibungen von allem, was sie sahen. Krascheninnikows Buch wurde ein internationaler Bestseller. Wer hat mehr dazu beigetragen? Ich würde beide Namen auf das Titelblatt setzen.

Aber zurück nach Nikolskoje. Hier werden Reisende zuerst ins Heimatkundemuseum geführt, und erst dann in die Museumswohnung des berühmten regionalen Künstlers Sergej Pasenjuk. Dabei sollte es umgekehrt sein. Denn die

Bilder und ungewöhnlichen Skulpturen des Künstlers Pasenjuk vermitteln eine Vorstellung vom Lebensrhythmus der Insel, von ihrer unaufdringlichen Romantik, die Realität und Poesie mit der Nüchternheit des Alltagslebens vereint. Pasenjuk ist ein echter „genius loci" der Beringinsel. Er kam 1971 mit 17 Jahren hierher. Er sah die Kunst der Aleuten und interessierte sich dafür. Ein talentierter Mensch interessiert sich immer für das Fremde, wie sich Picasso

*Für einen Besuch der Beringinsel benötigt man keine Sondererlaubnis, doch für die übrigen 14 Kommandeurinseln muss man vorab in Petropawlowsk-Kamtschatski eine Genehmigung beantragen*



für die afrikanische Kunst interessiert hat oder Gauguin für die Kunst Polynesiens. Sergej Pasenjuk absolvierte die Universität der Künste in Moskau im Fach Malerei, doch er ist auch Segelsportler, Schriftsteller, Jäger, Fischer, Touristenführer und Zeichenlehrer – und als solcher der beliebteste Lehrer der Schule.

Ich liebe die Natur, aber mich interessieren Landschaftsbilder weniger, eher erweckt der Mensch in der Landschaft mein Interesse. Und wenn man einem

Menschen begegnet wie Sergej Pasenjuk, so ist das ein Glück. Seine Bilder fangen das Leben der Insel ein, auf der es sich ungewöhnlich leicht atmen und fühlen lässt. Die Insel wirkt so offen. Vielleicht wegen ihrer vielen Buchten und Flussdeltas, vielleicht wegen ihrer magischen Ausstrahlung. All das ist auf den Gemälden zu sehen. Ebenso die Rituale der Aleuten und ihr Lebensrhythmus. Vielleicht ist es der melancholischste Ort auf der Welt. Doch diese Melancholie schmerzt nicht in der Seele, im Gegenteil, hier ist sie herrlich!
Besucher, die Werke von Sergej Pasenjuk mit nach Hause nahmen, berichten, sie hätten inspirierende Träume, wenn sie sie eine halbe Stunde täglich betrachten. Vielleicht träumen sie von den Kommandeurinseln.
Die Schönheit der Insel liegt in ihrer ursprünglichen Wildheit. Und wenn man mit dem Wetter Glück hat, ist es erfrischend angenehm, auf der Insel zu wandern, und die Luft ist so, wie sie in einem Biosphärenreservat sein soll. Ein befreundeter Fotograf beschwerte sich über den „finsteren Reiz" der Insel: Hügel, Täler, Berge, Wasserfälle, Flüsse, Seen – alles ist da, aber, wie er sagte, „so düster". Mir jedoch hat die verhangene Schönheit sehr gefallen.
Einmal begleitete ich zwei Ornithologen und zwei Studenten auf die „Vogelinseln", wie die zahlreichen unbewohnten Felsenklippen genannt werden, die Brutstätten der Seevögel sind. Doch zunächst hieß es, in Nikolskoje „auf das Wetter zu warten". Hier ist die Eintragung aus meinem Tagebuch:
„‚Macht euch fertig, wir setzen euch auf der Vogelinsel ab', rief der Kapitän. Der Motor zitterte vor Spannung. Das kleine Schifflein hüpfte über die Wellenkämme, stürzte in tiefe Wellentäler. Die Gischt nässte das Deck, peitschte ins Gesicht. Plötzlich zog von irgendwo dichter Nebel auf, nichts war mehr zu sehen. Wenn wir nur die Insel nicht verpassen!
‚Wir fahren nicht daran vorbei!', beruhigte mich der Kapitän. ‚Wir orientieren uns an den Vögeln. Die fliegen nach Hause, auf die Insel.'
Eine halbe Stunde später war der Nebel verflogen. Vor uns lag die Insel. Sie wuchs, wurde zu einer schwarzen Pyramide mit vielen gezahnten Gipfeln.
Die Ankerkette rasselte herab. Plötzlich schien die Insel geradezu zu explodieren. Über uns stieg eine finstere Wolke auf und zerstob in unzählige Splitter. Vögel! Tausende Seevögel erhoben sich kreischend in die Luft. Die Matrosen ließen das Beiboot zu Wasser. Mit ihren Rudern lenkten sie es in eine enge Durchfahrt zwischen zwei Felsenriffen. Das Boot schaukelte in den Wellen, stieß im flachen Wasser gegen Steine. Wir warteten, bis die Bordkante mit den Steinen auf gleicher Höhe lag, und sprangen hinüber. In den Gummistiefeln schmatzte das Wasser. Doch wir waren zufrieden: Wir waren endlich angelangt.

Wir standen am Ufer. Felsenklippen strebten in den Himmel. Mit Vorsprüngen und Nischen. Und überall waren Vögel. Tausende Vögel."
Die Kommandeurinseln sind vulkanischen Ursprungs, sie sind entstanden aus Unterwasservulkanen und gehören zum nördlichen Teil des Pazifischen Feuerrings. Im Norden fällt das Gelände der Inselgruppe recht steil in das bis zu 4 096 Meter tiefe Seebecken des Beringmeers ab, im Süden schließt sich der bis zu 7 822 Meter tiefe Aleutengraben im Pazifischen Ozean an. Dieser Graben ist Teil der Subduktionszone, in der sich die Pazifische Platte langsam unter die Nordamerikanische Platte schiebt.
Tag und Nacht brechen die Meereswellen mit Donnern an die Ufer. Die Sonne heizt das Gestein auf, Regen fällt darauf, ununterbrochen weht der Wind. Die Felsen erodieren, brechen auseinander, werden abgetragen. So entstanden die bizarren Felsengebilde mit ihren Simsen und Vorsprüngen, Nischen und Türmchen, Stufen und Felsspitzen. Im Lauf der Zeit wuchs Gras auf der Vogelinsel. Grüne Kappen ziehen sich über die Felsen. Muscheln erobern die Steine in Ufernähe, als sei ihnen ein Bart gewachsen. Bänder von Seetang säumen die Küsten. An den Unterwasserfelsen finden Fische, Krabben, Kalmare, Krebse Unterschlupf.



Die junge Ornithologin macht mich auf den Gabelschwänzigen Wellenläufer und die Trottellumme aufmerksam. Auch Dreizehenmöwen sind vertreten, die sich nach der Farbe der Beine in rot- und schwarzbeinige unterscheiden. Von der rotbeinigen Dreizehenmöwe erzählt eine alte Legende der Aleuten:
Ein Mädchen verliebte sich in einen Jäger von Meerestieren. Sie beschlossen zu heiraten. Als ihr Vater, ein alter Zauberer, davon erfuhr, sperrte er die Tochter in eine Erdgrube ein. Er wollte nicht, dass sie einen armen Jäger heiratet. Doch das Mädchen war nicht umsonst die Tochter eines Zauberers. Sie verwandelte sich in eine Möwe und entwich durch einen engen Spalt zu ihrem Liebsten. Der alte Zauberer wurde noch wütender und entschloss sich, den Jäger zu töten. Und als der Jäger einmal mit seinem mit Tierhäuten bezogenen Kanu zur Jagd aufs Meer hinausfuhr, entfesselte der Zauberer einen Sturm. Die Wellen schlugen das Boot um. Das Mädchen wartete lange auf die Rückkehr ihres Liebsten, doch er kam nicht. Da verwandelte sie sich wieder in eine Möwe und flog, um ihren Liebsten zu suchen. „Tig-li, Tig-li, Tig-li!", rief sie ihren Bräutigam. Der Wind und das Meerwasser bleichten ihr Kleid aus, die Kälte rötete ihre Beine, die Tränen röteten ihre Augen. Doch sie gab die Suche nicht auf. Sie fragte ihre Freundinnen, ob die ihren Liebsten nicht gesehen hätten. Von Zeit zu Zeit stöhnt sie und klagt ihnen ihr Leid.
Am äußersten Rand der Insel stießen wir auf einen kleinen, unscheinbaren See. Er scheint Zauberkräfte zu haben, denn er zieht die Vögel wie ein Magnet an. Wozu brauchen Möwen, noch dazu Seemöwen, einen so kleinen See, wenn es ringsum einen Ozean voller Wasser gibt? Sie brauchen ihn, denn wenn die Vögel jagen, nässt das Meerwasser ihr Gefieder. Das Salz setzt sich auf den

Federn ab, die Flügel werden davon feucht und schwer. Und wo kann man das Salz auswaschen? Nur im Süßwasser. So kommen die Möwen zu dem kleinen See oder fliegen zu den Nachbarinseln, wo Flüsse ins Meer münden. Sie baden dort.

Ich habe nicht einmal versucht, die Vielfalt der Meeresvögel und ihre Besonderheiten zu verstehen, all diese Möwen, Lummen, Seeschwalben, Dreizehenmöwen und Klippenmöwen. Ich habe mir meinen Lieblingsvogel ausgewählt, den geschicktesten unter den hiesigen gefiederten Fischfängern – den Kormoran. Der Kormoran ist ein ausgezeichneter Schwimmer und ein beneidenswerter Taucher, der bis zu zehn Meter unter Wasser bleiben kann, um seine Beute zu jagen. Unter den fernöstlichen Kormoranen ist der Bering-Kormoran am weitesten verbreitet. Am schönsten ist der rotgesichtige: ein langer dünner Hals, ein Bronzeschimmer, ein schwarzer Federschopf.



Einmal beobachtete ich, wie Kormorane auf einen Fischschwarm unweit der Küste stießen. Es war nicht klar, was das Signal ausgelöst hatte, doch sie kamen im Pulk angeflogen.

Ein rotgesichtiger Kormoran, der auf einem nahen Felsen nistete, schaute lange zu, bevor er beschloss, sein Glück zu versuchen. Stürzte sich von der Klippe, flog einen Kreis und wollte auf dem Wasser landen. In der Eile hatte er die Geschwindigkeit nicht richtig berechnet, bremste nicht rechtzeitig ab und schlug, als er mit den Füßen die Wasseroberfläche berührte, einen Purzelbaum. Tauchte auf und schaute sich um, ob jemand sein Missgeschick gesehen hatte. Schwamm ein wenig, drehte seinen Hals wie ein Periskop und tauchte nach Beute. Lange fischte er. Gierig stopfte er den „Sack" unter dem Schnabel voll Fisch. Doch dann konnte er nicht mehr auffliegen. Daneben kreischten Möwen und zankten sich um einen Fisch.

Der Kormoran nahm erneut Anlauf für seinen Start, doch er kam nicht hoch. Da schlenkerte er mit seinem langen Hals und warf einen Fisch aus dem Schlund aus. Der landete direkt in der Mitte der Möwenversammlung. Was da abging! Geschrei, Gezänk, Geschubse. Die Möwen drängten sich zusammen, jede versuchte, ein Stückchen des Geschenks vom Kormoran zu ergattern. Sie zerrten und hackten und rissen den Fisch in Stücke. Als er das sah, warf der Kormoran, ohne nachzudenken, noch ein Fischlein heraus. Eine weitere Gabe!

Die Beringinsel ist gebirgig und besteht aus Vulkangestein. Pazifische Tundra dominiert, es gibt Flüsse und Wasserfälle. In den Tälern wachsen Ebereschen und Steinbirken. Das Kap Kommandor fällt mit Sand und Geröllschutt sanft zum Meer hinab und ist teilweise mit Gras überwachsen. In der Nachbarbucht befindet sich Berings Grab.

Bei einer meiner Wanderungen begleitete mich ein wunderbarer Fotograf aus Petropawlowsk-Kamtschatski. Als wir an der malerischen Felsküste anlandeten, dachte ich, wie schön es wäre, von hier ins Wasser zu springen. Doch wo-

*Es ist schwierig die Vielfalt der Meeresvögel und ihre Besonderheiten zu verstehen, all diese Möwen, Lummen, Seeschwalben, Dreizehenmöwen und Klippenmöwen*

her? Das Wasser ist im Sommer nur fünf Grad warm. Als hätte er meinen Gedanken erraten, sagte mein Begleiter: „Letztes Jahr hat eine Frau aus einer Moskauer Touristengruppe hier gebadet!" Ich zog meinen Mantel fester zusammen und dachte: Das sind die Unsrigen! Schrecken vor nichts zurück. Er erzählte weiter: „Wir baden im Sommer nicht hier, sondern in der Bucht ‚Staraja Gawan'. Die Einheimischen nennen sie die ‚Alte'. Seltsam, aber in dieser Bucht ist das Wetter immer besser als in der Siedlung: Es gibt mehr Sonnentage, und es ist wärmer. Am Wochenende kommen die Menschen her, um zu entspannen, sogar zum Sonnenbaden. Man kann auch schwimmen, die Bucht ist nicht tief, und das Wasser erwärmt sich gut, wenn die Sonne scheint."
Während meiner Zeit auf der Insel kamen auch japanische Touristen, die mit Zodiac-Schlauchbooten hinausfuhren, um Wale zu beobachten. Sie wollten unbedingt einen Blauwal sehen, das größte Säugetier der Welt. Der russische Dolmetscher lud auch mich zur dreistündigen Exkursion ein.
Alle Augen waren auf das Wasser gerichtet. Wale zu beobachten ist, ehrlich gesagt, kein sehr hoffnungsvolles Unterfangen. Der Reiseführer erzählte mir,

dass sie mit der letzten Gruppe keinen einzigen Wal gesehen hätten. Nun, wir sichteten sogar drei. Sie erschienen plötzlich an der Oberfläche, ihre Flanken glänzten in der Sonne, als seien sie poliert, und wenn sie sich drehten, blitzte auch ihr Schwanz über der Wasseroberfläche auf. Ihre eigenartige schwere Grazie und der Reiz, ihnen aus gebührendem Abstand ein Stück zu folgen,

*Die neue Kirche in der Siedlung Nikolskoje - die Siedlung hat 667 Bewohner, darunter 300 Aleuten. Auf ganz Kamtschatka gibt es nur noch 401 Aleuten. Die Völker des Nordens, darunter auch die Aleuten, haben Christus immer als eine Ergänzung zu ihren zahlreichen Gottheiten wahrgenommen*



machten die Walbeobachtung zu einem unvergesslichen Erlebnis. Die Japaner sahen glücklich aus, sie fotografierten den Ozean, die Wale und sich selbst in Outdoor-Kleidung und in gummierten orangefarbenen Regenmänteln.

Zum Programm der Reisegruppen, die zu den Kommandeurinseln kommen, gehört unbedingt eine Exkursion zu den Pelzrobbenkolonien im nordwestlichen Teil der Beringinsel.

Ende April kommen die ersten Robbenbullen, die auf japanischen Inseln überwintert haben, an ihre Fortpflanzungsplätze. Die Weibchen treffen später an der Küste ein, wo sie ihre Jungen zur Welt bringen. Man sieht sie, man riecht sie, aber vor allem hört man sie. Das dumpfe Bellen der Bullen, das Heulen der Jungtiere bei ihren Revierkämpfen und das Jammern der Neugeborenen stehen über den Liegeplätzen, die sich ein bis zwei Kilometer entlang des steinigen Strands am Nordkap der Beringinsel erstrecken. Jeder Bulle „beherrscht" etwa zehn Weibchen, die Jungtiere werden vier Monate lang gesäugt. Im August fallen die Familien auseinander und die Weibchen verlassen die Küste, es sind Hunderte, die den Sommer über unter dem wachsamen Blick ihrer riesigen Männchen auf den Steinen verbracht haben. Im November schwimmen auch die Jungtiere zu den Winterrastplätzen.

Die am besten zugängliche Robbenkolonie heißt „Domaschnoje" und befindet sich 16 Kilometer von Nikolskoje entfernt. Dort wurde eine 300 Meter lange Aussichtsplattform gebaut. Von dieser aus kann man nicht nur Robben beobachten, sondern, wenn man Glück hat, auch einen Blauwal sehen, der immerhin 32 Meter lang werden kann.

Ein anderer bei Touristen beliebter Ort ist Kap Bujan. Hier kann man zauberhaft farbige Steine sammeln und zum Andenken mitnehmen. Auf der Insel gibt es auch einen Fluss mit dem Namen Bujan, in dem der Legende nach einst untreue Ehefrauen ertränkt wurden. Es ist ein schöner, tiefer und sauberer Fluss, als wollte man für einen schönen Tod sorgen. Nicht für den eigenen, sondern für den der anderen ... Das Interessante dabei ist, dass der Fluss schöne Halbedelsteine – Jaspis, Opal, Achat – mit sich führt und beim Kap Bujan ins Meer spült. Die Wellen des Meeres werfen die Steine zurück an das Ufer. In der Sonne funkeln sie in allen Regenbogenfarben, die matten Chalzedone, durchbrochenen Achate und geheimnisvollen Opale. Man findet sie auf den 100 Meter langen Uferstreifen beiderseits der Flussmündung.

Jeder, der länger auf der Beringinsel weilt, findet hier seinen Lieblingsplatz. Die Insel öffnet sich nie ganz, aber jeder kann sich sein persönliches Bild machen. Und jeder wird seine eigenen Höhepunkte im Gedächtnis behalten. Für mich war einer dieser Höhepunkte die Bekanntschaft mit den Bewohnern.

Das größte Fest der Aleuten ist die Wintersonnenwende, das mit Tänzen und Jagdbeschwörungen gefeiert wird, dann werden auch Geschenke getauscht. Zu den Bräuchen, mit denen die Jagdsaison beginnt, gehören zudem Pantomime, Gesang und Trommeln. Die Darsteller tragen einen besonderen Kopfschmuck und hölzerne Masken.

Die Bräuche und Feste der Aleuten sind der Jagd von Meeressäugetieren gewidmet. Wenn die Felle, Nasen und Pfoten der getöteten Tiere ihre rituelle Funktion erfüllt haben, werden sie in die Familienheiligtümer eingereiht.

Die jungen Mädchen auf Kamtschatka , die Aleutinnen, Korjakinnen, Itelmeninnen und Kamtschadalinnen sind schön. Ich will nicht behaupten, sie seien schöner als andere. Doch in ihrer traditionellen Kleidung sehen sie elegant und anziehend aus. Wer es nicht glaubt, kann herkommen und sich die

Mädchen aus der Volkstanzgruppe der Beringinsel anschauen. Die zartgelben Kleider mit roten Ornamenten, weißem Fellbesatz und farbigen Verzierungen sind wunderbar. Und wenn man bereit ist, sich in die melodische Sprache der Aleuten hineinzuhören, ist man von deren Harmonie und Schönheit schnell beeindruckt, man möchte jedes Mal singen, wenn man sie hört.
Einige Worte über den Glauben der Aleuten. Sie nahmen wie andere Völker in Russland das Christentum an. Doch ihr ursprünglicher Animismus führte dazu, dass der neue Glaube an ihre alten Bräuche angepasst wurde. Das heißt, der traditionelle Animismus existiert bei den indigenen Völkern bis heute fort. Und selbst unter den Völkern, die am stärksten christlich ausgerichtet sind, prägt Aberglaube den Alltag.



Die Völker des Nordens, darunter die Aleuten, haben Christus immer als eine Ergänzung zu ihren zahlreichen Gottheiten wahrgenommen. Die Aleuten glauben an gute und böse Geister, an die Bewohner der Ober- und Unterwelt, die vor den Augen der Menschen verborgen sind, sie glauben an Amulette und Schamanenrituale.
Eine der schönsten Legenden der Aleuten ist mit der Beringinsel verbunden. Sie berichtet, dass in längst vergangener Zeit ein Jäger der Aleuten im Ozean eine Insel entdeckt hat. Er entschloss sich, auf ihr zu leben. Er wollte, dass die Menschen seines Volkes nachkommen, um dort nicht einsam zu sein. So berichtet die Legende von einer erfolgreichen, wie wir es heute ausdrücken würden, Meinungsbildungsaktion: „In jenem Sommer fuhr der Fischer Atme aus, um sich auf der Insel niederzulassen. Und er nannte sie ‚Insel der Guten Geister', weil er dachte, dass die Menschen seines Volkes unbedingt auf einer Insel mit einem so schönen Namen leben wollten."
Seit jener Zeit wird diese Insel, die heute Beringinsel heißt, von Menschen bewohnt. Die anderen Inseln sind unbewohnt. Darunter ist die sehr kleine Insel Arij Kamen. Sie liegt zehn Kilometer von Nikolskoje entfernt, eine 153 Meter hohe Felseninsel mit einem Durchmesser von etwa einem Kilometer.
Die Legende berichtet, dass dort der erste Mensch erschienen sei, Arij, Sohn einer irdischen Frau aus dem Volk der Aleuten und eines göttlichen Mannes. Er wurde Schamane. Arij Kamen ist keine einfache Insel. In der Legende, die mir ein Aleute erzählte, wird behauptet, dass auf dieser Insel drei magische Gegenstände aus dem Besitz eines Schamanen wieder zusammentreffen müssen, damit das Ende der Welt verhindert wird. Bei diesen Worten ertönte aus der Richtung, in der Arij Kamen liegt, ein seltsamer Laut, als wäre eine Saite gesprungen. Der alte Aleute legte den Finger an die Lippen: „Psst, wir dürfen darüber nicht laut reden!" Dann bekreuzigte er sich inbrünstig.

# Das Fernöstliche Meeresnaturreservat

## Reise zum Grund des Meeres

Wer zum ersten Mal zum Grund des Stillen Ozeans vordringen will, sollte eines der vielen Tauchzentren in Petropawlowsk-Kamtschatski aufsuchen, einen erfahrenen Tauchlehrer buchen, eine passende Taucherausrüstung leihen und das Tauchen in der Awatscha-Bucht üben.

Von Mai bis Oktober wird in der Bucht in Gruppen und individuell getaucht. Neulinge sind nur in Begleitung eines Tauchlehrers zugelassen. Die ersten Erfahrungen sammelt man bei einer Tiefe von acht bis 40 Metern. Interessant sind die gesunkenen Schiffe, die in fünf bis 20 Metern Tiefe liegen. Ein fantastisches Erlebnis! Bunte Fische schwärmen aus den Schiffbäuchen hervor; in der Bucht sind 32 Fischarten beheimatet.

Doch wenn Sie ein erfahrener Taucher sind und von Außergewöhnlichem träumen, dann ist nicht die Awatscha-Bucht ihre Wahl. Die regionalen Tauchklubs bieten Expeditionen Richtung Südwesten an. Das Ziel ist eine Bucht im Japanischen Meer, die nach Peter I. benannt ist. Sie gehört zum Fernöstlichen Meeresnaturreservat, das administrativ nicht zu Kamtschatka gehört, sondern direkt dem Föderalen Bezirk Ferner Osten unterstellt ist. Touristen gelangen selten in diese Region, wer jedoch einmal dort war, versteht, dass es ein einzigartiges Erlebnis ist. Es ist ein Eldorado für Unterwasserfotografen. Die beste Zeit für Unterwasseraufnahmen ist die Nacht, denn wenn es dunkel wird, werden die Tiefseebewohner aktiv. Diverse Tiefseewesen, die das Tageslicht scheuen, zieht es nachts an die Meeresoberfläche. Das Licht eines Strahlers macht ihnen nichts aus, so kann man sich diesen bizarren Meeresbewohnern nähern. Vielleicht begegnet Ihnen ein sagenhaftes, vier Meter langes Untier, der Achtfüßer mit schillernder Perlmutthaut. Es heißt, es sei eine ungewöhnliche Erfahrung, wenn dich ein Achtfüßer vorsichtig abtastet.

Ein Bekannter, der als Unterwasserfotograf Hunderte Tauchgänge mit der Kamera absolviert hat, berichtete von folgendem Erlebnis: Einmal ließ er seinen Assistenten am Eingang einer Unterwasserhöhle zurück und begab sich auf Erkundungstour in die Höhle. Da traf ihn ein furchtbarer Schlag, eine Schockwelle durchlief den Körper und seine Muskeln zogen sich spastisch zusammen. Er hörte und fühlte nichts mehr und stürzte in die Dunkelheit. Beinahe panisch wurde er, als er direkt über sich eine Largha-Robbe schweben sah. Der Fotograf kroch zum Ausgang. Die Robbe blieb reglos in ihrem Reich zurück.

Später fand er heraus, dass Seehunde Lautimpulse von gewaltiger Kraft ausstoßen, die der Mensch als physischen Schmerz empfindet. Diese „akustische Waffe" ist nötig, um sich in der Tiefe über kilometerweite Entfernungen zu verständigen, aber auch, um große Fische, die Beute der Robbe, zu betäuben.

Der Fotograf zeigte seine Fotos. Besonders bizarr sehen die Mooskopfigen Stachelrücken (Chirolophis saitone) aus, die auch als Meereshündchen bezeichnet werden. Sie seien trotz ihrer Stacheln harmlos und völlig ungefährlich, versicherte er. Sie gewöhnen sich schnell an Menschen, haben keine Scheu und posieren sogar für die Kamera. Und wenn man diese Meereshündchen mit Jakobsmuscheln füttert, verlassen sie sogar ihre Behausung, die sie unermüdlich

*Im Biosphärenreservat sind mehr als 5 000 Arten von Pflanzen und Tieren beheimatet, und es werden stetig mehr*

von Nahrungsresten reinigen. Diese Kleinfische sind richtiggehende Sauberkeitsfanatiker! Vor dem Eingang zu ihrer Behausung sind stets viele Seesterne und Muscheln zu finden, die sich von den „essbaren Abfällen" ernähren.
Und erst die Hochzeitsspiele der Tintenfische! Die Männchen bemühen sich, mit leuchtenden Mustern auf ihrer Haut die Aufmerksamkeit von künftigen Partnerinnen zu gewinnen und Konkurrenten abzuschrecken. Dieses Schauspiel prägt sich für immer ein. Es gibt Myriaden bunter Fische und Pflanzen hier! Jeder Winkel des Meeresbodens der Bucht ist einzigartig.

Ich dachte immer, dass die russischen Milliardäre wenig von Lebenskunst verstehen. Sie organisieren ihren Alltag als Konkurrenzkampf nach wissenschaftlichen Kriterien. Doch in letzter Zeit werde ich eines Besseren belehrt. Wenn ich in der Zeitschrift „Forbes" blättere, stoße ich auf Milliardäre, die außerordentliche Feinschmecker sind, andere, die ihre Liebe zur Malerei des Mittelalters kultivieren, und wieder andere, die über Extremsportarten wie das Apnoetauchen (Freitauchen ohne Sauerstoffgerät), so leidenschaftlich erzählen, dass man sie am liebsten zitieren möchte. Ich selbst liebte das Tauchen in meiner Kindheit, aber das war eher Schnorcheln mit den Schwimmflossen „Delfin" und der Taucherbrille aus dem Geschäft „Tourist". Eine Leidenschaft für das Tauchen am Grund des Meeres habe ich nie entwickelt. Es ist kein preiswertes Hobby. Für eine Ausrüstung, Anzug, Schwimmflossen und Computer, muss man mindestens 50 000 Dollar investieren, oder das Doppelte. Auch die Reisen zu den angesagten Tauchpunkten im Fernöstlichen Meeresnaturreservat, das seit 2003 den Status eines Biosphärenreservats hat, verschlingen viel Geld. Die Frage bleibt: Warum machen Geschäftsleute das? Ich fand zwei Antworten im „Forbes" (2/2015), eine von Armand Sograbjan, dem Generaldirektor von Williams Lea Tag, die andere vom Direktor des Sankt-Petersburger Zentrums für Tiefseetauchen Viktor Strelkin. „Beim Apnoetauchen ist das wichtigste, mit den Druckverhältnissen klar zu kommen und sie auszugleichen. Das, was außerhalb von dir ist, und das Innere: Ängste, Zweifel, Risikobereitschaft. Zuerst hatte ich beim Tauchen Angst. So ein Gefühl, als würdest du schlafwandelnd von einem Dach springen. Das Panikgefühl wird dadurch verstärkt, dass es bei einer Tiefe von 25 bis 30 Metern zu einem Tiefenrausch kommen kann: Der Mensch fällt einfach weiter nach unten."



Beim Freitauchen wird eine Sicherungsleine verwendet, die auch zur Tiefenkontrolle dient. Der Taucher ist mit einem Karabinerhaken daran befestigt, so dass er, falls er durch den Sauerstoffmangel bewusstlos geworden ist, nach oben gezogen werden kann. Die Leine hilft, die Angst am Anfang zu überwinden. „Wie groß war meine Verwunderung", erzählt Sograbjan, „als ich einmal etwas tiefer vordrang, als die Leine reichte. Plötzlich empfindest du die Realität auf eine besondere Weise. Auf der Erde nehmen wir die Ereignisse als Routine wahr. Wir sind viel zu erschöpft für Emotionen. In der Tiefsee ist das anders. Die Müdigkeit ist weg, und die wenigen Sekunden absolute Realität, den vollständigen Kontakt zum Dasein, finde ich faszinierend. Ich tauche nicht, um Rekorde aufzustellen, sondern für diese Wahrnehmung."

Viktor Strelkin ergänzt diese Erzählung mit eigenen Eindrücken: „In der Tiefe ist es, als sei der Körper durchsichtig. Die Grenzen zwischen mir und dem Meer lösen sich auf. Ich vereine mich mit der Welt. Wenn ich auftauche, fühle ich mich gereinigt und wie neu. Die Wahrnehmung von Farben, Geräuschen und Empfindungen ist gesteigert, du liebst das Leben mit ganz neuer Kraft. Wer

Freitauchen betreibt, erhält neue Kräfte und Energien. Es ist die totale Begegnung mit sich selbst. Im Moment des Tauchens hört die andere Welt auf zu existieren. Du bleibst mit dir allein, du lernst dich selber kennen."

Strelkin baute in Sankt-Petersburg ein 42 Meter tiefes Tauchbecken, um seinem Lieblingssport nachgehen zu können. „Ich brauche ein solches Becken", sagt er, „und Russland braucht es auch."

Das Meeresnaturreservat erstreckt sich auf 64 300 Hektar, das ist ein Zehntel der Bucht Peter der Große. Zum Archipel gehören zwölf Inseln und über 20 aus dem Wasser ragende Eilande, kleine Inselchen und Felsklippen, die keinen Namen haben. Es gibt Sand- und Kiesstrände, sommergrüne Laubwälder und Mischwälder, es gibt Seen, Bäche und sogar Sümpfe. Die größte Insel ist die 410 Hektar große Bolschoi Pelis.



Im Meeresnaturreservat wechseln verschiedene Vegetations- und Landschaftsformen einander ab: von subtropischen bis subarktischen Breitenzonen reicht das Spektrum. Stille warme Buchten und Lagunen, offene Küstenabschnitte mit hoher Brandung und kalten Tiefen, Geröllfelder und Felsklippen, Sandstrände, Salz- und Süßwasserseen, Wälder und Sümpfe bilden eine landschaftliche Vielfalt, die die Vielfalt der Lebensformen bedingt.

Wissenschaftler haben im Schutzgebiet im Wasser und auf dem Meeresgrund mehr als 1 500 Arten mehrzelliger Lebewesen und Pflanzen gezählt, das ist eine einzigartige Menge für russische Meere. Die Artenvielfalt wird damit erklärt, dass hier die vom Norden kommende kalte Primorskaja-Strömung und die von Süden kommende warme Tsushima-Strömung aufeinandertreffen. Deshalb haben hier sowohl subtropische wie auch arktische Lebewesen einen Lebensraum, darunter etwa 200 Fischarten, mehr als 450 Krebsartige, 200 Mollusken, 300 Ringelwürmer, 30 Arten Stachelhäuter und etwa 170 Arten Algen.

Dieser Teil des Meeres kann sich aufgrund seiner biologischen Vielfalt, des Reichtums und der Schönheit seiner Unterwasserwelt durchaus mit dem Great Barrier Reef messen. Im Aquatorium des Fernöstlichen Meeresnaturreservats lebt die Kamtschatkakrabbe, die wegen ihrer Größe auch Königskrabbe genannt wird. Der Rückenpanzer der Kamtschatkakrabbe kann bis zu 26 Zentimeter breit werden, die Spannweite der Beine bis zu 1,5 Metern betragen, das Gewicht erreicht bis zu sieben Kilogramm. Sie ist im Japanischen Meer, im Ochotskischen Meer und am südlichen Beringkap verbreitet, die größte Population lebt an der Westküste von Kamtschatka.

Im Sommer 2015 blätterte ich in einer Moskauer Morgenzeitung und staunte. Eine halbe Seite war dem Porträt der Kamtschatkakrabbe gewidmet. Sie

ist der kulinarische Ruhm Kamtschatkas. In den Moskauer Restaurants „Karlsson" und „Sixty" bringt man die Krabbe auf einem silbernen Servierwagen. Der italienische Chefkoch der Restaurants, Carlo Grecu, erzählt: „Wenn ich meinen Gästen eine Königskrabbe anbieten möchte, muss ich beachten, dass der Frischfang aus Kamtschatka zu mir mindestens elf Stunden unterwegs ist! Austern beziehe ich aus Sachalin, Krabben, Bering-Seewolf und Kabeljau aus Wladiwostok. Doch die Kamtschatkakrabbe ist etwas Unvergessliches."
Wer in das Fernöstliche Meeresnaturreservat kommt, um Wanderungen zu unternehmen, kann einen Ökologischen Pfad benutzen. Auch hier gibt es viel zu sehen und zu lernen. Ich war beeindruckt von den leuchtend orangen Blüten, die hier viele Namen haben, Lilien, Türkenbund oder Zarenlocken. Sie zählen zur Familie der Liliengewächse und sind in das Rote Buch Russlands eingetragen. Eine Legende besagt, sie seien einst aus dem Herzen eines tapferen Kriegers gewachsen. Wer die Blüte berührt, werde mutig und stark. Alle stürzten lachend zu den Blüten und streichelten sie vorsichtig. Übrigens hat die Lilie auch Heilwirkung, besonders bei Wunden und Verletzungen. Und auch als Nahrungspflanze wurde sie einst auf Kamtschatka verwendet. Vor fast 300 Jahren schrieb Stepan Kraschenninikow: „Ich aß die Zwiebel der Türkenbundlilie. Sie hat gut geschmeckt."
Im Biosphärenreservat sind mehr als 5 000 Arten von Pflanzen und Tieren beheimatet, und es werden mehr. Immer wieder entdecken die Wissenschaftler neue Arten, die aus der subtropischen Zone hierher gelangen. Einige der Lebewesen, die die Forscher hier bei ihren Unterwasserexpeditionen aufspüren, waren in der Wissenschaft bisher unbekannt.
Die Meeresbiologen sind sich uneinig, wie die große Artenvielfalt in der Bucht Peter der Große zu erklären ist. Die Vulkanausbrüche und Schwankungen in der Höhe des Meeresspiegels haben im Verlauf von Jahrmillionen die Lebensbedingungen verändert, wobei immer wieder Nischen für die Entwicklung neuer Lebewesen entstanden sind.
Der ehemalige Direktor des Meeresnaturreservats Andrej Maljutin ist Autor des Buches „Das geschützte Meer". Darin ist viel über die Schönheit des Schutzgebiets zu lesen, auf dessen Grund das Leben wimmelt. Besonders interessant sind die gefleckten Largha-Robben. Die jungen Männchen sind sehr neugierig. Sie schwimmen zu den Menschen und schauen sogar ins Kameraobjektiv. Maljutin erzählt auch über ungewöhnliche Meeresräuber. Das sind Seeanemonen aus der Klasse der Blumentiere. Seeanemonen paralysieren mit ihren Nesselfäden vorbeischwimmende Lebewesen und ziehen sie in ihren Mund. Ein weiteres rekordverdächtiges Raubtier lebt ausschließlich im Nordpazifik, es ist der Gelbe Sonnenstern. Er bewegt sich viel schneller vorwärts als alle anderen Vertreter der Ordnung der Klappensterne und ernährt sich von Seegurken, Seesternen, Seeigeln und Muscheln, und er ist äußerst gefräßig.

Mir gefällt, dass Andrej Maljutin offen über die Probleme schreibt. Er hatte nur 30 Mitarbeiter. Die Anforderungen sind hoch, es gibt viel Arbeit, und sie ist gefährlich. Der Park zieht nicht nur Wissenschaftler, Touristen, Taucher und

Unterwasserfotografen an, sondern auch Wilderer, denen auf offener See nur schwer beizukommen ist. Um gegen sie vorzugehen, bräuchte es schneller Motorboote und Taucherausrüstungen.
Scham und Ohnmacht, das sind die beiden Gefühle, die du beim Gedanken an die Wilderer spürst. Ich habe noch Hoffnung, dass es gelingt, den natürli-

chen Reichtum des Fernen Ostens zu bewahren. Wenn nicht, möchte ich im Meeresnaturreservat die Samen aussterbender Bäume sammeln und Sprösslinge ziehen oder Ranger werden.

Seltsamerweise ist das Fernöstliche Biosphärenreservat weltweit kaum bekannt. Das ist umso erstaunlicher, weil das Great Barrier Reef, das längst nicht so einen Reichtum an Flora und Fauna aufweist, bei Tauchliebhabern aus der

*Große Kolonien mit Nördlichen Seebären leben im Beringmeer und im Ochotskischen Meer. Die Kühe messen etwa 1,4 Meter und sind 43 bis 50 Kilogramm schwer. Bullen werden zwei Meter groß und bis zu 272 Kilogramm schwer*

ganzen Welt so populär ist. Aber vielleicht liegt es einfach daran, dass das Great Barrier Reef direkt „vor der Tür" Australiens liegt. Es wird sorgfältig er-

forscht, geschützt und beschrieben. Der Fernöstliche Meeresnaturreservat mit seinem Reichtum wartet hingegen noch auf seine breite Entdeckung, auf seine Wissenschaftler, Ökologen und Touristen.
Besonders großartig ist die Sicht auf die Bucht aus der Luft. Das blaue Wasser der Lagunen wirkt von den großen Fischschwärmen darin beinahe türkisfarben, dazwischen leuchtet das Grün der Zedern, die auf den Inseln wachsen. Ein überwältigendes Gefühl, das die Seele berührt! Doch wo kommen die Zedern auf den Inseln her, wenn sie doch von Salzwasser umgeben sind? Auf den meisten Inseln des Archipels der Peter-der-Große-Bucht gibt es unterirdische Süßwasserquellen, so dass selbst anspruchsvolle Bäume wie die Sibirische Zeder auf winzigen Fetzen Erde mitten im Salzwasser der Bucht wachsen können. 500 Liter Süßwasser kann ein großer Baum täglich aus der Erde aufnehmen und in Form von Sauerstoff an die Atmosphäre abgeben.



An einen Spaziergang am Ufer der Peter-der-Große-Bucht erinnerte ich mich unlängst in einem völlig anderen Teil der Erde.
Ende Juni 2016 weilte ich in Sankt-Petersburg in einem neuen Museum, dem „Museum der Gefühle", in der Italjanskaja-Straße. Eröffnet wurde es von dem Sankt-Petersburger Künstler und Unternehmer Alexej Sergijenko. Jeder Museumssaal ist einem Gefühl gewidmet: Zorn, Verwunderung, Abneigung, Freude, Angst, Liebe und Inspiration. Diese Emotionen sollen von Bildern und Installationen hervorgerufen werden, die auch Gerüche und Musik umfassen.
Im Saal „Inspiration" kehrte ich nach Kamtschatka zurück. Auf einem Bild sah ich die leuchtend orangen Blüten der Türkenbundlilien, die mich auf Kamtschatka oft begleitet hatten. Und sofort tauchten Geysire, Wasserfälle, Vulkane, tanzende Birken, der Ozean-Biosphärenpark und die Kommandeurinseln vor meinen inneren Augen auf.
In den Tagen, die ich in Sankt-Petersburg verbrachte, brachen auf Kamtschatka acht Vulkane aus. Das ist ziemlich ungewöhnlich, früher sind niemals mehr als drei Vulkane gleichzeitig ausgebrochen. Zum Glück liegen die Vulkane in abgelegenen Gegenden und forderten keine Opfer.
Reisen ist eine der größten Freuden im Leben. Nichts vermittelt mehr Wissen und Eindrücke als Bücher und Reisen. Das Bild der Türkenbundlilien im „Museum der Gefühle" erinnerte mich daran, wie zerbrechlich und kurz das Glück ist. Beinahe gäbe es kein Glück, wenn nicht die Erinnerung daran wäre. Das Glück geht so schnell vorüber, als sei es in unserer Gesellschaft langweilig.

## Kamtschatka heute

Was geschieht heute auf Kamtschatka? Im September 2016 sind acht Vulkane auf der Halbinsel ausgebrochen, darunter der 4 750 Meter hohe Kljutschewski.

Nach wie vor ist Kamtschatka führend mit Blick auf Bären pro Kopf der Bevölkerung. Ein Bär kommt auf 15 Bewohner.

Am 20. August 2016 wurde zum siebten Mal der „Tag des Vulkans" gefeiert, es gab einen Massenaufstieg auf den Hausvulkan Awatschinski. Mehrere hundert Aktive brachen um 7.00 Uhr morgens auf, einige brachen den Aufstieg auf 2 000 Metern ab, die Mehrheit erreichte den Gipfel. Am Krater war es kalt, es roch nach Schwefelwasserstoff. Diejenigen, die am gleichen Tag den Tolbatschik bestiegen, konnten ihre feuchten Sachen auf der Höhe trocknen, denn der Vulkan war erst kurz zuvor ausgebrochen.

Unter den Awatschinski-Besteigern war auch eine Gruppe „Sky runner", das sind professionelle Sportler, die Bergsteigen auf Schnelligkeit betreiben. Der Sieger benötigte 1 Stunde 23 Minuten bis zum Krater. Ich erinnere mich an meinen eigenen Aufstieg. 4 Stunden, 30 Minuten hatte ich gebraucht. Man sagte mir, dass das für eine normale Touristin nicht schlecht gewesen sei.



Heute kann man vielen Extremsportarten an den Vulkanen nachgehen, an die früher überhaupt nicht zu denken war. Angeboten wird Gleitschirmfliegen vom Vulkan. Die neueste Mode ist Heliskiing, bei dem man mit einem Fallschirm vom Flugzeug aus direkt auf die Skipiste springt. Die beste Jahreszeit dafür ist der März, wenn es bereits heller wird und nicht mehr ganz so kalt ist.

Nach wie vor zieht der Kurilensee die Besucher an, die sich vor allem für die fischenden Bären interessieren. Die Osjornaja, die dem Kurilensee entspringt, mündet in das Ochotskische Meer und ist einer der wichtigsten Flüsse für den Laichzug der Rotlachse. Diese Lachsart eilt in purpurfarbenem Gewand zum Laichen, und am Ufer warten die Bären. Aber am Kurilensee fischen nicht nur Bären. Zwar ist eigentlich im Naturreservat „Südliches Kamtschatka" jede Wirtschaftstätigkeit verboten. Doch in der Mündung der Osjornaja wurde ein Gewerbe genehmigt. Die Witjas-Awto AG hat hier eine riesige Fischverarbeitungsfabrik aufgebaut, in der 500 Tonnen Fisch am Tag verarbeitet werden.

Verändert haben sich auch die Bedingungen für die Fischereibetriebe an der Küste. Fangquoten werden jetzt für 20 Jahre vergeben. Die Betriebe bauen ihre Kapazitäten aus. Der Fischerei-Kolchos „Lenin" verarbeitet 130 Tonnen Fisch am Tag, nach Ausbau und Rekonstruktion soll die Menge auf das Dreifache steigen.

Heute werden auf Kamtschatka drei Großprojekte umgesetzt. Das ist erstens das Programm der beschleunigten Entwicklung, das große Investitionsprojekte vorsieht. Das zweite ist der Freihafen. Es werden ein neuer Hafentermi-

nal, ein neuer Passagierterminal und ein neuer Flughafen gebaut. Das dritte Programm schließlich ist ein Infrastrukturprogramm zum Ausbau von Straßen und anderen Infrastrukturen.

Es wird an der Verbesserung der touristischen Infrastruktur gearbeitet, besser gesagt, diese wird überhaupt erst aufgebaut. Das ist für die Tourismusentwicklung wichtig. In Petropawlowsk-Kamtschatski wurde ein Fünfs-Sterne-Hotel eröffnet. 2015 kamen 180 000 Touristen nach Kamtschatka. Ist das viel oder wenig? Natürlich wenig! Island, das ähnlich attraktiv ist, lockt eine Million Besucher pro Jahr an. Kamtschatka hat ein großes Tourismuspotenzial beispielsweise für Aktivurlaub sowie Kur- und Gesundheitstourismus. Auch für kulturell und historisch Interessierte gibt es viel zu entdecken, so die Kunst und der Alltag der indigenen Völker. Ob sie gerne Tiere in der freien Natur beobachten, Angeln, Vulkane besteigen oder das Nachtleben genießen – jeder kann hier Außergewöhnliches erleben.



Der Stille Ozean ist immer noch so kalt wie zu früheren Zeiten. Die Sonne verwöhnt die Menschen im Sommer nur wenige Stunden. Doch auch in dieser Zeit kann man sich einen Sonnenbrand holen. Der Strand von Chalaktyrski besteht immer noch aus schwarzem vulkanischen Sand, der, wenn er feucht ist, an Schwarzen Kaviar denken lässt.

Ah, der Kaviar, der Rote wie der Schwarze, ist hier immer noch von einzigartiger Qualität. Mit Wilderern hat man immer noch zu kämpfen, aber die Angelegenheit wird sehr ernst genommen. 2016 beschlagnahmten die Zollfahnder die größte Kaviarschmuggelpartie: Es waren 18 000 Tonnen!

Für Besucher aus dem Ausland ist es heute preiswerter, Kamtschatka zu besuchen. Durch die Rubelabwertung müssen Sie im Vergleich zu früher nur rund die Hälfte bezahlen. Natürlich, es ist immer noch ein ziemlich teures Vergnügen. Doch die Eindrücke, die Sie auf einer Kamtschatka-Reise gewinnen, sind das Geld wert. Davon sollte man sich überzeugen. Machen Sie sich auf den Weg!

## Kurze Geschichte Kamtschatkas

**14. bis 13. Jahrtausend vor unserer Zeitrechnung**: Besiedlung der Halbinsel, Nomadenlager im Tal der Kamtschatka

**9. bis 8. Jahrtausend vor unserer Zeitrechnung**: Die Vorfahren der modernen Eskimo, Aleuten und Itelmenen betreiben Fischfang, Jagd und halten bereits Hunde als Haustiere.

**3. bis 1. Jahrhundert vor unserer Zeitrechnung**: Tarjin-Kultur (Südliches Kamtschatka). Nomadenlager Bolschoi Kamen an der Mündung der Rjabuchina in die Schupanowa.

kudinow an die Küste von Kamtschatka getrieben. Am Fluss Nikul errichteten sie zwei Blockhütten.

**1672/1673**: Kamtschatka wird auf der Landkarte Russlands eingezeichnet.

**11. Juli 1697**: Wladimir Atlassow, Befehlshaber der Festung Anadyr und Kommandeur eines Kosakentrupps, errichtet ein Kreuz zum Zeichen der Zugehörigkeit Kamtschatkas zu Russland. Die Festung Werchnekamtschatsk wird kurz darauf gegründet.

**1716**: Eine Schiffsverbindung zwischen der Halbinsel und dem Festland über das Ochotskische Meer wird eingerichtet.

**Ende des 1. Jahrtausends unserer Zeitrechnung.** Herausbildung verschiedener Wirtschaftstypen: Bei den Vorfahren der Itelmenen überwog der Fischfang, bei den Vorfahren der nomadischen Korjaken die Rentierjagd, bei den sesshaften Völkern die Jagd von Meerestieren.

**1648**: Laut Überlieferung wurden die Schiffe von Fjodor Popow und Grigori An-

**1725 bis 1730**: Erste Kamtschatka-Expedition unter der Leitung von Vitus Bering und Alexej Tschirikow

**1732 bis 1743**: Zweite Kamtschatka-Expedition unter Leitung Berings

**1737 bis 1741**: Der Ethnograf Stepan Krascheninnikow unternimmt elf Reisen quer durch die ganze Halbinsel.

**1740**: Gründung von Petropawlowsk

**1755**: Das Buch von Stepan Krascheninnikow „Beschreibung des Landes Kamtschatka" erscheint.
**1772**: Zarenorder über die selbstständige Verwaltung von Kamtschatka. Als Gouverneur wird Magnus Karl von Böhm eingesetzt.
**1779**: Die ersten ausländischen Schiffe, die Fregatten „Discovery" und „Resolution", ankern im Hafen von Petropawlowsk. Dritte Weltumsegelung von James Cook unter dem Befehl von Charles Clerke und John Gore, die die Expedition nach dem Tod ihres Expeditionsleiters weiterführen.
**1787**: Im Hafen von Petropawlowsk ankern die Fregatten „Boussole" und „Astrolabe" der französischen Weltumsegelungsexpedition unter Jean-Francois de La Pérouse.
**1804/1805**: Im Verlauf der ersten russischen Weltumsegelung (1803 bis 1806) läuft die Fregatte „Nadeschda" unter dem Kommando von Iwan Krusenstern im Hafen von Petropawlowsk ein.
**1812**: Die Siedlung Petropawlowsk an der Küste der Awatscha-Bucht wird in den Rang einer Stadt erhoben und erhält den Namen Petropawlowsk Hafen.
**1817 bis 1822**: Pjotr Rikord wird zum ersten Kommandeur von Kamtschatka und des Petropawlowsker Hafens ernannt.
**2. Dezember 1849**: Gründung des Verwaltungsgebiets Region Kamtschatka. Darin eingeschlossen sind die Kurileninseln, der Gischiginsker Rayon und das Land der Tschuktschen.
**1851**: Die Region Kamtschatka erhält ein Wappen. Auf einem silbernen heraldischen Untergrund befinden sich drei feuerspeiende Berge.
**August 1854**: Im Verlauf des Krimkrieges wird der Hafen Petropawlowsk von einem britisch-französischen Marinegeschwader angegriffen. Trotz der zahlenmäßigen Überlegenheit der Angreifer endet die Schlacht mit dem Sieg der Russen.
**31. Oktober 1856**: Kamtschatka wird Teil der Region Primorski und erhält den Namen Bezirk Petropawlowski.

**1905**: Petropawlowsk-Kamtschatski wird von den japanischen Panzerkreuzern „Suma" und „Idsuma" unter Beschuss genommen.
**1908 bis 1910**: Wissenschaftliche Expedition unter Fjodor Rjabuschinski
**1922**: In Petropawlowsk etabliert sich die Sowjetmacht. Das Gebiet wird umbenannt in Gouvernement Kamtschatka. Es besteht aus sechs Landkreisen: Anadyr, Tschukotka, Gischiginsk, Ochotsk, Kommandorsk und Petropawlowsk. 1932 wird es wieder zum Gebiet Kamtschatka.
**1928**: Die erste Karte der Vulkane von Kamtschatka wird erstellt.

**1932**: Gründung der Institute für Fischwirtschaft und für Ozeanforschung

**1933**: Gründung des ersten professionellen Theaters in Petropawlowsk

**1935**: Die erste Station für Vulkanforschung in der UdSSR nimmt am Fuß des Vulkans Kljutschewskaja Sopka ihre Arbeit auf.

**1936**: Auf Kamtschatka findet das erste Autorennen statt. Es nehmen drei Fahrzeuge der Marke GAS teil.

**20. Oktober 1938**: Die Region Ferner Osten wird geteilt in die Gebiete Primorsk und Chabarowsk. Kamtschatka gehört zum Gebiet Chabarowsk.

**1945**: Die auf Kamtschatka stationierten Marinesoldaten und Fallschirmspringer sind an der Befreiung der Kurileninseln beteiligt.

**23. Januar 1956**: Das Gebiet Kamtschatka, einschließlich des Nationalen Kreises der Korjaken, wird aus dem Gebiet Chabarowsk ausgegliedert.

**1958**: Gründung des Kamtschatkischen Pädagogischen Instituts, heute Kamtschatkische Staatliche Universität

**1962**: Das Institut für Vulkanforschung nimmt seine Arbeit auf. Es ist das einzige derartige Institut in Russland und das größte der Welt. Heute heißt es Institut für Vulkanologie und Seismologie der Abteilung Ferner Osten der Russischen Akademie der Wissenschaften.

**1972**: In der Siedlung Milkowo finden die ersten Sportspiele des ländlichen Raums in der Sowjetunion statt.

**5. Februar 1989**: Der Rat der Itelmenen auf Kamtschatka „Tchsanom" wird gegründet. Es ist die erste Vereinigung eines indigenen Volkes in Russland.

**1990**: Petropawlowsk-Kamtschatski wird in die Liste der historischen Siedlungsorte Russlands aufgenommen.

**1991**: Kamtschatka wird für den Besuch von Ausländern zugänglich.

**1993.** Aus dem Gebiet Kamtschatka wird der Autonome Kreis der Korjaken ausgegliedert.

**1997**: Das Gebiet Kamtschatka erhält eine Verfassung.

**2003**: Das Gebiet Kamtschatka wird für seine wirtschaftlichen Erfolge mit dem Orden Peter des Großen ausgezeichnet.

**23. Oktober 2005**: Referendum zur Vereinigung des Gebiets Kamtschatka und des Autonomen Kreises der Korjaken.

**1. Juli 2007**: Das Gebiet Kamtschatka und der Autonome Kreis der Korjaken werden vereint und bilden nun den Kamtschatski Krai (Region Kamtschatka).

**Juni 2008**: Im Ergebnis einer russischen Internet-Abstimmung wird das Tal der Geysire zum größten Naturwunder der Russischen Föderation erklärt.

**31. Dezember 2008**: Die Vereinigung des Kamtschatski Krais ist abgeschlossen. Im gesamten Föderationssubjekt gelten jetzt einheitliche Gesetze und eine einheitliche Verfassung.

**3. November 2011**: Petropawlowsk-Kamtschatski erhält den Titel „Stadt des militärischen Ruhmes"

## Praktische Reiseinformationen

Wie gelangt man nach Kamtschatka? Am einfachsten bucht man eine Kreuzfahrt, zum Beispiel von Hapag-Lloyd Cruises mit der MS Hanseatic von Nome nach Otaru. Ein Linienflug bringt Sie von Deutschland nach Vancouver, es folgt ein Sonderflug nach Nome (Alaska), von dort geht es mit der MS Hanseatic nach Tschukotka und weiter nach Kamtschatka. Im Programm inbegriffen sind ein Vulkanbesuch, ein Helikopterflug in das Tal der Geysire, ein

Besuch des Nalytschewo-Naturparks, der Besuch des Bärenreviers, eine Exkursion auf die Beringinsel sowie eine Stadtrundfahrt in Petropawlowsk-Kamtschatski. Von Kamtschatka aus werden die Kurilen und Sachalin angelaufen. Weiter geht es in den japanischen Hafen Otaru (Sapporo) und von dort mit dem Flugzeug zurück nach Deutschland. Die Kreuzfahrt dauert 20 Tage und kostet rund 10 290 Euro.

Wollen Sie jedoch auf eigene Faust nach Kamtschatka reisen, hier einige praktische Informationen:

### Einreise

Für den Besuch der Russischen Föderation muss ein Visum beantragt werden. Informationen finden Sie auf der Webseite der Russischen Botschaft, Internet: www.russische-botschaft.ru/de (Deutschland), austria.mid.ru (Österreich), switzer land.mid.ru/ (Schweiz)

### Zeit

Kamtschatka hat elf Stunden Zeitunterschied (GMT +12) zu Mitteleuropa und + 9 Stunden Zeitunterschied zu Moskau.

### Klima und Reisezeit

Das Klima wird vom Pazifik geprägt und ist relativ mild, mit zahlreichen Niederschlägen bis 2 000 Milliliter im Jahr. Die Schneehöhe erreicht 2,5 bis 3 Meter. Die frostfreie Periode dauert rund 140 Tage. Langjährige mittlere Lufttemperatur im Januar minus 16,4 Grad Celsius, im Juli plus 13 Grad Celsius. Im Winter ist es im Gebiet Milkowo, im mittleren Teil der Halbinsel, besonders kalt, mit Januartemperaturen von minus 22 Grad Celsius und tiefsten Frösten von minus 57 Grad Celsius. In Milkowo ist es im Sommer auch am wärmsten, mit Temperaturen etwa zwei Grad über dem Durchschnitt.

### Geld

Die russische Nationalwährung ist der Rubel, er ist das einzige Zahlungsmittel im Land. Im März 2017 lag der Umtauschkurs bei 61,69 Rubel für einen Euro. In den Geschäften und Hotels werden Barzahlungen bevorzugt, Kreditkarten sind nicht verbreitet. Geldautomaten gibt es in der Hauptstadt in den Sberbank-Filialen, am Flughafen und in den Banken in Jelisowo. Nördlich von Jelisowo gibt es keine Geldautomaten. Bargeld kann man mit Visa-Karte, Mastercard, seltener mit American Express-Karte in Bankfilialen erhalten. Geldüberweisungen mit Western Union sind möglich. Für Geldtransfers muss man die Bankkarte und den Pass dabei haben. Geldwechselstellen gibt es bei Banken und in großen Einkaufszentren in Petropawlowsk und Jelisowo. Die Banken arbeiten von 10.00 bis 18.00 Uhr.

**Reisevorbereitungen**

Fast alle Exkursionen auf Kamtschatka müssen im Voraus gebucht werden. Die

führenden Tourismusfirmen, Hotels und Restaurants haben Internetseiten. Dort findet man alle nötigen Informationen und kann Buchungen vornehmen. Viele Adressen finden sich auf der Seite des Tourismusportals Kamtschatka, Internet: new.visitkamchatka.com/

Auf Kamtschatka kann man die wichtigsten touristischen Ziele nicht mit den öffentlichen Verkehrsmitteln erreichen. Wer eigenständig unterwegs sein möchte, sollte ein Satellitentelefon und GPS haben und seine Route beim Rettungs- und Suchdienst des Katastrophenschutzes der Region Kamtschatka anmelden. Der Service ist kostenfrei. Ein Satellitentelefon kann man bei DTZ Morswjassputnik mieten: Petropawlowsk-Kamtschatski, Prospekt Karla Marksa 35, Tel.: +7-4152-254796.

Auf Kamtschatka gibt es geologische Prozesse, die die Landschaft und das Relief ständig verändern. Es gibt auch Anomalien der Magnetzonen, so dass man dem GPS und den Karten nie vollständig vertrauen kann. In Extremsituationen muss man sich auf sich selbst verlassen können. Eine Rettung ist an den meisten Orten nur mit dem Hubschrauber möglich.



**Feste auf Kamtschatka (Auswahl)**

**Januar**

**Neujahrsfeiern** und **Weihnachten**, vom 31. Dezember bis 7. Januar

**Februar**

Massenstart im Skilanglauf **„Skilaufen in Russland"**, jedes Jahr, Termin wechselt, Petropawlowsk-Kamtschatski

Wintersportfest **„Bystrinski Sprint"**, am letzten Wochenende im Februar, Esso

**März**

**Tag des Rentierzüchters**, am 1. Sonntag im März, Esso

Hundeschlittenrennen **„Beringija"**, jährlich, Termin wechselt, es geht von Petropawlowsk-Kamtschatski nach Tilitschiki

**April**

Internationaler Biathlon-Wettkampf **„Fatjanow-Memorial-Preis"**, alljährlich, Termin wechselt, Petropawlowsk-Kamtschatski

**Asienmeisterschaft und Russlandmeisterschaft im Abfahrtsski**, alljährlich, Termin weckselt, Petropawlowsk-Kamtschatski

Offene Bezirkswettkämpfe im Skilanglauf **„Mutnowsker Extremmarathon"**, letztes Wochenende im April, Start am Geowärmekraftwerk von Mutnowski

Internationaler Wettkampf im Skilanglauf **„Awatscha-Marathon"**, 3. Aprilsonntag, Petropawlowsk-Kamtschatski

**Mai**

Wettbewerb der Feldköche **„Goldener Kessel"**, alljährlich, Termin wechselt, Petropawlowsk-Kamtschatski



**Tag des Tourismus**, letzte Maiwoche, in allen Städten und Siedlungen

**Juni**

**„Fest des ersten Fischs"**, am 1. Sonntag im Juni, Petropawlowsk-Kamtschatski, Palana, Wiljutschinsk, Jelisowo und Esso

Ewenisches Neujahrsfest **„Nurgenek"**, alljährlich, 3. Sonntag im Juni, Oklan und Kamenskoje

**Juli**

**Tag der Gründung der Region Kamtschatka**, 1. Juli, in allen Städten und Siedlungen

**Tag der Angliederung Kamtschatkas an Russland**, 13. Juli, alle Städte und Siedlungen

**Fest der Vulkane**, alljährlich, Termin wechselt, am Fuß des Vulkans Awatscha

**August**

**Internationaler Tag der indigenen Völker der Welt**, alljährlich, 1. Samstag im August, Petropawlowsk-Kamtschatski, Palana und viele Dörfer

Festival der Volkskunst Sibiriens und des Fernen Ostens **„Goldene Quellen"**, von Ende August bis Anfang September, Petropawlowsk-Kamtschatski

**September**

Regionales Festival **„Gemeinsam schützen wir den Lachs"**, mit Angelwettbewerb, alljährlich, Termin wechselt, Rayon Ust-Bolscherezk

**Tag der Verteidiger von Petropawlowsk-Kamtschatski vor der britisch-französischen Besetzung**, 5. September, Petropawlowsk-Kamtschatski

Volksfest der Itelmenen **„Alchalalai"**, letzter Sonntag im September, Ethnokulturelles Zentrum „Pimtschach" und Siedlung Kowran

**Oktober**

**Tag der Stadt**, alljährlich, 17. Oktober, Petropawlowsk-Kamtschatski

**November**

**„Hololo"**, Fest der Korjaken, 1. Sonntag im November, Lesnoje und andere Orte

**Dezember**

Tourismusmesse **„Sima"**, alljährlich, Termin wechselt, Jelisowo

**Tag der Korjakischen Region**, alljährlich, 10. Dezember, Palana

Kamtschatka ist ein Paradies für Abenteuersportler. Hier eine kleine Auswahl:

**Wildwasserfahrten**

Von Mitte Mai bis Mitte Oktober kann man Wildwasserfahrten unternehmen. Beliebte Strecken liegen an den Flüssen Bystraja, Lewaja Awatscha, Opala, Kamtschatka, Plotnikowa und Pytma.

Die Bystraja im Mittelteil der Halbinsel bietet sich sowohl zum Angeln als auch für Schlauchboottouren an. Die Route ist etwa 100 Kilometer lang und verläuft durch unberührte Natur. Einige ungefährliche Stromschnellen liegen auf dem Weg, ebenso Angelplätze und vertiefte Flussbecken, in denen Lachse auf dem Weg zum Laichen ausruhen. Der Einstieg zur Tour ist das Dorf Malki, das mit dem Bus von Petropawlowsk aus zu erreichen ist.

Die Opala beginnt am Hochgebirgsplateau des Vulkans Goreli, fließt durch den bergigen Südwesten Kamtschatkas und mündet im Ochotskischen Meer. Es gibt keine bewohnten Orte und Verkehrswege in der Nähe. Hin und zurück gelangt man ausschließlich per Hubschrauber. Die Tour passiert die Opala-Thermalquellen, ein Abschnitt verläuft durch die Caldera des Vulkans Opala.

**Angeln**

Angeln kann man das ganze Jahr über, im Sommer Lachs und viele andere Süßwasser- und Salzwasserfische.

**Jagd**

Die Jagdsaison dauert vom 20. August bis zum 20. Oktober. Die beste Jagdzeit ist Anfang September. Das ist auch die Zeit, in der der Silberlachs zum Laichen kommt, die Bären kommen an die Flüsse und jagen an den Laichplätzen. Die Lager für Jäger und Angler ändern jährlich den Standort und sind spartanisch ausgestattet.

**Wanderungen**

Auf Kamtschatka werden Wanderungen zu Fuß oder auf Skiern in sechs Schwierigkeitsgraden angeboten. Der sechste ist der schwierigste Grad. Viele Naturschönheiten sind durch Wanderrouten erschlossen. Von besonderem Reiz sind natürlich die Vulkanbesteigungen.

**Pferdewanderungen**

Pferdewanderungen sind im Ökotourismus besonders beliebt, sie bringen den

Besucher an Orte, die schwer zugänglich sind. Bei den Thermalquellen von Timonow, im Nalytschew-Tal und in der Umgebung von Esso sind Reitwege angelegt.

**Bootsfahrten auf dem Meer**

Eine fünfstündige Bootsfahrt in die Awatscha-Bucht führt zum Felsen „Drei Brüder" und zur Insel Staritschkow, wo es Robbenkolonien und Nistplätze von Wasservögeln gibt. Eine 2,5-stündige Bootstour in der Awatscha-Bucht passiert die Osjornowskaja Kosa und den Berg Nikolskoje und führt zu den Felsen „Drei Brüder". Man kann Wasservögel beobachten und mit etwas Glück sogar Riesenseeadler.

**Wintersport**

**„Gora Morosnaja"**, die alpine Skisportstation liegt 37 Kilometer von der Hauptstadt und sieben Kilometer von Jelisowo

entfernt. Sie ist Trainingsort der russischen Olympiamannschaft. Sieben Pisten, die längste ist 2010 Meter lang, Pisten für Anfänger und Snowboarder. Sprungschanzen für besonders Mutige. Mobiltel.: +7-909-8319911

**Skistation „Lesnaja"**, Sewero-Wostotschnoje Schossee 50, Petropawlowsk-Kamtschatski, Tel.: +7-4152-94750, sieben Pisten von 2,5 bis 15 Kilometer Länge

**Skisportstation „Edelweiß"**, ul. Strelkowaja 13, Petropawlowsk-Kamtschatski, Tel.: +7-4152-422115, Mobil: +7-909-8905020



**Alpinskistation „Krasnaja Sopka"**, ul. Schewtschenko 1, Petropawlowsk-Kam-

tschatski, Mobil: +7-909-8905010, sechs Pisten, Skilifte, günstige Preise

**Snowboardstation „Extrem"**, auch für „New School"-Skifahrer, drei 550-Meter-Abfahrten, zahlreiche Sprungschanzen und ein Snowboardpark, ein Schlepplift, Skiverleih beim Sportverband Jelisowo in Jelisowo, Tel.: +7-4151-65005

Großer Beliebtheit erfreuen sich in den letzten Jahren Ski- oder Snowboardabfahrten von Vulkanen. Mit dem Hubschrauber lässt man sich auf einem Vulkan absetzen, meist auf dem Awatscha-Vulkan in 2200 Metern Höhe.

**Kamtschatka-Bergrettungsdienst** (KPSS), Chalaktyrskoje Schossee 5, Petropawlowsk, Tel.: +7-4152-410395, 276560

**Notruf (24 Stunden)**, Tel.: +7-4152-412222, im Notfall: Tel.: 01; Internet: www.rescue-kamchatka.ru

**Allgemeine Öffnungszeiten:**

**Post**: 9.00 bis 18.00 Uhr

**Supermärkte**: 9.00 bis 21.00 Uhr

**Flugverbindungen:**

**Fluggesellschaft „Kamtschatskije Awialinii"**, Jelisowo, ul. Podstanzionnaja 5, Tel.: +7-4152-411744, Internet: www.akkal.ru

**Flugagentur**, Pr. 50 Jahre Oktober 23/1, Tel.: -7-4152-267730, E-mail: avs_kvs@mail.kamchatka.ru

**Flughafen „Jelisowo"**, Jelisowo, Tel.: +7-4152-411629, 411729, +7-4153-199751

**Seeverbindungen:**

**Schiffsagentur „Morkamservis"**, ul. Sowjetskaja 50, Büro 10, Tel.: +7-4152-425636, Internet: www.mks-agency.com. Service für in- und ausländische Schiffe

**Pacific Network**, ul. Sowjetskaja, 74, Tel.: +7-4152-412254, 412212, 434717, Internet: www.siberianadventures.com. Kreuzfahrten in der Awatscha-Bucht und zu den Kommandeurinseln.

**Orca Diving**, Tel.: +7-4152-234742, 105170, E-Mail: orcadiving@mail.kamchatka.ru, Internet: www.orca-diving.ru. Tauchgänge, Bootsausflüge auf dem Meer.

**Busverbindungen:**

Ab Busbahnhof, Kilometer 10. Die Kamtschatka Transport Gesellschaft unterhält Buslinien nach Esso (215), Atlassowo (214), Oktjabrski (208), Milkowo (201). Das Unternehmen „Optimus" bedient die Linien nach Kljutschi (216) und Ust-Kamtschatsk (218).

**Nützliche Telefonnummern**

**Kostenloser Auskunftsservice**, Tel.: +7-4152-300516

**Apotheke (24 Stunden)**, Tel.: +7-4152-263385

**Zahnärztlicher Bereitschaftsdienst**, ul. Wladiwostokskaja 47/1, Tel.: +7-4152-232443

**Unfallklinik**, ul. Leningradskaja 114, Tel.: +7-4152-423702

**Versicherungsgesellschaft „Kamtschatka-SK"**, Tel.: +7-4152-231497, Unfallversicherung für Touristen

**Informationen zu den einzelnen Kapiteln**

**Petropawlowsk-Kamtschatski**

**Übernachtung**

**Awatscha**, ul. Leningradskaja 61, Tel.: +7-4152-427333, 427201, Internet: www.avacha-hotel.ru. 81 Zimmer, Spa, Cafe, Frisör

**Albatros**, ul. Kutusowa 18, Tel.: +7-4152-276806, Internet: www.albatros-hotel.ru. Kleines Hotel in hübscher Villa und schöner Lage

**Okjabrskaja**, ul. Sowjetskaja 51, Tel.: +7-4152-412684, Fax: 412680. Im historischen Stadtzentrum

**Petropawlowsk**, Pr. Karla Marksa, 31, Tel.: +7-4152-250911, 250374, Fax: 410314, Internet: www.petropavlovsk-hotel.ru. Hotelkomplex mit 70 Zimmern, Business-Center, Restaurant, Bar, Spa

**Rus**, ul. Swjosdnaja 11/2, Tel.: +7-4152-275515, 417501, Internet: www.ruskamhotel.ru. In einer Grünanlage mit Blick auf die Awatscha-Bucht

**Edelweiß**, Pr. Pobedi 27, Tel.: +7-4152-253919, 56121, Fax: 257119, Internet: www.idelveis.com

**Tschaika**, ul. Rjabikowskaja 22/1, Tel.: +7-4152-412848, E-Mail: chaika_hotel@mail.ru. Ruhige Lage mit Blick auf die Awatscha-Bucht und zum Wiljutschinsk

**Haushotel Krasny krest**, ul. Ponomarjowa 12, Tel.: +7-4152-247912, 2- und 3-Bettzimmer, Speisesaal, Busservice

**Jugendherberge**, ul. Krasinzew 1, Tel.: +7-4152-420591. Direkt am Fischhafen

**Briz**, ul. Rjabikowskaja 87, Tel.: +7-4152-247403. Hotel für Marineingenieure

**Restaurants**

**Korejski dom**, ul. Leninskaja, 26, Tel.: +7-4152-421193, koreanische Küche

**Solotoi Jarkor**, Pr. Rybakowa 13, Tel.: +7-4152-26 05 68, bodenständige Küche

**Pintussow**, Pl. Stschedrina 2, Tel.: +7-4152-434487, italienische, russische und japanische Küche, dampfgegarte Gerichte

**Jamato**, Handelszentrum Planeta, Obergeschoss, ul. Lukaschewskogo 5, Tel.: +7-

4152-267700, japanische Küche, abends Tanz nach japanischer Musik

**San Marino**, Pr. Karla Marksa 29/1, Tel.: +7-4152-293355, www.san-marino.ru, internationale und regionale Küche

**Slawjanski**, Pr. Pobedy 22, Tel.: +7-4152-410516, Livemusik, europäische Küche, Fisch in der Pfanne gebraten

**Pekin**, ul. W. Krutschiny 8/6, Tel.: +7-4152-498428, Café mit chinesischer Küche

**Planeta Pizza**, Handelszentrum Planeta, Obergeschoss, ul. Lukaschewskogo 5, Tel.: +7-4152-230368

**Für Nachtschwärmer**

**Vulkan**, ul. Kljutschewskaja 32, Tel.: +7-4152-420253, 21.00 bis 06.00 Uhr, Diskothek, Bankettsaal, Karaoke (Mo), Gitarre (Di), Gesellschaftstanz (Mi), Saxophon (Do.), Konzertprogramm (Fr, Sa)

**Malibu**, ul. Wladiwostoka 11, Tel.: +7-4152-467877, 21.00 bis 06.00 Uhr Do bis So

**Melniza**, ul. Tuschkanowa 7, Tel.: +7-4152-263806, 23.00 bis 06.00 Uhr Fr., Sa, gemütliches Restaurant mit 120 Plätzen und Nachtclub

**MaXim**, ul. Leninskaja 64, im ehemaligen Kino „Kamtschatka", Tel.: +7-4512-333301, Diskothek, 22.00 bis 06.00 Uhr Do bis So, Billard (24 Stunden)

**KosmiG**, Pr. Karla-Marksa 31, Tel.: +7-4152-419520, Bowling, Billard, Tanz, R&B

**Sport-Bar**, Pr. Pobedi 34, Tel.: +7-4152-257692, 221400, Internet: www.sportbar-kamchatka.ru, Diskothek, Shisha-Bar, Karaoke, Billard

**Museen und Theater**

**Museum für Vulkanismus am Institut für Vulkanforschung und Seismologie**, Bul. Pijpa 9, Tel. +7-4512-259346 (Anmeldung erforderlich)

**Geologisches Museum Kamtschatkas**, ul. Bering 108, Tel.: +7-4512-239039, Öffnungszeiten: 8.30 bis 16.30 Uhr Mo bis Fr

**Regionales Kunstmuseum Kamtschatkas**, ul. Leningradskaja 100, Tel.: (4152) 426025. Öffnungszeiten: 10.00 bis 18.00 Uhr Di bis So

**Museum des Wissenschaftlichen Instituts für Fischereiwirtschaft und Ozeanografie Kamtschatkas**, ul. Nabereschnaja 18, Tel.: +7-4152-412701 (Sekretariat), Tel. 425598 (Exkursionsleiter), Öffnungszeiten erfragen

**Ausstellungszentrum Kamtschatkas**, ul. Leninskaja 62, Tel.: +7-4152-425125, 425127, Internet: www.kamexpocenter.ru

**Kunstmuseum**, im Ausstellungszentrum, Tel.: +7-4152-426015 Öffnungszeiten: 10.00 bis 18.00 Uhr Di bis So

**Staatliches Museum Kamtschatkas**, ul. Leninskaja 20, Tel.: +7-4152-425411, 412644, 425417, Öffnungszeiten 10.00

bis 17.00 Uhr Mi bis So (außer am letzten Freitag jedes Monats)
**Militärhistorisches Museum der Streitkräfte des Nordostens**, ul. Radioswjasi 69, Tel.: (4152) 425094 Öffnungszeiten: 10.00 bis 17.00 Uhr Mo, Mi, Do, Sa, So, Mittagspause von 13.00 bis 14.00 Uhr

**Kamtschatkische Philharmonie**, ul. Leninskaja 75, Tel.: +7-4152-425980, 412664 Im gleichen Gebäude befindet sich das **Kamtschatkisches Theater für Dramen und Komödien**, Tel.: +7-4152-420294, 412780, 420894. Kasse geöffnet von 10.00 bis 19.00 Uhr
**Puppentheater von Kamtschatka**, ul. Maksutow 42, Tel.: +7-4152-426666, 427869, 426347. Kasse geöffnet von 11.00 bis 17.00 Uhr, Sa von 10.00 bis 16.00 Uhr

**Die Umgebung der Hauptstadt**
**Übernachtung:**
**Golubaja Laguna**, Paratunka, ul. Newelowskogo 6, Tel.: +7-4153-144125, +7-4152-424718, Internet: www.bluelagoon.ru, das beliebteste Naherholungsziel in der Region mit zwei Hotels, Spa, Freizeitpark, Gastronomie
**Antarius**, Paratunka, ul. Moltschanowa 22, Tel.: +7-41531-33535, 33232, Mobil: +7-909-8385417. Gästehaus mit 40 Zimmern, offenem Schwimmbecken mit Thermalwasser, Billard, Café, Restaurant, Karaoke-Bar, bewachter Parkplatz
**Bel-Kam-Tur**, Paratunka, ul. Jelisowa 39, Tel.: +7-4152-31728, Internet: www.belkam-tour.ru/ru/hotel. Eines der besten Hotels auf Kamtschatka, 43 Zimmer, Restaurant mit europäischer und japanischer Küche, Cocktailbar, Konferenzräume, Sauna, Fitness, Schwimmbecken, Tennishalle
**Gelios**, Paratunskaja Trassa, Kilometer 24, Tel.: +7-41531-44179, Internet: www.hotelgelios.com, Hotel mit 18 Zimmern, Bar, zwei Schwimmbecken
**Berjoska**, Paratunka, ul. Korkina, Tel.: +7-4152-249649, 410302, Internet: www.kavgs.ru, gemütliches Hotel der Touristenklasse, Zeltplatz, Schwimmbecken, Grillmöglichkeiten
**Flamingo**, Paratunskaja Trassa, Kilometer 23, Tel.: +7-4152-469154, +7-4153-144140. Kurbetrieb mit Thermalbädern, sehr gute Küche, Billard
**Medweschi ugol** (Bärenwinkel), Siedlung Termalni, am Ortsrand gelegen, Tel.: +7-4153-133333

**Interessante Orte**
**Heimatkundemuseum**, Ust-Bolscherezk, ul. Oktjabrskaja 10, Tel.: +7-41532-21160, Öffnungszeiten: 10.00 bis 18.00 Uhr Mo bis Fr
**Schlittenhundezucht „Sneschnye Psi"**, Sewero-Wostotschnoje Schossee, Sport- und Tourismusstation „Kamtschadal", Tel.: +7-4152-412254
**Naturpark Nalytschew**, Jelisowo, ul. Sawojko 19, Tel.: +7-4152-411710
**Heimatkundemuseum**, Jelisowo, ul. Vitalia Krutschini 13, Tel.: +7-41531-62750, Öffnungszeiten: 10.00 bis 18.00 Uhr Di bis Sa

**Museum des Staatlichen Kronozki-Biosphärenparks**, ul. Rjabikowa 48, Tel.: +7-41531-71652
**Zoo**, Jelisowo, ul. Lenina 20, Tel.: +7-41531-24003,
**Ethnokulturelles Zentrum „Kajnyran"**, Siedlung Rasdolni, Mobiltel.: +7-951-290 5455

### Tal der Geysire

**Regionaler Bergsteigerklub**, Petropawlowsk-Kamtschatski, ul. Bochnjaka 10, Tel.: +7-4152-251021
**Kronozki-Naturreservat**, auch Kronozki Biosphärenpark, Jelisowo, ul. Rjabikowa 48, Tel.: (41531) 73905, 71652, bei unge-

wöhnlichen Vorkommnissen, Parkaufsicht, Mobiltel.: +7-924-8915236

### Land der Vulkane

Für den Aufenthalt im **Kljutschewski Naturpark** benötigt man eine Genehmigung, die in Petropawlowsk-Kamtschatski, Pr. Karla Marksa 29/1, Büro 402, Tel.: +7-41522-99723 ausgestellt wird. E-mail: kluchevskoi-park@mail.kamchatka.ru
Vor Anreise unbedingt aktuelle Informationen über Vulkanaktivitäten abrufen, Internet: www.kscnet.ru/ivs/kvert

### Im Bärenrevier

**Wildreservat Südkamtschatka**, die Verwaltung des Wildreservats befindet sich in Jelisowo, ul. Rjabikowa, Nr. 48. Tel.: +7-41531-73905

### Die Siedlung Esso – Die Schweiz Kamtschatkas

**Hotel Altai**, ul. Mostowaja 1 , Tel.: +7-4154-221218 (Mini-Hotel, zwei Gästehäuser, Schwimmbecken), Internet: esso kamchat-ka.ru
**Touristenherberge**, ul.Seljonaja 10, Tel.: +7-41542-21730, eremenko@mail.kam chatka.ru, 17 Schlafplätze, 200 Meter vom zentralen Schwimmbecken in Esso entfernt.
**Privathotel N. Sawtschenko**, ul. Seljonaja 14, Tel.: +7-41542-21139, im Wald am Ortsrand von Esso.

**Museen und andere interessante Orte**
**Ethnografisches Museum Bystrinski**, ul. Nabereschnaja 14 , Tel.: +7-4154-221103, Internet: www.vsam1ru/museum2, Öffnungszeiten: 10.00 bis 18.00 Uhr Mi bis So
**Bärenmuseum „Toptygin und Toptyschka"**, ul. 50 Jahre Oktober 11, Tel.: +7-4153-221344
**Staatlicher Naturparks Bystrinski**, Besucherzentrum, ul. Lenina 8, Tel. +7-41542-21461, Internet: www.bystrinsky-park.com, Öffnungszeiten: 9.00 bis 17.00 Uhr Mo bis Fr. Informationsbroschüren und

Karten über Touren durch den Park. Busverbindung: Aus der Hauptstadt nach Esso gelangt man mit dem Bus 215 (Abfahrt 9.00 Uhr), 216 (nach Kljutschi, Abfahrt

8.00 Uhr) und 218 (nach Ust-Kamtschatsk, Abfahrt 8.00 Uhr).

**Dorf Anawgai**

**Faktoria**, ul. Leninskaja, Tel.: +7-41542-23230, 23228, E-mail: bogdanov@mail.iks.ru, Hotel mit sechs gut eingerichteten Zimmern

**Taranez**, Sanatorium DOL (Dorf Anawgai, 47. Kilometer) Tel.: +7-4154-221163

**Die Kamtschatka hinab**

**Das Dorf Milkowo**

**Busverbindung**: Von Petropawlowsk-Kamtschatski nach Milkowo gelangt man mit den Bussen 201 (tägl. 9.00, 12.00, 17.00, 18.00 Uhr), 215 (nach Esso, Abfahrt 9.00 und 12.00 Uhr), 216 (nach Kljutschi, Abfahrt 8.00 Uhr) und 218 (nach Ust-Kamtschatsk, Abfahrt 8.00 Uhr).

**Reisebüro**, ul. Leninskaja 14, Bustickets, Tel.: +7-41533-21482, Flugtickets, Tel.: +7-41533-22552

**Hotels, Cafés**

**Wostok**, ul. Sowjetskaja, Tel.: +7-41533-21655, 28579, E-mail: tokarev1@mail.kamchatka.ru. Hotel im Ortszentrum, am Kiefernwald, sieben gut eingerichtete Zimmer

**Geolog**, ul. Oktjabrskaja 16, Tel.: 8-233-21442, Hotel mit 34 Zimmern

**Dolina**, ul. Pobedi 13, Tel:. +7-4153-322892, 16 Zimmer

**Tajoschnoje**, ul. Sowjetskaja 52, Tel.: +7-4153-322560, das größte und beliebteste Café der Gegend. Alle, die durch Milkowo kommen, machen hier Halt.

**U Fontana**, geöffnet 10.00 bis 18.00 Uhr, in der Ortsmitte, beim Hockeyplatz. Liebhabern von Eis wird die Sorte „Milkowskoje sliwki" schmecken.



**Museen**

**Kamtschatkisches Heimatmuseum** (Filiale), ul. Nabereschnaja 48, Tel.: +7-41533-22506, Öffnungszeiten: 9.30 bis 17.00 Uhr Di bis Sa

**Kindermuseum „Am Rand der Rus"**, ul. Kooperativnaja 9, Tel.: +7-41533-22556, E-mail: kam.det.museum@mail.ru, das Museum wurde 1998 eröffnet.

**Privatmuseum der Familie Sepko „Die Fauna Kamtschatkas"**, ul. Laso 37/1, Tel.: +7-41533-22684, nach vorheriger Absprache. Mehr als 100 Exponate von Tieren Kamtschatkas, Alltagsgegenstände der indigenen Völker im Tal der Kamtschatka.

**Siedlung Kosyrewsk**

Busverbindung: Nach Kosyrewsk gelangt man mit dem Bus 216 (nach Kljutschi) und 218 (nach Ust-Kamtschatsk). Abfahrt aus Petropawlowsk-Kamtschatski 8.00 Uhr.

Von Kosyrewsk aus hat man Zugang zum Kljutschewski-Naturpark, Genehmigung

im Besucherzentrum am Prospekt Karla-Marksa, 29/1, Büro 404, Tel.: +7-41522-90723, E-mail: kluchevskoi_park@mail.kamchatka.ru, Öffnungszeiten: 9.00 bis 17.00 Uhr Mo bis Fr

**Gästehaus Schewtschenko**, ul. Sowjetskaja 65, Familiäres Hotel mit fünf kleinen und einem großen Haus, Küche, Sauna, Vollpension

**Privathotel**, ul. Komsomolskaja 70, Tel.: +7-4154-822397, drei Zimmer

Zwischen Milkowo und Atlassowo, an den Kilometern 36, 95 und 101 an der Landstraße von Milkowo aus befinden sich

Touristenunterkünfte, in denen man essen und übernachten kann.

**Die Siedlung Kljutschi**

**Hotel**, Tel.: +7-4154-131551, E-mail: zhar@emsd.irs.ru, liegt auf dem Gebiet der Vulkanstation des Instituts für Vulkanforschung und Seismologie

**Privathotel „Swetlana"**, ul. Kirowa 13 b, Tel.: +7-4154-131264, sechs Zimmer.

**Busverbindung**: Aus Petropawlowsk-Kamtschatski bis zur Siedlung Kljutschi gelangt man mit dem Bus 216 oder 218 (nach Ust-Kamtschatsk, Abfahrt 8.00 Uhr). Kajaktouren auf dem Meer, Schlauchbootfahrten auf Flüssen und Seen, Internet: www.kkelub.ru

**Die Siedlung Ust-Kamtschatsk**

**Busverbindung**: Von Petropawlowsk nach Ust-Kamtschatsk gelangt man mit dem Bus 218 (Abfahrt 8.00 Uhr). Es gibt eine Flugverbindung vom Flughafen Jelisowo aus.

**Hotel „Priboi"**, ul. Gorkogo 15, Tel.: +7-4153-425759, einziges Hotel am Ort

**Cafe-Restaurant „Windrose"**, ul. 60 Jahre Oktober 21, Tel.: +7-4153-420393.

**Heimatkundemuseum**, in der Schule, ul. Sowjetskaja 1

**Der Kurilensee – Kamtschatkas südlichster See**

Alle Informationen beim Besucherzentrum des Südkamtschatka-Wildreservats, Exkursionen: Jelisowo, ul. Rjabikowa 48, Tel.: +7-41531-73905

**Der Norden Kamtschatkas**

**Das Dorf Tigil**

**Hotel Ujut**, ul. Tolstichina 25

**Heimatkundemuseum**, ul. Partisanskaja 40, Öffnungszeiten: 10.00 bis 18.00 Uhr Mo bis Fr

**Die Siedlung Palana**
**Korjakisches Heimatmuseum**, ul. Porotowa 16, Tel.: +7-41543-31434
**Kulturzentrum**, ul. Porotowa 31
**Privates Museum der Familie Chelol**, ul. Tschubarowa 3

**Die Siedlung Ossora**
**Karaginsk Heimatkundemuseum**, ul. Sowjetskaja 72, Tel.: +7-41545-41889, Öffnungszeiten: 9.00 bis 18.00 Uhr Di bis Fr, 9.00 bis 13.00 Uhr Sa

**Café „Lakomka"**, ul. Sowjetskaja 64, Tel.: +7-41545-41376
**Das Dorf Tilitschiki**
**Kulturhaus**, ul. Sowjetskaja 8, Tel.: +7-41544-527397
**Heimatkundemuseum**, ul. Sowjetskaja 8, Tel.: +7-41544-52397

**Die geschlossene Stadt Wiljutschinsk**

Der Zugang zur Stadt wird kontrolliert und nur mit Sondergenehmigung gewährt. Stützpunkt der Atom-U-Bootflotte im Pazifik. Genehmigungen werden für ein bis drei Tage vom FSB ausgestellt.
**Heimatkundemuseum Wiljutschinsk**, ul. Primorskaja 6, Tel.: +7-41535-31534, Öffnungszeiten: 9.00 bis 18.00 Uhr Mo bis Fr

**Kommandeurinseln**

Die meisten Besucher, die nicht auf Kreuzfahrtschiffen reisen, werden die Beringinsel von Jelisowo aus anfliegen. Der Flug dauert vier Stunden und geht nur bei Flugwetter. Man landet in Nikolskoje, dem Verwaltungszentrum der Beringinsel.
**Staatlicher Biosphärenpark „Komandorski"**, Verwaltung, ul. Gagarina 4, Nikolskoje, Information, Tel.: +7-41547-22155, E-mail: ostrova.ohrana@gmail.com. Internet: komandorsky.ru
**Museum der Aleuten**, Nikolskoje, ul. Sowjetskaja (Leninskaja), Öffnungszeiten: 10.00 bis 17.00 Uhr Mo bis Fr

**Fernöstliches Meeresnaturreservat**

**Fernöstlicher Meeresnaturreservat**, ul. Paltschewskogo 17, 690041 Wladiwostok, Tel.: +7-423-2310915, E-mail: marreserve@mail.ru, Internet: dvmarine.ru/

Hier noch zwei interessante Adressen für Vulkaninteressierte in Deutschland:
**DVG – Deutsche Vulkanologische Gesellschaft e.V.**, Brauerstraße 5, 56743 Mendig, E-mail: dvg@vulkane.de, Internet: www.vulkane.de
**Deutsches Vulkanmuseum und Lava-Dome**, Brauerstraße 1 56743 Mendig, Tel.: 02652-9399222, E-mail: info@Lava-Dome.de, Internet: www.Lava-Dome.de, Öffnungszeiten: 10.00 bis 17.30 Uhr Di bis So, feiertags

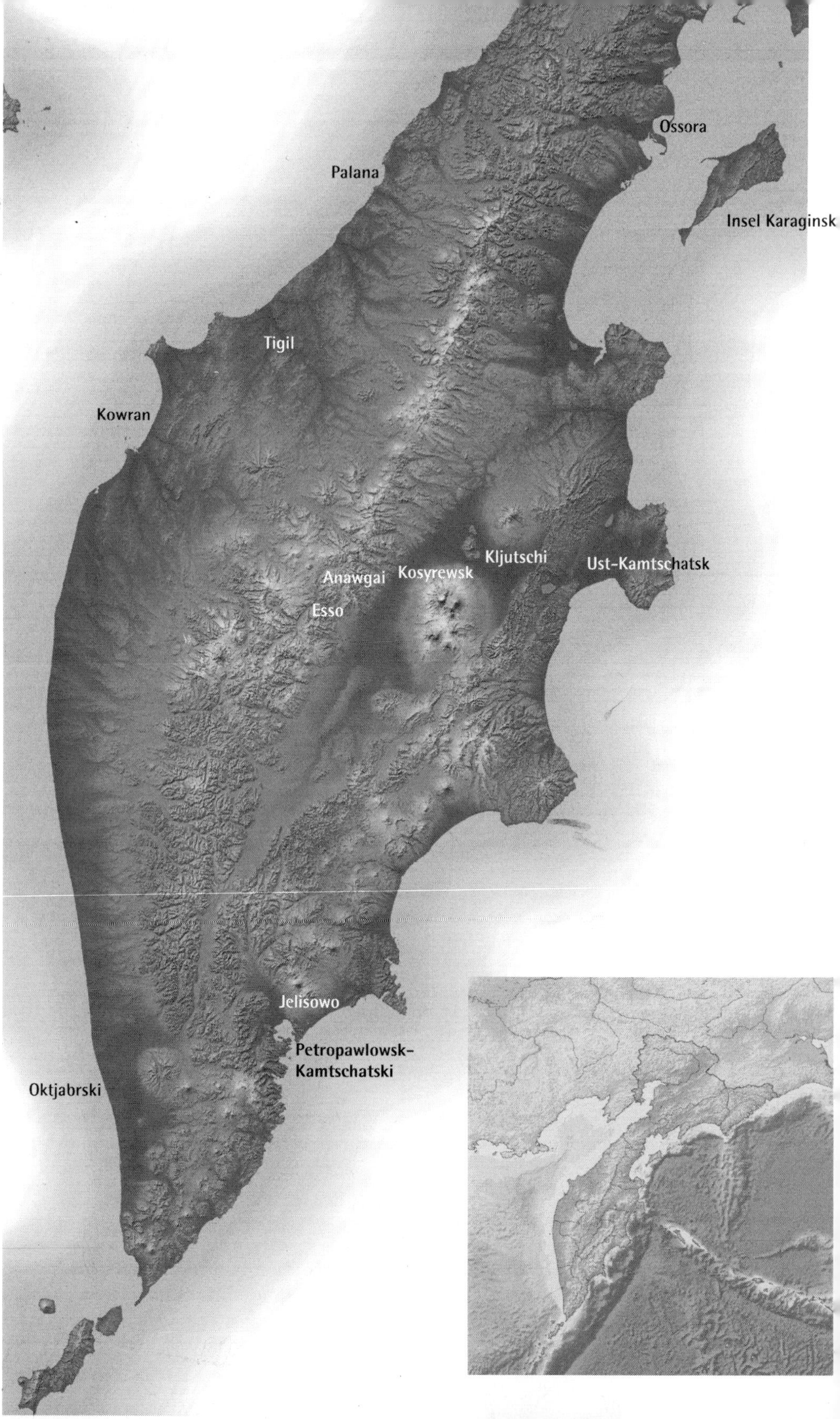
Ossora
Palana
Insel Karaginsk
Tigil
Kowran
Kljutschi
Ust-Kamtschatsk
Anawgai
Kosyrewsk
Esso
Jelisowo
Petropawlowsk-
Kamtschatski
Oktjabrski